开元酒店管理现代学徒制系列

总主编 张建庆

NEW CENTURY

HOTELS & RESORTS

U0730908

餐饮运作实务

穆亚君 裘优凤 编著

复旦大学出版社

开元酒店管理现代学徒制系列教材编委会

主　任　张建庆

副主任　吴文君

委　员（按姓氏笔画）

冯梦婷　朱建海　吴正羊　何　勇　严晓燕

沈蓓芬　周晓君　周维琼　俞　圆　蒋逸民

裘优凤　穆亚君

线上图书资源

目 录

模块一 走进餐饮部

模块二　胜任餐饮部各岗位工作

模块三　学习餐饮督导管理

模块一

走进餐饮部

项目一
餐饮部组织架构及岗位职责

学习目标

知识目标：了解不同规模酒店餐饮部组织架构；掌握酒店餐饮部各岗位职责。

能力目标：熟悉不同岗位的上下级关系及岗位职责。

素质目标：树立良好的职业认同感和职业责任感。

任务要求

了解不同品牌酒店餐饮部规模，并结合自己所在酒店，制作餐饮部组织架构图。

根据组织架构图，了解每个岗位的职责要求。

案例导入

有这样一种声音

在一个人的生命历程中，会听到各种不同的声音，有时候是妈妈无止休的唠叨，有时候是老师的批评，有时候是朋友温馨的关心……伴随着这些声音慢慢学会成长。

什么样的声音会给我们留下深刻的印象，并长时间影响我们呢？这里让一位中餐厅迎宾员带您听另一种声音，诠释这种声音的美。

崭新的一天，大家都如往常一样忙碌着自己的工作，服务着各自的客人。小赵像往常一样，在客人来之前站在大门口迎宾，用最好的状态迎接每一位到来的客人，并解决他们的要求。随着"叮咚"一声，电梯门开了，首先映入眼帘的是一个活泼帅气的小男孩，其次是他的母亲、姥姥、姥爷。小赵主动热情地迎上去问好，并接过客人手中的行李，询问客人是否有预订。在得知客人无预订，并且是刚入住的客人，仅仅只想简单地吃个便餐。小赵将客人带至至乐轩用餐，选择了适合的座位，并询问了茶水，主动提供宝宝餐具与宝宝椅，使客人感到很贴心。孩子的母亲在用心地点菜，姥姥则在一旁看护着小男孩，看得出来小男孩对周边一切事物都充满了好奇，蹦蹦跳跳，跑得飞快，后面跟着的姥姥甚是着急。小赵观察到这一切，主动迎上去与小男孩互动，让姥姥可以稍作休息，小赵的用心使老人家很感动，并上前致谢，小赵回以微笑。

用餐过程中，小男孩用餐差不多时，没法老实待在餐桌边，跑来跑去并且直接找小赵，想和迎宾员一起玩耍，姥姥看到立马起身跟在孩子身后。小赵主动与姥姥说："您去吃饭吧，我来陪他玩会，没事的。"姥姥再次感谢。小赵拿来休息区的曲奇饼干和一个会亮的小手表，男孩非常高兴。玩耍中，小男孩悄悄告诉小赵说："今天是姥姥与姥爷的节日。"从小孩子的言语中可以听出幸福的味道，小赵观察着用餐途中的两位老人，如此互相照顾，灵机一动，她电话打至领班反映想赠送一份蛋糕为客人祝贺，领班非常赞同，这是关怀的表现，并电话至西点房，让他们紧急制作。在男孩连连向家人炫耀着手中的小手表时，小赵推着蛋糕与工作人员一起祝贺"节日快乐！"这使老人家非常感动，连连致谢。用餐完毕后，一家人再次感谢小赵，感受到服务的无微不至与热情。

客人简简单单的感谢和会心的微笑，都是小赵向大家展示的另一种声音，简单且悦耳，这种声音你也可以诠释它的美。

任务一　餐饮部组织架构图

餐饮部在饭店中的地位举足轻重，为饭店创造社会效益和经济效益，是打造品牌的重要职能部门，也是展现酒店精细化管理和优质服务的重要窗口。

常规的饭店餐饮部根据饭店规模大小可分为小型饭店餐饮部、中型饭店餐饮部和大型饭店餐饮部。开元集团根据酒店餐饮部营业额差异，对不同酒店的餐饮部组织架构进行了相应设置（见图 1-1 和图 1-2）。

营业额 4 000 万元以上的餐饮部组织架构有以下几方面说明。

（1）酒店餐饮部年度营业收入达 4 000 万元以上，适用于此组织结构。

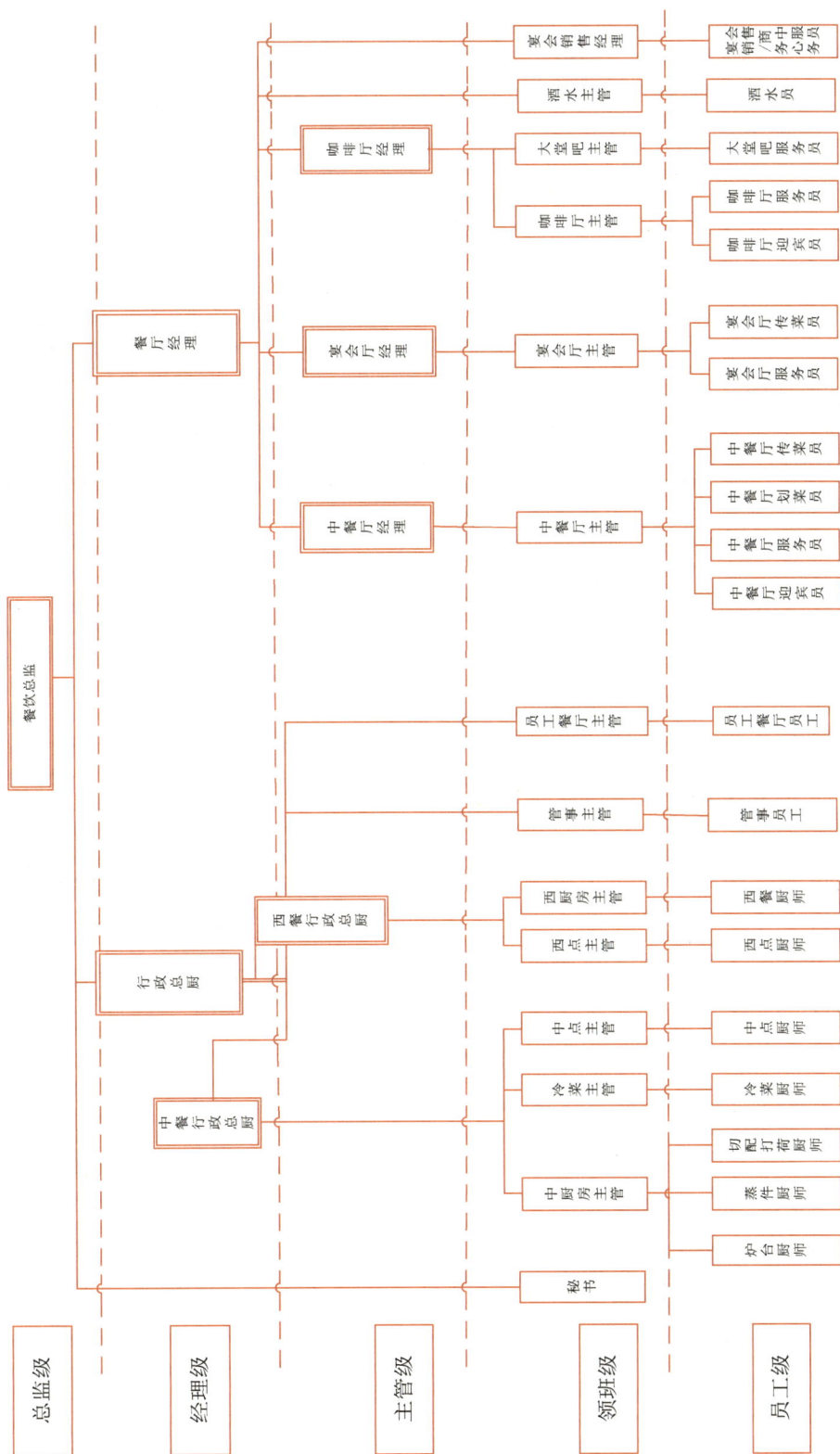

图 1-1　餐饮部组织结构图（4 000 万元以上）

总监级	经理级	主管级	领班级	员工级
		宴会销售经理		宴会销售/商务中心服务员
		酒水主管		酒水员
	咖啡厅经理	大堂吧主管		大堂吧服务员
		咖啡厅主管		咖啡厅服务员
				咖啡厅迎宾员
	宴会厅经理	宴会厅主管		宴会厅传菜员
				宴会厅服务员
餐厅经理	中餐厅经理	中餐厅主管		中餐厅传菜员
				中餐厅划菜员
				中餐厅服务员
				中餐厅迎宾员
餐饮总监		员工餐厅主管		员工餐厅员工
		管事主管		管事员工
	西餐行政总厨	西厨房主管		西餐厨师
		西点主管		西点厨师
行政总厨		中点主管		中点厨师
		冷菜主管		冷菜厨师
	中餐行政总厨	中厨房主管		切配打荷厨师
				蒸炖厨师
				炉台厨师
		秘书		

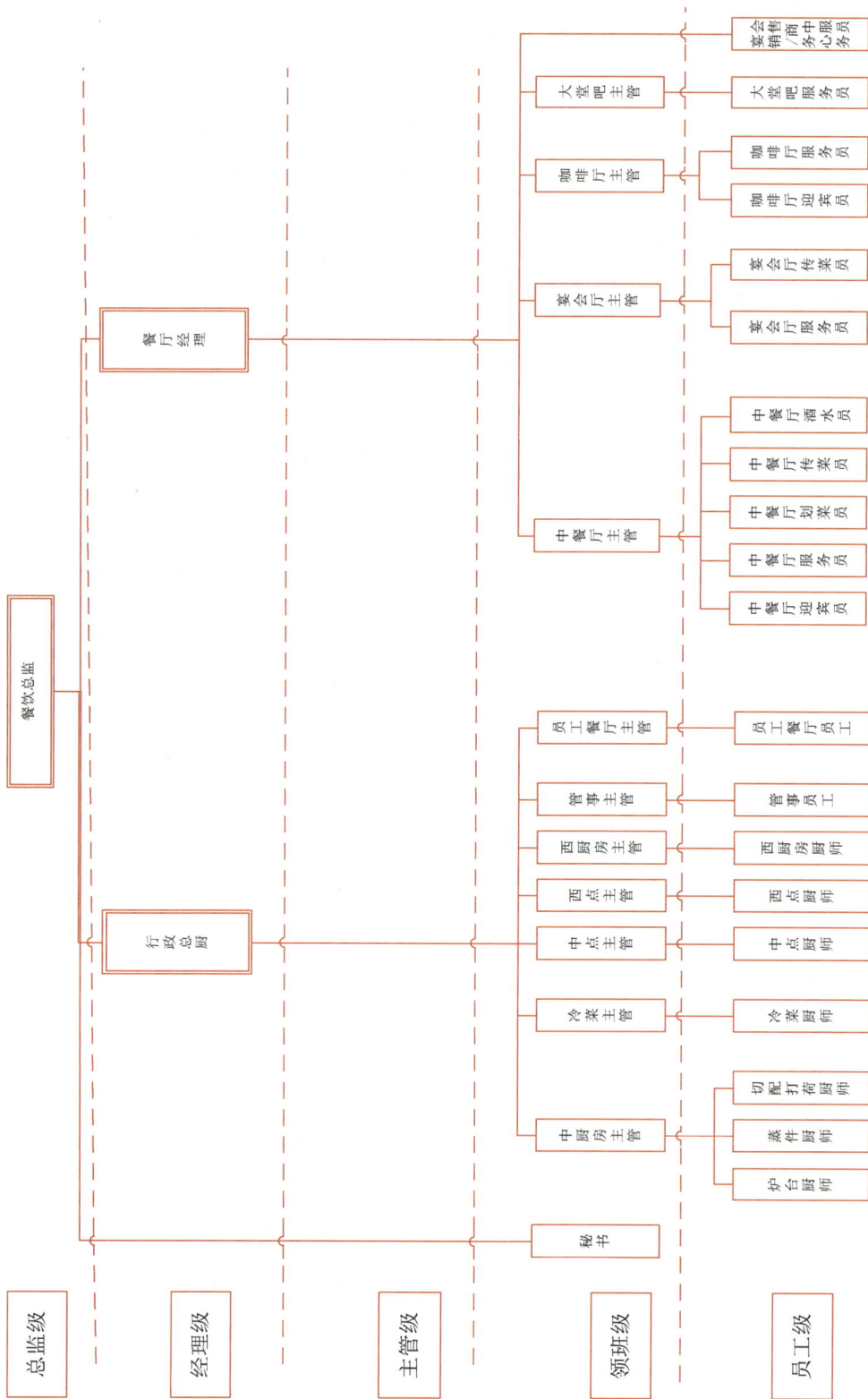

图 1-2　餐饮部组织结构图（4 000 万元以下）

组织层级：总监级　经理级　主管级　领班级　员工级

- 餐饮总监（总监级）
  - 秘书
  - 餐厅经理（经理级）
    - 中餐厅主管（主管级）
      - 中餐厅迎宾员
      - 中餐厅服务员
      - 中餐厅划菜员
      - 中餐厅传菜员
      - 中餐厅酒水员
    - 宴会厅主管（主管级）
      - 宴会厅服务员
      - 宴会厅传菜员
    - 咖啡厅主管（主管级）
      - 咖啡厅迎宾员
      - 咖啡厅服务员
    - 大堂吧主管（主管级）
      - 大堂吧服务员
      - 宴会销售/商务中心服务员
  - 行政总厨（经理级）
    - 中厨房主管（主管级）
      - 炉台厨师
      - 蒸件厨师
      - 切配打荷厨师
    - 冷菜主管（主管级）
      - 冷菜厨师
    - 中点主管（主管级）
      - 中点厨师
    - 西点主管（主管级）
      - 西点厨师
    - 西厨房主管（主管级）
      - 西厨房厨师
    - 管事主管（主管级）
      - 管事员工
    - 员工餐厅主管（主管级）
      - 员工餐厅员工

（2）酒店商务中心与宴会销售合并，由宴会销售统一管理。

（3）根据酒店经营规模需要，西餐厨师长享受二级部门经理或主管级待遇。

（4）餐饮年度营业收入达到1亿元以上，经酒店集团审批，可增设宴会行政总厨。

（5）餐饮各部门、各岗位编制的所有名称须按以上标准予以统一。

年度营业额4 000万元以下的餐饮部组织架构有以下几方面说明。

（1）酒店餐饮部年度营业收入4 000万元以下，适用于此组织结构。

（2）酒店商务中心与宴会销售合并，由宴会销售统一管理。

（3）餐饮各部门、各岗位编制的所有名称须按以上标准予以统一。

任务二　餐饮部岗位职责及任职标准

一、餐饮总监

1. 上下级关系

（1）直接上级：酒店总经理。

（2）直接下级：行政总厨、餐厅经理、秘书。

2. 职能概述

在酒店总经理的领导下，全面负责酒店餐饮的一切经营管理，了解餐饮市场的现状及发展趋势，了解对客户的服务状况以及餐饮产品创新情况，关注经营收益，改进服务及操作程序，确保产品质量标准和卫生要求，合理控制成本及毛利率，提高宾客满意度，增加经济效益。

3. 工作职责

（1）制订酒店餐饮部年度、月度经营管理计划，并确保餐饮部管理人员对此有充分的了解。

（2）在指定的时间内将餐饮部的年度、月度工作计划按要求递交酒店集团（管理公司）餐饮总监，并遵从酒店集团（管理公司）餐饮总监的协调。

（3）定期向酒店集团（管理公司）餐饮总监递交指定的有关酒店餐饮的各种数据报告。

（4）审阅餐厅经理和行政总厨递交的工作计划和工作报告。

（5）按照酒店集团（管理公司）组织结构设置标准，制订餐饮部所有员工的工作说明书，经酒店人力资源部的协调和酒店总经理的批准后方可执行。

（6）确保酒店集团（管理公司）制订的餐饮制度及产品标准的贯彻执行。

（7）更新改良服务流程设计、管理系统，精简运作程序，并递交酒店集团（管理公司）餐饮总监核准方可实施。

（8）研究目标客户的消费需求和变化，有针对性地组织产品及服务创新，经酒店总经理审批后递交酒店集团（管理公司）餐饮总监核准方可实施。

（9）监督餐厅、厨房服务、产品、设施等的正常运作。

（10）制订和评估餐厅经理、行政总厨的年度绩效考核办法。

（11）审批部门基层管理人员的年度绩效考核与检查的标准、方法。

（12）提名餐厅经理和行政总厨的任免，提交酒店总经理批准。

（13）核准除餐厅经理和行政总厨外所有餐饮部管理人员的任免，并递交酒店人力资源部留档。

（14）遵照集团的人力资源政策和计划，落实执行餐饮部培训计划与人力资源开发计划。

（15）根据人均效率及实际需要制订餐饮与员工保持良好的沟通，及时掌握员工的思想状态。

（16）及时了解市场信息及竞争对手状况，做好市场定位，及时协同总经理做出决策。

（17）参加酒店会议，主持部门会议，落实酒店会议相关内容，了解部门工作情况，布置部门工作。

（18）督导加强防火防盗安全工作和食品卫生工作，控制食品和饮品的标准、规格要求，保证产品质量。

（19）策划餐饮部各项重要活动，如美食节、节假日活动等。

（20）了解餐饮市场发展状况，掌握酒店的菜肴状况，制订适合目前酒店市场的菜肴创新计划，并督导行政总厨落实执行。

（21）督导管理人员做好服务的创新，保证较高的服务水准。

（22）每日巡视餐厅、厨房及后台各区域，掌握服务及管理动态。

（23）每日审阅经营日报表，了解部门及各区域经营情况，掌握经营趋势，发现问题及时做出调整。

（24）拜访重要客户，与酒店宾客保持良好的沟通，及时掌握宾客的消费心理。

（25）对就餐环境及设施设备进行整体协调部署。

（26）控制原料成本，减少浪费，制定合理的定价策略，以便于有效控制毛利率。

（27）日常行政及部门间协调。

（28）相关日常行政事务。

（29）酒店内外与工作有关的相应部门的关系协调。

4. 任职标准

（1）学历要求：大专及以上学历。

（2）外语水平：能够熟练运用英语，具有良好的英语听说读写能力。

（3）体貌要求：五官端正。

（4）工作经验：有三年以上酒店管理工作经验，两年以上餐饮管理工作经验。

（5）培训纪录：参加过专业餐饮管理培训、酒店入职培训并持有培训合格书。

（6）专业资格要求：拥有部门经理管理人员上岗证。

（7）基本素质：具有良好的酒店管理知识和餐厅、厨房管理经验；对餐饮相关知识有比较深入的了解；组织、决策分析、协调、应变、交际能力强；具有一定的电脑信息处理能力。

（8）具有良好的敬业精神。

二、餐厅经理

1. 上下级关系

（1）直接上级：餐饮总监。

（2）直接下级：中餐厅经理/主管、咖啡厅经理/主管、宴会厅经理/主管、宴会销售经理、酒水主管/大堂吧主管。

2. 职能概述

在餐饮总监领导下，全面负责各餐厅的日常管理和组织工作，了解餐饮市场的现状与发展，掌握对客服务状况及了解顾客心理需求，及时向上级汇报餐厅经营状况；协助餐饮总监改进服务及操作程序，提高宾客满意度，增加经济效益。

3. 工作职责

（1）制订各餐厅年度、月度工作计划和经营预算。

（2）督促和检查员工认真贯彻执行工作计划，努力提高各餐厅的销售收入。

（3）认真仔细做好每天的工作总结，及时向上级汇报工作。

（4）带领各餐厅经理认真完成各项接待工作，根据不同情况合理安排好员工并且亲自组织重要客人的接待工作。

（5）检查各餐厅损耗和使用情况，分析成本，做好成本及费用控制工作。

（6）每日开餐期间巡视各餐厅的工作情况，发现问题，及时提出改进措施。

（7）督导员工按照规范操作各个环节，并且不断改善员工的对客服务态度和提高员工对客服务质量。

（8）通过各种途径及时了解宾客用餐后对餐厅服务质量的满意度，如有不完善的地方应立即改进，并尽可能地提升各餐厅的服务质量。

（9）处理即时性的问题和客人的投诉。

（10）加强员工队伍基本建设，掌握员工思想情况，关心员工的工作、学习和生活。

（11）监督卫生工作，包括员工个人卫生、食品卫生、餐具卫生、环境卫生和操作卫生。

（12）及时组织各项检查与评比。

（13）组织各餐厅经理进行定期的业务研讨和对外交流活动。

（14）拟定培训计划，定期开展培训，做好下属的考核、评估工作。

（15）及时处理相关日常行政事务。

（16）做好下属各餐厅的内部协调工作以及与其他相关部门的沟通合作。

（17）保持与厨房的沟通协作，确保工作效率，减少不必要的差错。

4. 任职标准

（1）学历要求：大专及以上学历。

（2）外语水平：中级以上外语水平并具有良好的听说写的能力。

（3）体貌要求：五官端正。

（4）工作经验：两年以上酒店餐厅管理经验。

（5）培训纪录：参加过专业餐饮管理培训班。

（6）专业资格要求：拥有部门经理管理人员上岗证。

（7）基本素质：具备专业的酒店餐厅管理的知识和经验；具有较强的组织、沟通能力；具有一定的应变、交际和解决问题的能力以及具有良好的敬业和奉献的精神。

三、中餐厅经理

1. 上下级关系

（1）直接上级：餐饮总监/餐厅经理。

（2）直接下级：中餐厅主管。

2. 职能概述

在餐饮总监/餐厅经理的领导下，具体负责中餐厅的日常经营和管理工作，保证为客人就餐提供舒适的环境和优质的服务，通过高质量、高水准的服务吸引更多客源以获取最佳效益。

3. 工作职责

（1）根据实际经营情况制订中餐厅年度、月度经营管理计划。

（2）认真总结和分析餐厅年度、月度经营管理情况，并向上级汇报。

（3）合理制订中餐厅领班和员工的排班表，带头执行酒店各项规章制度。

（4）领导餐厅员工积极完成各项接待任务和经营指标，努力提高餐厅销售收入。

（5）审核中餐厅的营业收入，做好结账控制工作，杜绝发生舞弊行为。

（6）参加餐饮总监主持的工作例会，提出合理化建议。

（7）全面掌握中餐厅预订和重要接待活动，主持召开中餐厅班前例会和有关会议。

（8）控制餐厅低值易耗品成本，抓好成本核算、节能控制。

（9）加强物品原材料的管理，降低费用，增加盈利。

（10）每日巡视中餐大厅及包厢营运状况，检查领班及员工的工作情况和餐厅的服务质量。

（11）负责管理餐厅设施设备的保养和卫生、安全工作。

（12）掌握中厨房的工作程序和相关知识。

（13）督察卫生工作，包括员工个人卫生、食品卫生、餐具卫生、环境卫生和操作卫生。

（14）完成上级交办的其他工作。

（15）加强中餐厅员工队伍的基本建设，掌握员工思想情况，经常关心员工的工作、学习和生活。

（16）及时组织检查与评比，表扬工作努力或出色的员工，指正不足之处，做到公平、公正。

（17）发展良好的客户关系，督导或参与重要接待活动。

（18）积极征求宾客意见和建议，处理客人投诉，监督建立并完善客户接待档案。

（19）负责与相关部门的工作协调，处理各类突发事件。

（20）与行政总厨保持密切联系和合作，提出有关食品销售建议，及时将客人需求反馈给行政总厨，为食品原料的采购和厨房出菜提供依据。

（21）负责对下属的考勤、绩效考核和评估。

（22）组织开展餐厅培训活动，提高员工业务水平。

（23）做好中餐厅人才开发和培养工作。

4. 任职标准

（1）学历要求：大专及以上学历。

（2）外语水平：中级以上英语水平，具有较好的听说能力。

（3）体貌要求：五官端正。

（4）工作经验：有三年以上同档次饭店餐饮工作和管理经验。

（5）培训纪录：参加过酒店入职培训和部门入职培训。

（6）专业资格要求：拥有酒店培训合格证书。

（7）基本素质：有较强的语言表达能力，应变能力强，具有良好的组织、指挥能力，善于培训员工并激励下属员工工作；了解和执行政府有关饮食经营的法规制度；能承受较强的工作压力。

四、宴会厅经理

1. 上下级关系

（1）直接上级：餐饮总监/餐厅经理。

（2）直接下级：宴会厅主管。

2. 职能概述

在餐饮总监/餐厅经理的领导下，具体负责宴会厅的日常经营和管理工作，保证为客人就餐提供舒适的环境和优质的服务；以高标准、高水准服务吸引更多的客源，树立良好的形象，不断提高经济效益。

3. 工作职责

（1）制定宴会厅的市场推销计划，确保经营预算和目标的实现。

（2）制定宴会厅的各项规章制度并督导实施。

（3）每日向餐饮总监/餐厅经理汇报宴会厅经营状况和服务情况。

（4）出席餐饮总监主持的工作例会，提出合理化建议。

（5）主持宴会厅内部会议，分析宴会厅业务情况，积极开展各种宴会促销活动。

（6）审核宴会厅的营业收入、做好结账控制工作，杜绝发生舞弊行为。

（7）每日检查本区域卫生及设施设备状况，保证接待工作的正常运行。

（8）负责大型宴会的洽谈、设计、组织与安排工作，并参与大型活动的接待工作。

（9）控制宴会厅的经营情况，在宴会期间，负责对整个宴会厅的督导、巡查工作。

（10）督导员工正确使用宴会厅的各项设备和用品，做好清洁保养，控制餐具损耗。

（11）监督卫生工作，包括员工个人卫生、食品卫生、餐具卫生、环境卫生和操作卫生。

（12）合理安排宴会厅领班和员工的班次，保证各环节的衔接及工作的顺利进行。

（13）加强员工队伍的基本建设，掌握员工思想情况，关心员工的工作、学习和生活。

（14）经常组织检查与评比，及时表扬工作努力、表现出色的员工和指正工作中的不足之处，保持自身良好形象，为员工做好榜样。

（15）发展良好的客户关系，督导或参与重要接待活动。

（16）积极征求宾客意见和建议，处理客人投诉，监督建立并完善客户接待档案。

（17）负责对下属的考勤、绩效考核和评估，做好宴会厅人才开发和培养工作。

（18）负责与相关部门的工作协调，处理各种突发事件。

（19）与行政总厨保持良好的沟通协作，及时将客人对菜肴的建议和意见转告厨房。

（20）组织开展宴会厅培训活动，提高员工业务水平。

（21）完成上级交办的其他任务。

4. 任职标准

（1）学历要求：大专及以上学历。

（2）外语水平：中级英语水平，具有一定的听说能力。

（3）体貌要求：五官端正。

（4）工作经验：有两年以上饭店餐饮服务工作经验，一年以上饭店餐饮管理经验。

（5）培训纪录：参加过酒店入职培训和部门入职培训。

（6）专业资格要求：拥有酒店培训合格证书。

（7）基本素质：有较强的语言表达能力，应变能力强，具有良好的组织、指挥能力，善于培训员工并激励下属员工工作；了解和执行政府有关饮食经营的法规制度；能承受较强的工作压力。

五、咖啡厅经理

1. 上下级关系

（1）直接上级：餐饮总监/餐厅经理。

（2）直接下级：咖啡厅主管/大堂吧主管。

2. 职能概述

在餐饮总监/餐厅经理的领导下，具体负责咖啡厅包括大堂吧在内的日常经营和管理工作，保证为客人就餐提供舒适的环境和优质的服务，通过高质量、高水准的服务吸引更多客源以获取最佳效益。

3. 工作职责

（1）根据实际经营情况制订咖啡厅、大堂吧年度、月度经营管理计划。

（2）认真总结和分析餐厅年度、月度经营管理情况，并向上级汇报。

（3）合理制定领班和员工的排班表，带头执行酒店各项规章制度。

（4）领导餐厅员工积极完成各项接待任务和经营指标，努力提高餐厅销售收入。

（5）审核咖啡厅/大堂吧的营业收入，做好结账控制工作，杜绝发生舞弊行为。

（6）参加餐饮总监主持的工作例会，提出合理化建议。

（7）全面掌握咖啡厅预订和重要接待活动，主持召开咖啡厅班前例会和有关会议。

（8）控制餐厅低值易耗品成本，抓好成本核算、节能控制，加强物品原材料的管理，降低费用，增加盈利。

（9）每日巡视咖啡厅、大堂吧营运状况，检查领班及员工的工作情况和餐厅的服务质量。

（10）负责管理餐厅设施设备的保养和卫生、安全工作。

（11）掌握西厨房的工作程序和相关知识。

（12）监督卫生工作，包括员工个人卫生、食品卫生、餐具卫生、环境卫生和操作卫生。

（13）加强员工队伍的基本建设，掌握员工思想情况，经常关心员工的工作、学习和生活。

（14）及时组织检查与评比，表扬工作努力或出色的员工，指正不足之处，做到公平、公正。

（15）发展良好的客户关系，督导或参与重要接待活动。

（16）积极征求宾客意见和建议，处理客人投诉，监督建立并完善客户接待档案。

（17）负责对下属的考勤、绩效考核和评估，做好咖啡厅、大堂吧人才开发和培养工作。

（18）负责与相关部门的工作协调，处理各类突发事件。

（19）与西餐厨师长保持密切联系和合作，提出有关食品销售建议，及时将客人需求反馈给西餐厨师长，为食品原料的采购和厨房出菜提供依据。

（20）组织开展餐厅培训活动，提高员工业务水平。

（21）完成上级交办的其他工作。

4. 任职标准

（1）学历要求：大专及以上学历。

（2）外语水平：中级英语水平，能熟练使用一种外语对客服务。

（3）体貌要求：五官端正。

（4）工作经验：有三年以上餐厅服务和管理工作经验。

（5）培训纪录：参加过酒店入职培训和部门入职培训。

（6）专业资格要求：拥有酒店培训合格证书。

（7）基本素质：有较强的语言表达能力，英文口语水平较高，应变能力强，具有良好的组织、指挥能力，善于培训员工并激励下属员工工作；了解和执行政府有关饮食经营的法规制度；能承受较强的工作压力。

六、中餐厅主管

1. 上下级关系

(1) 直接上级：餐饮总监/餐厅经理/中餐厅经理。

(2) 直接下级：中餐厅—迎宾员、服务员、划菜员、传菜员、酒水员。

2. 职能概述

在上级的领导下，贯彻饭店经营方针和各项规章制度，负责所在班组的日常管理和接待工作，不断提高自身和员工的业务水平，通过高质量、高水准的服务吸引更多客源以获取最佳效益。

3. 工作职责

(1) 根据中餐厅的年、月度工作计划，带领员工积极完成各项接待任务和经营指标，努力提高餐厅的销售收入。

(2) 每日向上级汇报中餐厅经营接待情况。

(3) 合理制定中餐厅员工的排班表，带头执行酒店各项规章制度。

(4) 定期参加部门例会，提出合理化建议，了解每日接待、预订情况。

(5) 开餐前15分钟召开班前例会，准确传达上级旨意，落实具体工作任务。

(6) 组织带领员工完成每日接待工作，发展良好的客户关系，督导并参与重要接待活动，全面掌握本区域内客人用餐状况。

(7) 及时征询宾客意见、建议，解决出现的问题，处理客人投诉，并建立客史档案。

(8) 及时检查物品及设施的节能状况、清洁卫生、服务质量，使之达到所要求的规范和标准，并保证高效、安全、可靠。

(9) 做好餐厅销售服务统计，填写每日工作日志，保证各环节的衔接，使接待工作顺利完成。

(10) 控制餐厅低值易耗品成本，做好节能控制。

(11) 监督卫生工作，包括员工个人卫生、食品卫生、餐具卫生、环境卫生和操作卫生。

(12) 掌握员工思想情况，经常关心员工的工作、学习和生活。

(13) 经常在工作中表扬工作努力或出色的员工，指正不足之处，做到公平、公正。

(14) 与厨房保持密切联系和合作，提出有关食品销售建议，及时将客人需求反馈给厨房。

(15) 定期对本班组员工进行考勤和绩效评估，组织、实施相关的培训活动。

（16）做好本班组的人才开发和培养工作。

（17）协助上级负责与相关部门的工作协调，处理各类突发事件。

（18）完成上级交办的其他任务。

4. 任职标准

（1）学历要求：高中及以上学历。

（2）外语水平：初级以上英语水平，具有基本的听说能力。

（3）体貌要求：五官端正。

（4）工作经验：有两年以上饭店餐饮部工作经验。

（5）培训纪录：参加过酒店入职培训和部门入职培训。

（6）专业资格要求：拥有酒店培训合格证书。

（7）基本素质：具有较强的语言表达能力，应变能力强，具有良好的组织能力和团队合作精神；了解和执行政府有关餐饮经营的法规制度，能承受工作压力。

七、宴会厅主管

1. 上下级关系

（1）直接上级：餐饮总监/餐厅经理/宴会厅经理。

（2）直接下级：宴会厅服务员、传菜员。

2. 职能概述

在上级的领导下，负责宴会厅的日常管理和接待工作，为客人就餐提供舒适的环境和优质的服务，以高标准、高水平的服务质量吸引更多的客源，不断提高宴会厅的经济效益。

3. 工作职责

（1）定期参与部门召开的例会，汇报所负责宴会的运转状况并了解当日和次日预订情况。

（2）召开班组例会，准确传达上级旨意，布置并落实班组具体工作。

（3）协助大型宴会的洽谈、设计、组织与安排工作，参与大型活动的接待工作，并督导员工落实执行。

（4）每日检查本区域卫生及设施设备状况，保证接待工作的正常运行。

（5）督导员工正确使用宴会厅的各项设备和用品，做好清洁保养，控制餐具损耗。

（6）调动员工积极性，做好充分准备，高效率、高质量地完成各项接待及服务工作。

（7）积极征求宾客意见和建议，处理客人投诉，监督建立并完善客户接待档案。

（8）合理安排员工的班次，掌握员工思想情况，经常关心员工的工作、学习和生活。

（9）经常在工作中表扬工作努力或出色的员工，指正不足之处，做到公平、公正。

（10）定期对本班组员工进行考勤和绩效评估，组织、实施相关的培训活动，做好本班组的人才开发和培养工作。

（11）与厨房保持良好的沟通协作，及时将客人对菜肴的建议和意见转告厨房。

（12）协助上级负责与相关部门的工作协调，处理各类突发事件。

（13）完成上级交办的其他的任务。

4. 任职标准

（1）学历要求：高中及以上学历。

（2）外语水平：初级以上英语水平，具有基本的听说能力。

（3）体貌要求：五官端正。

（4）工作经验：有两年以上饭店餐饮部工作经验。

（5）培训纪录：参加过酒店入职培训和部门入职培训。

（6）专业资格要求：拥有酒店培训合格证书。

（7）基本素质：具有较强的语言表达能力，应变能力强，具有良好的组织能力和团队合作精神；了解和执行政府有关餐饮经营的法规制度，能承受工作压力。

八、咖啡厅主管

1. 上下级关系

（1）直接上级：餐饮总监/餐厅经理/咖啡厅经理。

（2）直接下级：咖啡厅服务员、迎宾员。

2. 职能概述

在上级的领导下，贯彻饭店经营方针和各项规章制度，负责所在班组的日常管理和接待工作，不断提高自身和员工的业务水平，通过高质量、高水准的服务吸引更多客源以获取最佳效益。

3. 工作职责

（1）根据咖啡厅的年、月度工作计划，带领员工积极完成各项接待任务和经营指标，努力提高餐厅的销售收入。

（2）定期参加部门例会，提出合理化建议，并向上级汇报咖啡厅经营接待情况。

（3）开餐前15分钟召开班前例会，准确传达上级旨意，落实具体工作任务。

（4）清楚了解酒店客房每天的入住率和散客及团队的预订情况，全面做好早餐，自助餐及零点早餐的接待工作。

（5）及时检查物品及设施的节能状况、清洁卫生、服务质量，使之达到所要求的规范和标准，并保证高效、安全、可靠。

（6）控制餐厅低值易耗品成本，做好节能控制，加强物品原材料的管理，降低费用。

（7）现场督导服务人员的具体操作，发现问题时及时纠正，保证服务工作符合酒店质量标准。

（8）接受上级所分配的任务，领导本班组员工做好日常服务接待工作。

（9）加强劳动纪律，负责新员工、实习生的业务知识和操作技能的培训，做好员工日常考察工作。

（10）注意客人的用餐情况，随时满足客人的各种需要，要全程参与到日常接待服务中。

（11）及时征询宾客意见、建议，解决出现的问题，处理客人投诉，并建立客史档案。

（12）做好咖啡厅销售服务统计，填写每日工作日志，保证各环节的衔接，使接待工作顺利完成。

（13）监督卫生工作，包括员工个人卫生、食品卫生、餐具卫生、环境卫生和操作卫生。

（14）合理制定员工的排班表，掌握员工思想情况，经常关心员工的工作、学习和生活。

（15）经常在工作中表扬工作努力或出色的员工，指正不足之处，做到公平、公正。

（16）定期对本班组员工进行考勤和绩效评估，组织、实施相关的培训活动，做好本班组的人才开发和培养工作。

（17）与厨房保持密切联系和合作，提出有关食品销售建议，及时将客人需求反馈给厨房。

（18）工作结束后，移交未完成的工作，做好交接班。

（19）协助上级负责与相关部门的工作协调，处理各类突发事件。

（20）完成上级交办的其他任务。

4. 任职标准

（1）学历要求：大专及以上学历。

（2）外语水平：中级英语水平，具有较强的会话能力。

（3）体貌要求：五官端正。

（4）工作经验：有两年以上咖啡厅工作经验。

（5）培训纪录：参加过酒店入职培训和部门入职培训。

（6）专业资格要求：拥有酒店培训合格证书。

（7）基本素质：具有较强的语言表达能力，应变能力强，具有良好的组织能力和团队合作精神；了解和执行政府有关餐饮经营的法规制度，能承受工作压力。

九、大堂吧主管

1. 上下级关系

（1）直接上级：餐饮总监/餐厅经理/咖啡厅经理。

（2）直接下级：大堂吧服务员。

2. 职能概述

在上级的领导下，贯彻饭店经营方针和各项规章制度，协助完成餐饮总监/咖啡厅经理制定各项酒水销售计划、酒水的服务管理。

3. 工作职责

（1）根据大堂吧销售情况制定年、月度工作计划，带领员工积极完成各项接待任务和经营指标，努力提高大堂吧的销售收入。

（2）制定大堂吧的安全卫生、酒水饮料控制等制度，带领员工积极完成各项接待任务和经营指标。

（3）定期参加内部例会，提出合理化建议，了解每日接待、预订情况。

（4）召开班前例会，布置和落实具体任务。

（5）组织带领员工完成每日接待工作，及时检查物品及设施的节能状况、清洁卫生、服务质量、能耗状况，使之达到酒店要求的规范和标准。

（6）负责设施用品的保养和更新，确保高效、安全、可靠。

（7）全面掌握大堂吧宾客的消费状况，及时征询宾客意见、建议，解决出现的问题，处理客人投诉。

（8）每日填写工作日志，做好酒水销售服务统计和宾客客史档案的建立工作。

（9）做好本班组员工的考勤工作，保证各环节的衔接，使接待工作顺利完成。

（10）监督卫生工作，包括员工个人卫生、食品卫生、餐具卫生、环境卫生和操作卫生。

（11）掌握员工思想情况，经常关心员工的工作、学习和生活。

（12）经常在工作中表扬工作努力或出色的员工，指正不足之处，做到公平、公正。

（13）定期对本班组员工进行考勤和绩效评估，组织、实施相关的培训活动。

（14）做好本班组的人才开发和培养工作。

（15）协助上级负责与相关部门的工作协调，处理各类突发事件。

（16）完成上级交办的其他任务。

4. 任职标准

（1）学历要求：高中及以上学历。

（2）外语水平：初级以上英语水平，具有基本的听说能力。

（3）体貌要求：五官端正。

（4）工作经验：有两年以上饭店餐饮部工作经验。

（5）培训纪录：参加过酒店入职培训和部门入职培训。

（6）专业资格要求：拥有酒店培训合格证书。

（7）基本素质：具有较强的语言表达能力，应变能力强，具有良好的组织能力和团队合作精神；了解和执行政府有关餐饮经营的法规制度，能承受工作压力。

十、酒水主管

1. 上下级关系

（1）直接上级：餐饮总监/餐厅经理。

（2）直接下级：酒水员。

2. 职能概述

在餐饮总监/餐厅经理的领导下，全面负责部门酒水的日常运作及酒水销售服务管理工作；制定和落实酒水销售服务程序、质量标准以及产品质量、清洁卫生等标准，并且控制好酒水成本或毛利，完成计划指标，获得预期经营效果。

3. 工作职责

（1）协助制定各个酒水销售网点年度、月度的计划销售额和计划进度以及酒水毛利率，成本率等指标。

（2）认真总结和分析年度、月度酒水经营管理情况，并向上级汇报。

（3）合理制定下属员工的排班表，负责对下属的考勤、绩效考核和评估，带头执行酒店各项规章制度。

（4）参加餐饮总监/餐厅经理主持的工作例会，提出合理化建议。

（5）召开班前例会，准确传达上级旨意，布置和落实具体任务。

（6）根据各酒水销售点的历史销售记录和餐厅菜肴的销售计划，分析酒水销售比率和各类酒水的销售结构，在此基础上制定各类酒水的采购计划。

（7）做好采购管理、库房管理和酒水发放，保证各酒水销售点的酒水供应。

（8）制定酒水销售计划，并将计划指标分解到各个酒水销售点的管理人员或服务人员，保证酒水销售服务管理的顺利进行。

（9）结合酒店实际情况，制定并落实具体的酒水采购、入库验收、出库管理制度以及各酒水销售点的酒水领用、销售、每日盘点、收款管理、酒水控制的制度。

（10）控制餐厅低值易耗品成本，抓好成本核算、节能控制。

（11）加强物品原材料的管理，降低费用，增加盈利。

（12）监督卫生工作，包括员工个人卫生、食品卫生、餐具卫生、环境卫生和操作卫生。

（13）完成上级交办的其他工作。

（14）加强员工队伍的基本建设，掌握员工思想情况，经常关心员工的工作、学习和生活。

（15）及时组织检查与评比，表扬工作努力或出色的员工，指正不足之处，做到公平、公正。

（16）发展良好的客户关系，亲自督导或参与重要接待活动。

（17）积极征求宾客意见和建议，处理客人投诉。

（18）监督建立并完善客户接待档案。

（19）组织开展餐厅培训活动，提高员工业务水平。

（20）做好部门酒水专业人才开发和培养工作。

（21）负责与相关部门的工作协调，处理各类突发事件。

（22）与各餐厅保持密切沟通与协作，提出酒水销售的合理建议。

4. 任职标准

（1）学历要求：大专及以上学历。

（2）外语水平：中级以上英语水平，具有较好的英文听说能力。

（3）体貌要求：五官端正。

（4）工作经验：有三年以上同档次饭店餐饮工作和管理经验。

（5）培训纪录：参加过酒店入职培训和部门入职培训。

（6）专业资格要求：拥有酒店培训合格证书。

（7）基本素质：有较强的语言表达能力，应变能力强，具有良好的组织、指挥能力，善于培训员工并激励下属员工工作；了解和执行政府有关饮食经营的法规制度；能承受较强的工作压力。

十一、宴会销售经理

1. 上下级关系

（1）直接上级：餐饮总监/餐厅经理。

（2）直接下级：宴会销售/商务中心服务员。

2. 职能概述

在餐饮总监/餐厅经理的领导下，全面负责宴会销售/商务中心的经营销售和日常管理工作，通过各种信息，带领宴会销售员积极开拓市场，争取客源，并定期进行宴会市场的调查，了解宴会市场的动态。

3. 工作职责

（1）根据实际情况制定宴会销售、商务中心年度、月度经营管理计划和销售策略。

（2）认真分析和报告年度、月度销售报告，并向上级汇报。

（3）参加餐饮总监主持的工作例会，提出合理化建议。

（4）全面掌握每天的预订与销售情况，提高酒店餐厅资源的利用率。

（5）召开班前例会，布置和落实具体任务。

（6）带领宴会销售员共同完成计划内的销售任务，并且努力开创新高。

（7）及时跟进酒店宴会接待水平的服务质量与标准。

（8）督促员工及时进行客欠账款的回收。

（9）负责处理宴会销售的投诉事件。

（10）加强宴会销售员工队伍的基本建设，掌握员工思想状况，经常关心员工的工作、学习和生活。

（11）及时组织检查与评比，表扬工作努力或出色的员工，指正不足之处，做到公平、公正。

（12）保持与客户的良好沟通，及时进行反馈调查。

（13）发展良好的客户关系，协助宴会都厅经理督导或参与重要接待活动。

（14）监督建立并完善客户接待档案。

（15）负责对本班组员工进行绩效评估，挖掘有潜质的销售人员。

（16）增强自身的业务能力，同时要加强对员工各项业务能力的培养。

（17）始终与酒店各部门保持良好的沟通和协作，特别是宴会厅经理的沟通和协作，一起设计并落实重要宴会的接待工作，确保宴会的顺利进行。

（18）熟练掌握并执行开元酒店的制度和操作规范。

（19）坚持酒店安全制度，熟练掌握紧急情况处理程序。

（20）认真落实交接事项。

（21）为酒店宾客提供电话、传真、复印、打字、租赁、上网及会议等服务。

（22）熟悉和掌握设备的性能、保养和简单维修，并建立档案工作。

（23）统计每日营业收入，送交相关部门。

（24）完成上级交办的其他工作。

4. 任职标准

（1）学历要求：高中（包括中专、技校、职高）大专及以上学历。

（2）外语水平：中级英语水平并具有良好的口语沟通能力。

（3）体貌要求：五官端正。

（4）工作经验：有两年以上酒店管理经验，一年以上餐饮销售经验。

（5）培训纪录：参加过酒店入职培训和部门入职培训。

（6）专业资格要求：拥有酒店培训合格证书。

（7）基本素质：具有较好的语言沟通能力、较强的决策、组织管理、协调能力、熟练打字、电脑操作以及熟悉餐饮销售业务并有一定的客户基础。

十二、中餐厅迎宾员

1. 上下级关系

（1）直接上级：中餐厅主管。

（2）直接下级：无。

2. 职能概述

熟练掌握并执行酒店的制度和操作规范，服从领班安排，做好引领、餐位预订的工作。

3. 工作职责

（1）全面掌握预订信息，在开餐期间接受和安排客人预订，登记并通知服务人员。

（2）主动热情地迎送客人，适时向客人介绍餐厅或酒店设施。

（3）耐心回答客人询问，随时保持良好的服务形象。

（4）及时准确地为就餐客人选择并引领至客人满意的餐位。

（5）安排客人就餐并递上菜单、酒水单。

（6）处理好没有餐位时的宾客关系。

（7）负责保管菜单和酒水单，发现破损及时更换，使之保持良好状态。

（8）调换并保管餐厅布草，保证其正常使用量，及时向领班报告不足和损耗情况。

（9）当班结束后，与下一班做好交接工作。

（10）营业结束后，清理管辖区域卫生，做好收尾工作。

（11）积极参加培训，提高综合服务知识水平。

（12）完成上级交办的其他工作。

4. 任职标准

（1）学历要求：高中及以上学历。

（2）外语水平：初级英语水平，具有基础水平的听说能力。

（3）体貌要求：五官端正，身高适中。

（4）工作经验：有半年以上饭店餐厅工作经验。

（5）培训纪录：参加过酒店入职培训和部门入职培训。

（6）专业资格要求：拥有酒店培训合格证书。

（7）基本素质：反应灵敏，动作协调，姿态优雅，品德高尚，工作责任心强。

十三、中餐厅服务员

1. 上下级关系

（1）直接上级：中餐厅主管。

（2）直接下级：无。

2. 职能概述

熟练掌握并执行酒店的制度和操作规范，服从主管安排，与传菜员密切合作，根据相应的操作流程为宾客提供高效、优质的点菜、上菜、酒水服务、结账等环节的餐饮服务，始终保持良好的服务形象。

3. 工作职责

（1）认真做好餐前检查工作，并按标准摆台，准备开餐时要用的各类用品和用具。

（2）负责区域设施、设备的清洁保养工作，保证提供优雅、清洁、安全的就餐环境。

（3）熟悉菜单和酒水单，向宾客进行积极且有技巧的推销，按规定填写就餐单。

（4）及时征询宾客意见和建议，尽量帮助客人解决就餐过程中的各类问题。

（5）必要时将宾客意见填写在质量信息卡上并及时反映给领班。

（6）做好区域餐具、布草、杂项的补充替换工作。

（7）当班结束后，与下一班做好交接工作，检查环境设施，做好收尾工作，杜绝能耗浪费。

（8）积极参加培训，不断提高服务技巧技能和综合业务知识。

（9）完成上级交办的其他工作。

4. 任职标准

（1）学历要求：高中及以上学历。

（2）外语水平：初级英语水平，具有基本的听说能力。

（3）体貌要求：五官端正，身高适中。

（4）工作经验：半年以上餐厅工作经验。

（5）培训纪录：参加过酒店入职培训和部门入职培训。

（6）专业资格要求：拥有酒店培训合格证书。

（7）基本素质：处事灵活，眼明手快，机智灵活并具有熟练的服务技巧。

十四、中餐厅划菜员

1. 上下级关系

（1）直接上级：中餐厅主管。

（2）直接下级：无。

2. 职能概述

熟练掌握并执行酒店的制度和操作规范，服从主管安排，按照相应的操作程序做好划菜工作。

3. 工作职责

（1）熟悉菜肴知识，了解当天的餐务预订情况，及时与厨房联系，及时掌握当天售缺和时令菜并与服务人员沟通。

（2）开餐前准备好各类厨房不备的调料和佐料，补充餐厅用酱醋。

（3）准备和保管好各类餐厅用的垫盘及公勺、汤勺、饭勺等用品及餐前干果、开胃菜。

（4）根据服务员开具的就餐单，及时与厨房联系，按客人就餐情况安排传菜员按顺序准确无误地出菜至相应桌号。

（5）严格控制餐厅出菜的质量，发现问题及时与厨房协调解决。

（6）用餐结束后，整理好划菜台，并搞好所管辖区域的卫生，做好收尾工作。

（7）保管好划菜单，及时上交领班。

（8）统计相关菜肴的销售情况，并将数据信息及时传递给领班。

（9）积极参加培训，不断提高综合业务知识水平。

（10）完成上级交办的其他工作。

4. 任职标准

（1）学历要求：高中及以上学历。

（2）外语水平：初级英语水平，具有基本的听说能力。

（3）体貌要求：五官端正。

（4）工作经验：一年以上酒店餐厅工作经验。

(5) 培训纪录：参加过酒店入职培训和部门入职培训。

(6) 专业资格要求：拥有酒店培训合格证书。

(7) 基本素质：眼明手快，反应灵敏，机智灵活，具有良好的团队合作精神。

十五、中餐厅传菜员

1. 上下级关系

(1) 直接上级：中餐厅主管。

(2) 直接下级：无。

2. 职能概述

熟练掌握并执行酒店的制度和操作规范，服从主管的安排，根据相应的操作程序做好传菜工作。

3. 工作职责

(1) 做好开餐前毛巾等物品的准备工作，协助服务员布置餐厅和餐桌、摆台及补充各种物品。

(2) 负责将服务员开出的并经过餐厅收银员盖章的入厨单传送到厨房。

(3) 做好厨房和餐厅内的沟通工作。

(4) 根据就餐单和划菜员报出的桌号，将菜肴准确传递到餐厅内相应桌号，向服务员报出菜名，根据实际情况及时带回餐具至洗碗间。

(5) 及时检查所传递的菜食质量及分量，对于不符合质量标准的菜肴及时送回厨房处理。

(6) 用餐结束后，关闭热水器、毛巾箱电源，将剩余的饭送回厨房，收回托盘，清理管辖区域的卫生，做好收尾工作，与下一班做好交接工作。

(7) 积极参加各种业务培训，提高综合业务水平。

(8) 完成上级交办的其他工作。

4. 任职标准

(1) 学历要求：高中及以上学历。

(2) 外语水平：初级英语水平，具有基本的听说能力。

(3) 体貌要求：五官端正。

(4) 工作经验：半年以上酒店餐厅工作经验。

(5) 培训纪录：参加过酒店入职培训和部门入职培训。

(6) 专业资格要求：拥有酒店培训合格证书。

(7) 基本素质：眼明手快，反应灵敏，机智灵活，具有良好的团队合作精神。

十六、宴会厅服务员

1. 上下级关系

（1）直接上级：宴会厅主管。

（2）直接下级：无。

2. 职能概述

熟练掌握并执行酒店的制度和操作规范，服从主管安排，做好引领、送客、每次宴会的服务工作。

3. 工作职责

（1）参加宴会厅领班召开的班前例会，明确每日工作具体负责的区域和任务。

（2）负责宴会厅的清洁卫生工作，以满足宾客对就餐环境的需求。

（3）负责宴会的开餐准备工作，按规格布置餐厅和台面及补充各种物品。

（4）礼貌、微笑待客，按照标准的服务操作程序为宾客提供就餐服务。

（5）熟悉各种服务方式，密切关注客人的各种需求，尽量使客人满意。

（6）全面了解会议及宴会的预订信息和 VIP 宾客接待情况，在开餐期间做好宾客迎领工作，并向宾客提供相关事项的咨询服务，与服务员衔接紧密，无疏漏。

（7）主动热情地迎送客人，适时向客人介绍会议、宴会或酒店设施，回答客人询问，保持良好的服务形象。

（8）及时准确地引领宾客至会议或宴会厅所属位置。

（9）待客人坐下后，帮助客人打开口布放在合适的位置，及时提供茶水服务，并处理好临时加位的宾客关系。

（10）适时征询宾客的意见、建议，记录客人的相关信息，做好客史档案信息收集工作，及时与服务人员沟通，提高宾客满意度。

（11）调换并保管餐厅布草，保证其正常使用量，及时向领班报告不足和损耗情况。

（12）按程序结账并负责宴会结束后的清洁整理工作。

（13）营业结束后，与下一班做好交接工作，清理所管辖区域卫生。

（14）积极参加培训，提高综合服务知识水平。

（15）完成上级交办的其他工作。

4. 任职标准

（1）学历要求：高中及以上学历。

（2）外语水平：初级英语水平，具有基本的听说能力。

（3）体貌要求：五官端正，身高适中。

（4）工作经验：有半年以上餐饮服务经验。

（5）培训纪录：参加过酒店入职培训和部门入职培训。

（6）专业资格要求：拥有酒店培训合格证书。

（7）基本素质：有熟练的餐饮服务操作技能，掌握宴会厅服务的基本知识，了解食品、饮料、酒水及菜肴知识，工作认真负责，服务主动热情、有礼貌，有较强的事业心和责任心。

十七、宴会厅传菜员

1. 上下级关系

（1）直接上级：宴会厅主管。

（2）直接下级：无。

2. 职能概述

熟练掌握并执行酒店的制度和操作规范，服从主管的安排，根据相应的操作程序做好宴会厅的传菜工作。

3. 工作职责

（1）做好开餐前毛巾等物品的准备工作，协助服务员布置餐厅和餐桌、摆台及补充各种物品。

（2）对于不符合质量标准的菜肴及时送回厨房处理；做好厨房和宴会厅内的沟通工作。

（3）根据宴会菜单，将菜肴准确及时地传递到宴会厅内相应桌号，并向服务员报出菜名。

（4）宴会过程中，及时清理操作台上的物品，并收回操作台上装有垃圾的托盘，使操作台上始终保持整洁的状态。

（5）宴会结束后，协助服务人员做好翻台或收尾工作。

（6）积极参加各种业务培训，提高综合业务水平。

（7）完成上级交办的其他工作。

4. 任职标准

（1）学历要求：高中以上学历。

（2）外语水平：初级英语水平，具有基本的听说能力。

（3）体貌要求：五官端正。

（4）工作经验：半年以上餐饮服务工作经验。

（5）培训纪录：参加酒店入职培训和部门入职培训。

（6）专业资格要求：拥有酒店培训合格证书。

（7）基本素质：有熟练的餐饮服务操作技能，掌握餐厅服务的基本知识，了解食品、饮料、酒水及菜肴知识，工作认真负责，服务主动热情、有礼貌，有较强的事业心和责任心。

十八、咖啡厅迎宾员

1. 上下级关系
（1）直接上级：咖啡厅主管。

（2）直接下级：无。

2. 职能概述
熟练掌握并执行酒店的制度和操作规范，服从主管安排，做好引领、预订工作。

3. 工作职责
（1）全面了解预订信息和客房住宿情况，在开餐期间接受和安排客人预订，进行登记并通知领班及服务人员。

（2）主动热情地迎送客人，适时向客人介绍餐厅或酒店设施，回答客人询问，保持良好的服务形象。

（3）及时准确地为就餐客人选择并引领至客人满意的餐位。

（4）按标准递送菜单和酒单。

（5）处理好没有餐位时的宾客关系。

（6）负责保管菜单和酒水单，发现破损及时更换，使之保持良好状态。

（7）做好自助餐的登记和收费工作，收取客人的自助餐券并及时交给西餐厅收银员。

（8）适时征询宾客的意见、建议，记录客人的相关信息，做好客史档案信息收集工作，及时与服务人员沟通，提高宾客满意度。

（9）调换并保管餐厅布草，保证其正常使用量，及时向领班报告不足和损耗情况。

（10）当班结束后，与下一班做好交接工作。

（11）营业结束后，清理管辖区域卫生。

（12）积极参加培训，提高综合服务知识水平。

（13）完成上级交办的其他工作。

4. 任职标准
（1）学历要求：大专及以上学历。

（2）外语水平：中级英语水平，具有基础水平的听说能力。

（3）体貌要求：五官端正，身高适中。

（4）工作经验：有 1 年以上饭店餐厅工作经验。

（5）培训纪录：参加过酒店入职培训和部门入职培训。

（6）专业资格要求：拥有酒店培训合格证书。

（7）基本素质：反应灵敏，动作协调，姿态优雅，品德高尚、工作责任心强。

十九、咖啡厅服务员

1. 上下级关系

（1）直接上级：咖啡厅主管。

（2）直接下级：无。

2. 职能概述

熟练掌握并执行酒店的制度和操作规范，服从主管安排，根据相应的操作流程为宾客提供高效、专业的点菜、上菜、酒水服务、结账等环节的西餐特色服务，保持良好服务形象。

3. 工作职责

（1）认真做好餐前检查工作，并按标准摆台，准备开餐时要用的各类用品和用具。

（2）负责区域设施、设备的清洁保养工作，保证提供优雅、清洁、安全的就餐环境。

（3）熟悉菜单和酒水单，向宾客进行积极且有技巧的推销，按规定填写就餐单。

（4）熟悉各类菜肴与酒水、餐具的搭配，以便在宾客就餐过程中及时更换。

（5）在宾客用餐过程中，做好区域看台工作：及时更换各类餐具、烟缸等物品。

（6）宾客用餐结束后，及时清理桌面，更换台布。

（7）服务过程中要具有一定的观察力和敏感性，做到热情大方、反应敏捷、动作迅速，尽量避免对用餐宾客的重复打扰。

（8）及时征询宾客意见和建议，在能力范围内尽量满足宾客的服务与需求，必要时将宾客意见填写在质量信息卡上并反映给领班。

（9）宾客结束用餐后对餐厅进行必要的整理，将自助餐的剩余食品送还厨房，并锁好贵重物品，如发现宾客遗留物品时，及时上交领班；并做好区域餐具、布草、杂项的补充替换工作。

（10）当班结束后，检查环境设施，做好收尾工作，杜绝能耗浪费，并与下一班做好交接工作。

（11）积极参加培训，不断提高服务技巧技能和综合业务知识。

（12）完成上级交办的其他任务。

4. 任职标准

（1）学历要求：高中及以上学历。

（2）外语水平：初级英语水平，能够用口语对客服务。

（3）体貌要求：五官端正，身高适中。

（4）工作经验：半年以上餐厅服务经验。

（5）培训纪录：参加过酒店入职培训和部门入职培训。

（6）专业资格要求：拥有酒店培训合格证书。

（7）基本素质：处事灵活，眼明手快，机智灵活，具有熟练的服务技巧，具有较好的团队合作精神。

二十、大堂吧服务员

1. 上下级关系

（1）直接上级：大堂吧主管。

（2）直接下级：无。

2. 职能概述

熟练掌握并执行酒店的制度和操作规范，服从主管分配，根据相应的操作流程为客人提供高效/优质的迎送、酒水服务、结账等环节的大堂吧餐饮服务，始终保持良好的服务形象。

3. 工作职责

（1）做好大堂吧区域的卫生工作和营业前的各项准备工作，保持地面、台面、操作台和餐具的清洁卫生。

（2）熟悉各类酒水的名称和价格，熟悉所有鸡尾酒的配方和饮用方式，掌握推销技巧，做好酒水的推销工作。

（3）做好吧台和各类酒具的卫生工作。

（4）做好营业结束的善后工作，认真检查和整理大堂吧的设施和用品，杜绝能耗浪费。

（5）积极参加各种培训，不断提高业务技能和综合服务知识水平。

（6）完成上级交办的其他工作。

4. 任职标准

（1）学历要求：高中及以上学历。

（2）外语水平：初级英语水平，具有基本的听说能力。

（3）体貌要求：五官端正。

（4）工作经验：半年以上餐厅工作经验。

（5）培训纪录：参加过酒店入职培训和部门入职培训。

（6）专业资格要求：拥有酒店培训合格证书。

（7）基本素质：处事灵活，眼明手快，机智灵活，具有熟练的服务技巧。

二十一、酒水员（中餐厅）

1. 上下级关系

（1）直接上级：酒水主管/中餐厅主管。

（2）直接下级：无。

2. 职能概述

熟练掌握并执行酒店的制度和操作规范，服从领班分配，根据相应的操作流程为各餐厅的服务人员提供宾客所点的酒水饮料。

3. 工作职责

（1）负责酒水、饮料、香烟的领用和保管工作，每日开餐前领足当餐要用的酒水、饮料并在每天营业结束后进行清点和整理。

（2）熟悉各种酒水名称和特性，对提供的酒品进行初步的质量把关。

（3）每天开餐结束后，负责填写"酒水饮料进销存日报表"，做到报表和酒水库存数量、品类等相符，销售数和账台所收金额相等。

（4）定期检查酒水、饮料的保质期，对于快到期的酒水饮品要及时通知领班，以便及时处理。

（5）负责所属区域的卫生工作。

（6）积极参加各种培训活动，提高综合服务水平。

（7）完成上级或相关区域管理人员交办的其他工作。

4. 任职标准

（1）学历要求：高中及以上学历。

（2）外语水平：初级英语水平，具有基本的听说能力。

（3）体貌要求：五官端正。

（4）工作经验：一年以上餐厅工作经验。

（5）培训纪录：参加过酒店入职培训和部门入职培训。

（6）专业资格要求：拥有酒店培训合格证书。

（7）基本素质：头脑灵活，动作协调，反应灵敏，思想品德好，具有较好的团队合作精神。

二十二、宴会销售/商务中心服务员

1. 上下级关系

（1）直接上级：餐饮总监/餐厅经理/宴会销售经理。

（2）直接下级：无。

2. 职能概述

熟练掌握并执行酒店的制度和操作规范，服从上级的安排，根据相应的操作程序做好宴会销售工作，为宾客提供热情、周到、快捷、高效的商务中心服务。

3. 工作职责

（1）积极、主动地为客户提供各种宴会咨询服务，尽可能争取达成预订。

（2）全面掌握酒店接待情况和宴会厅的餐位预订情况，控制好餐位的利用率。

（3）接受和安排客人餐前预订，适时向客人介绍餐厅或酒店设施，回答客人询问，始终保持良好的服务形象。

（4）及时、细致地做好预订情况的登记工作并按客人具体要求下单由各相关岗点负责人签收、安排。

（5）负责相关业务合同的洽谈和签订。

（6）负责各部门与餐饮部各营业岗点之间工作联系单的传递，并对所涉内容进行把关。

（7）寻找并有计划地发展新客户，积极地、有针对性地进行客户促销与拜访，并及时向上级提供销售报表。

（8）对重要预订及客户做好跟踪接待服务并与客户保持长久、友好的关系。

（9）记录客人的相关信息，做好客史档案的信息收集工作，及时与服务人员沟通，提高宾客满意度。

（10）负责制作客情预订报表发送至各相关部门。

（11）积极了解其他饭店对宴会销售的状况和市场动态，向销售部经理提供合理化建议。

（12）积极参加培训，提高综合服务知识水平。

（13）熟练掌握并执行酒店的制度和操作规范。

（14）坚持酒店安全制度，熟练掌握紧急情况处理程序。

（15）为酒店宾客提供电话、传真、复印、打字、租赁、上网及会议等服务。

（16）熟悉和掌握设备的性能、保养和简单维修，并建立档案工作。

（17）统计每日营业收入，送交相关部门。

（18）认真落实交接事项。

（19）完成上级交办的其他工作。

4. 任职标准

（1）学历要求：高中（包括中专、技校、职高）及以上学历。

（2）外语水平：具有良好的口语沟通能力与良好的英语沟通能力为最佳。

（3）体貌要求：五官端正。

（4）工作经验：一年以上的酒店餐饮销售经验。

（5）培训纪录：参加过酒店入职培训和部门入职培训。

（6）专业资格要求：拥有酒店培训合格证书。

（7）基本素质：具有强烈的责任感和良好的敬业精神；熟悉酒店餐饮销售业务；具备较高的道德品质及职业操守，具有熟练的打字、电脑操作等技能。

任务三　餐饮部调研实训

一、实训目的

通过调研、查阅资料等，了解开元酒店集团不同品牌酒店餐饮部规模及组织架构，了解各岗位职责及层级关系，便于更好地进行职业发展规划。

二、实训内容

（1）了解开元酒店集团设有餐饮部的酒店品牌。

（2）了解开元、开元名都、开元度假村等主要大规模品牌的餐饮部组织架构。

（3）锁定一家酒店，了解其餐饮部所有岗位的岗位职责要求。

三、实训步骤及方法

（1）以固定学习小组为单位，组长负责协调、分工。

（2）通过查阅资料、线上访谈、实地考察等调研方法，完成实训任务。

（3）每位同学结合分工，完成各自负责部分资料的整理并汇总。

（4）每位同学结合岗位职责与自身优缺点，思考餐饮部的职业发展规划。

四、实训成果

（1）每组上交一份《××酒店餐饮部组织结构图及岗位职责》。

（2）每位同学结合某酒店的餐饮部岗位职责与自身优缺点，完成一份餐饮部就业职业发展规划图。

🍷 拓展与提高

大型饭店餐饮部职能制的优缺点

大型饭店职能制的组织机构有利有弊。

优点在于这种组织机构的设置既有利于保证集中统一的指挥，又可发挥各类专家的专业管理作用。

缺点有以下四个方面：

（1）各职能单位自成体系，往往不重视工作中的横向信息沟通，加上狭窄的隧道视野和注重局部利益的本位主义思想，可能引起组织中的各种矛盾和不协调现象，对企业生产经营和管理效率造成不利的影响。

（2）如果职能部门被授予的权力过大过宽，则容易干扰直线指挥命令系统的运行。

（3）按职能分工的组织通常弹性不足，对环境的变化反应比较迟钝。

（4）职能工作不利于培养综合管理人才。

应该说职能制组织结构在我国绝大多数饭店中得到了广泛采用。但是对于高星级饭店，组织机构复杂，管理层级过多，决策时需要考虑较多因素，这种组织机构的设置可能会导致决策效率的下降，沟通的失真等问题，必加以注意。

在实习过程中，尝试着去发现组织结构里因岗位设置问题导致的一些工作问题，并提出个人的建议与观点。

🍰 课后习题

1.（多选题）下列哪些因素会影响一位酒店餐饮从业人员晋升？（　　）

A. 学历　　　　　　　　　　B. 语言表达能力

C. 组织指挥能力　　　　　　D. 抗压能力

E. 餐饮管理与服务工作经历

（习题答案）

2.（判断题）开元旗下酒店，商务中心与宴会销售合并，均由宴会销售统一管理。 （ ）

3.（判断题）开元旗下酒店，不论规模大小，行政总厨下均细分中餐、西餐行政总厨。 （ ）

项目二
餐饮服务礼仪

学习目标

知识目标：了解开元名都酒店对餐饮部员工仪容仪表及岗位服务礼仪的规范要求、熟知餐饮服务礼貌用语。

能力目标：能够用良好的职业形象、规范的服务仪态完成对客服务。

素质目标：树立微笑服务、主动服务的意识，逐渐形成职业荣誉感。

任务要求

根据开元酒店集团员工仪容仪表要求，完成职业形象塑造。

根据餐饮服务礼仪规范要求，完成餐饮服务情景模拟。

案例导入

"挂了"与"撤了"

某银行分行新上任的刘行长邀了几位朋友来到某店庆祝，服务员热情地把刘行长一行让进了雅间。由于室内温度较高，于是服务员小于提醒客人："为了方便您就餐，您可以脱掉外套。"刘行长一听，顺手把厚重的大衣脱了下来，小于连忙接过大衣，微笑着对刘行长说："先生，我给您挂起来吧。"刘行长一听皱了下眉头，然后笑着问："你要把我挂哪啊？"小于一听，连忙解释道："先生您误会了，我的意思是帮您把衣服挂起来。"刘行长笑着说："我理解你的意思，开个玩笑，不过你这样说话可容易让人产生误会。麻烦你帮我们点菜吧！"

菜陆续上桌了，席间谈笑风生，大家都很高兴，客人们纷纷向刘行长祝贺。这时，小于见刘行长杯中的茶凉了，于是上前去取刘行长的茶杯，并微笑着说："先生，我给您撤了吧！"

"撤了?"今天这个日子听到这样的话语,刘行长心中很是别扭,"我刚上任,你就要把我撤了啊!"大家看着服务员,眼神中透露着不满。

小于忙又和刘行长解释,刘行长意味深长地对小于说:"服务员,以后说话可得注意啊,很容易引起误会。"然后和小于笑了笑说:"没关系,把茶撤了吧。"

本案例中,服务员小于在接待客人的过程中,在服务用语上出现了两次失误,引起了客人的不满,严重影响了客人的就餐情绪。服务中任何一点小的闪失都可能让顾客对店面产生不满。

在服务过程中,我们一定不能随便省略,如"您的菜都上齐了"说成"您齐了"或"都完了"等。我们提倡使用有针对性的个性化的服务用语,但这个个性化的用语一定要建立在规范用语的基础上,增加人情味,和顾客拉近距离的同时还要注意一些忌讳用语。

任务一 职业的"穿衣打扮"

现代社会餐饮服务业日益发展,人们与餐饮业的联系越来越多,对服务水平的要求越来越高,餐饮业的服务礼仪是服务质量、服务态度的直接表现,其中餐厅服务水平更是餐饮业服务水平的缩影,讲究礼仪更为重要。作为一名餐厅的员工,我们的一言一行都代表着企业的形象,对宾客能否进行优质服务直接影响到餐厅的名誉。

仪表是人的外表,包括容貌、姿态、个人卫生和服饰,仪表仪容是一个人的精神面貌的外观体现。良好的仪表仪容是酒店接待人员的一项基本素质,是尊重客人的需要。规范统一的仪容仪表是体现酒店的服务精神。

(仪容仪表要求)

一、制服的穿着要求

(1)穿定制工装,大小合身,长短合适,衣裤笔挺,无皱褶。
(2)做到衣裤无油渍、污垢、异味、开线掉扣,领口与袖口要保持干净。
(3)不卷衣袖、裤腿。

二、领带/领结、铭牌佩戴要求

(1)领带长短合适,领结端正、挺括。

（2）铭牌佩戴左前胸，横平竖直；擦亮，损坏或遗失及时更换；不得用胶条或皮筋缠绕；不在客人面前摘戴铭牌。

三、鞋袜的穿着要求

（1）男士穿着黑色皮鞋和深色中长袜子，鞋面光亮，无灰尘，无破痕。鞋跟不得钉掌、打钉。

（2）女士穿中跟皮鞋和肉色袜子，袜口不能露在衣裙之外，袜子无破损、干净、勤换洗。鞋跟不得钉掌、打钉。

四、发型要求

（1）发型要朴实大方，头发应勤洗保持清爽，每天应确保梳头三至四次，确保无掉发。

（2）男士鬓发不盖过耳部，前不及眉，头发不能触及后衣领，不烫发、不染发色，保持清洁、整齐，无头屑。

（3）女士若是短发，要梳理整齐，前不遮眉，后不及领；若是长发，要统一用发网盘起，不留碎发。发饰不夸张。

五、面部清洁要求

（1）面部要注意清洁和适当的修饰。

（2）男士要做到每日洗脸，剃净胡须，剪短鼻毛，保持干净清爽。

（3）女士要淡妆上岗，面部整洁，妆容得体大方，避免浓妆和使用过于浓烈的香水。

六、手部卫生要求

经常洗手，保持干净；指甲缝里没有脏物；不留长指甲；不涂指甲油。

七、饰品的佩戴要求

除手表、婚戒外，不应佩戴耳环、手镯、手链、项链等饰品。不应佩戴运动型的手表款式。餐厅员工手部（除婚戒）不准佩戴任何饰品。

任务二　职业的站走坐蹲

（服务仪态）

一、端正地站

站姿要保持端正、自然、亲切、稳重。上身正直、平视前方、面带微笑、挺胸收腹、腰直肩平，两臂自然下垂，两腿站直。男士双手自然下垂或交叉放于小腹处，两脚呈"V"字或分开与肩同宽；女士双手交叉放于小腹处，两脚呈 V 字（45°～60°）或丁字形。

切忌下列不雅站姿：手插兜、叉腰、抱肩或后背手；斜视宾客或东张西望；倚靠他物；凝视一个固定位置。

二、优雅地走

身体立直，抬首挺胸；起步前倾，重心在前；脚尖前伸，步幅适中；双肩平稳，两臂轻摆。

切忌"内八字"和"外八字"，不弯腰驼背、大摇大摆或上颠下跛；不甩手、左顾右盼；不双手插裤兜。

走路有以下三方面注意事项。

（1）礼让——对迎面而来的宾客侧身礼让；不近身超越同行的宾客；宾客行速较快时应避让；不与宾客争道抢行；需超越宾客时要礼貌道歉；不在 2 米距离内尾随宾客。

（2）清洁——随时捡拾路上的纸屑和杂物。

（3）检查——注意沿路灯具、电线及其他物品的状态。

三、稳重地坐

（1）入座：面对宾客；坐椅子的 1/2 或 2/3；穿裙装双手拢平裙摆。

（2）就座：双肩平稳放松；女士要端庄文雅，双膝并拢，男士双膝分开略向前伸，不宽于肩。

（3）起座：上半身平直；慢慢起身；离座时将椅子推回原位。

（4）切忌下列不雅坐姿：手撑下巴、双腿抖动、半躺半坐、摇腿跷腿、脚尖朝天、女士两腿分开。

四、得体地蹲

（1）蹲拾物时，应自然、得体、大方，不遮遮掩掩。

（2）下蹲时，两腿合力支撑身体，避免滑倒。

（3）下蹲时，应使头、胸、膝关节在一个角度上，使蹲姿优美。

（4）女士无论采用哪种蹲姿，都要将腿靠紧，臀部向下。

餐厅里常见的蹲姿为高低式蹲姿和交叉式蹲姿。

高低式蹲姿动作要领：下蹲时右脚在前，左脚稍后，两腿靠紧向下蹲。右脚全脚着地，小腿基本垂直于地面，左脚脚跟提起，脚掌着地。左膝低于右膝，左膝内侧靠于右小腿内侧，形成右膝高左膝低的姿态，臀部向下，基本上以左腿支撑身体。

交叉式蹲姿动作要领：下蹲时右脚在前，左脚在后，右小腿垂直于地面，全脚着地。左膝由后面伸向右侧，左脚跟抬起，脚掌着地。两腿靠紧，合力支撑身体。臀部向下，上身稍前倾。

蹲姿时应做到迅速、美观、大方。切忌弯腰捡拾物品时，两腿叉开，臀部向后撅起；切忌毫无遮掩，尤其是女性服务员身着旗袍或短裙时，应更加留意，以免尴尬。

任务三　职业的笑、看、说

一、微笑

微笑对顾客来说是最好的服务。我们在日常工作中要做到微笑的"四要"和"四不要"。

1. 微笑的"四要"

（1）要口眼鼻眉肌结合，做到真笑。发自内心的微笑，会自然调动人的五官，使眼睛略眯、眉毛上扬、鼻翼张开、脸肌收拢、嘴角上翘。

（2）要神情结合，显出气质。笑的时候要精神饱满、神采奕奕、亲切甜美。

（关怀大使照片）

（3）要声情并茂，相辅相成。只有声情并茂，你的热情、诚意才能为人理解，并起到锦上添花的效果。

（4）要与仪表举止的美和谐一致，从外表上形成完美统一的效果。

2. 微笑的"四不要"

（1）不要缺乏诚意、强装笑脸；（2）不要露出笑容随即收起；（3）不要仅为情绪左右而笑；（4）不要把微笑只留给上级、朋友等少数人。

二、眼神

眼神与微笑的完美结合，能提升服务的美感。

（1）目光平视。微笑时要敢于正视对方，表现自然、自信和自尊。不能左顾右盼，更不可斜视。

（2）注视时间。与顾客眼神交流的时间占整体沟通时间的30%～60%，视线交流时间不足30%会让顾客感觉不受重视，视线交流时间超过80%则太过频繁。

（3）注视位置。总体来说，肩部以上为目光投向的安全范围。对不熟悉的客人，可注视肩膀为底线头顶为顶点的大三角区域；较熟悉的客人，可注视下巴为底线额头为顶点的小三角区域；很熟悉的客人，可注视两眼为底线鼻头为顶点的倒三角区域。

三、服务语言

餐饮接待服务工作中离不开语言，优美的语言会给客人以温暖和自尊。餐厅服务工作在语言的使用上具体可以分为基本服务用语和餐厅服务用语两部分。

1. 基本服务用语

（1）"欢迎"或"欢迎您""您好"客人来到餐厅时，迎宾员和服务员要及时使用此语。

（2）"谢谢"或"谢谢您了"用于在餐厅的客人为服务人员的工作带来方便时，本着感激的心情来说。

（3）"好""明白了"或"听清楚了"，用于接受客人吩咐时，本着认真负责的态度去说。

（4）"请您稍候"或"请您等一下"用于不能立刻为客人服务时，应带着表示歉意的心情说。

（5）"让您久等了"或"劳您等了"用于对等候的客人使用，应热情而又表示歉意。

（6）"实在抱歉"或"真对不起"用于因为打扰客人或给客人带来不便时使用，应真诚而有礼貌地说。

(7)"再见"或"欢迎再次光临"用于客人离开餐厅时，应热烈而真诚。

2. 餐厅服务用语

(1) 当客人进入餐厅时：

早上/中午/晚上好，先生（小姐），请问共几位？

请往这边走。

请跟我来。

请坐。

请稍候，我马上为您安排。

请等等，您的餐台马上就准备好。

请您先看一看菜单。

先生（小姐），您还坐在这里吗？

对不起，您跟那位先生合用一张餐台，好吗？

对不起，这里有空位吗？

对不起，我可以用这把椅子吗？

(2) 为客人订菜时：

对不起，先生（小姐），现在可以为您点菜吗？

您喜欢用什么饮料，我们餐厅有……

您喜欢用些什么酒？

您是否喜欢……

您是否有兴趣品尝今天的特色菜？

餐后您喜欢用茶还是咖啡？

餐后您喜欢吃些甜品吗？

请问，您还需要什么吗？

真对不起，这个菜需要一定时间，您多等一会好吗？

真对不起，这个菜刚刚卖完。

好的，我跟厨师联系一下，会使您满意的。

如果您不介意的话，我向您推荐……

如果您赶时间，我给您安排一些快餐好吗？

您订的菜是……

(3) 为客人上菜时：

现在为您上热菜可以吗？

对不起，请让一让。

对不起，让您久等了，这道菜是……

真抱歉，耽误了您很长时间。

请原谅，我把您的菜搞错了。

实在对不起，我们马上为您重新做。

先生，这是您订的菜

（4）席间为客人服务时：

先生/小姐，您的菜上齐了请慢用。

给您再添点米饭好吗？

您是否还需要些饮料？

您喜欢再加点别的吗？

您的菜够吗？

对不起，我马上问清楚后告诉您。

先生/小姐，打扰您了，这是您的东西吗？

我可以帮助您分一分菜吗？

我可以为您服务吗？

我可以撤掉这个盆子吗？

对不起，打扰您了。

我可以清理桌子吗？

谢谢您的帮助。

谢谢您的合作。

（5）餐后为客人结账并送客时：

先生，您的账单。

请在这里签上您的名字和房间号。

先生/小姐，这是找给您的钱和收据，谢谢。

任务四　职业的服务礼仪

一、鞠躬礼仪

（1）以良好的站姿为基础，双手虎口相扣，自然搭在身前，双眼注视对方，面带微笑。

（2）以腰部为轴，上身向前倾斜15°。头部与上身成一条直线。

（鞠躬礼仪）

（3）目光随身体自然下垂到身前 1～2 米处或对方脚尖处。

（4）鞠躬完之后，再恢复到标准的站姿，目视对方 2 秒后再转移眼神，面带微笑。

二、引领礼仪

（引领礼仪）

手势：四指并拢，拇指内扣，手心向上与胸齐，以肘为轴向外转。

站位：引领者在客人左前方一米处引领。

1. 楼梯引领礼仪

引领客人上楼时，应让客人走在前面，接待工作人员走在后面；若是下楼时，应该由接待工作人员走在前面，客人在后面。上下梯时，应注意客人的安全。拐弯或有梯台阶的地方应使用手势，并提醒客人"这边请"或"注意楼梯"等。

2. 电梯引领礼仪

先按电梯让客人进，若客人不止一人，先进入电梯，用靠近电梯的手遮住电梯感应电眼或按住开门按钮，保持门敞开；另一只手引导宾客进入电梯，并使用"请"的手势；到达目的地后，一手按"开"，一手做出"请"的手势，"到了，您先请"，遵循先下后上原则。

三、电话礼仪

电话礼仪具体注意事项见表 2-1。

表 2-1　电话礼仪

做什么	怎么做	为什么
接电话	（1）电话铃响三声之内接起，并且保持注意力集中接听电话 （2）用左手接听，便于记录；和宾客对话时，要微笑，通过自己的语音、语调使宾客感受到热情、友好 （3）语速不可过快或过慢，语音不能太大或者太轻	使宾客在最短等待时间内得到回应
接电话基本问候语	（1）问候语："您好＋岗位名称"，以宴会销售为例：您好，宴会销售 （2）咖啡厅电话接听：Good morning/afternoon/evening, Western Restaurant＋您好，** 咖啡厅（如是日式餐厅，则先以日语问候，再中文问候） （3）送餐电话接听：Good morning/afternoon/evening, room service＋您好，送餐服务 （4）特殊节假日的，可以加上节日问候语，以宴会销售为例：新年好，宴会销售！如是咖啡厅，则使用英语节日祝福	确保各岗位员工掌握电话接听基本问候语

（续表）

做什么	怎么做	为什么
倾听并回答问询	（1）仔细聆听宾客问题，准确掌握宾客问题内容，重述宾客提问，以获确认 （2）准确回答宾客问题；避免使用短语、短句或机械化的句子回答宾客的问题，要有意识地使语言情感化 （3）如宾客首先报出自己的姓名，记住并且以姓氏或尊称称呼宾客，避免再次询问宾客 （4）重述宾客用餐要求及细节，告知保留时间及特殊要求，并获宾客确认 （5）不能立刻解决宾客提出的问题，须向宾客道歉："对不起，请稍等，我马上帮你查询"。如需挂机查询后给宾客回复的，需记录宾客联系电话及姓名，"请问怎样称呼您呢?""可以留下您的联系方式吗? 我们会尽快给您回复，谢谢!"并告知宾客大致等候时间 （6）电话接听中要求宾客等候时，应征得宾客同意，每隔30秒询问宾客是否继续等候，还是留言或回电。应说："请稍等"并且确保在30秒之内重新接起电话："对不起，让您久等了。"	确保宾客叙述的内容能被员工准确掌握，并及时提供相应的服务
挂断电话	（1）感谢宾客来电："请问您还有别的事需要帮忙吗? 感谢您的来电，再见!" （2）在宾客挂电话之后，方可挂断电话	感谢宾客并表示对宾客的尊重

任务五 餐饮服务礼仪综合实训

实训目的

通过工装秀、情景模拟，巩固餐饮服务礼仪规范要求，树立良好的服务意识。

实训内容

（1）餐饮部职业形象展示。

（2）餐饮服务礼仪规范展示。

实训步骤及方法

（1）以固定学习小组为单位，各组讨论、设计工装秀展示及情景模拟。

（2）各组成员进行协调、分工，完成剧本设计。

（3）每位同学参与工装展示和情景模拟。

（4）各组分别对其他组表现进行打分和小结点评。

（5）教师总结。

（1）各组工装展示、餐饮服务情景模拟展示。

（2）各组互评记录。

拓展与提高

温暖的心

作为宁波开元名都酒店大堂吧的一名服务员，每天都能遇到形形色色的客人，小宁认为客人看重的是服务，以及服务员对每一位客人的人文关怀。小宁觉得想要做好一名服务员，应该用一颗温暖的心去对待，能够感知到每一位客人真正深切的需求，并尽可能地去满足每一处细节。

那是一个再平常不过的午后，天气有些阴郁，小宁如同往常一般站在大堂吧的迎宾处等待迎接客人。看到不远处有一位先生正朝着这边慢慢走过来，立刻明白这位先生想来大堂吧消费。于是小宁便整理了一下仪容，换上微笑的表情走上玻璃桥，"先生，下午好，这边小心台阶"。客人点了点头，近距离的时候小宁才发现客人面色有些苍白，并伴着些许咳嗽。客人许是感冒了，小宁猜想。客人坐定后便开始点单。"我肚子有些饿了，你们这边有什么能填饱肚子的吃食吗？"客人问道。"这边有三明治和提拉米苏，提拉米苏的分量不是很多，三明治等待的时间稍有些长。"小宁回答道。"我想吃三明治，能尽量快点吗？"小宁明白这位客人是真的饿了。"可以的，请您稍等。"小宁微笑着回答。在给西餐厅打电话订三明治的时候小宁特意叮嘱了师傅这边尽量快点，客人着急吃。对方回复说可以但是还得等七八分钟。挂了电话小宁想着给客人准备点小吃垫垫肚子。于是便准备了一份曲奇饼干、一份花生米和一小份话梅，并倒上一杯温开水给客人送了过去，说道："您好，这边打扰一下，您刚刚点的三明治还需要等一会儿，我为您准备了一些吃的您先垫一下。"客人很高兴，小宁继续说："我刚刚听到您有些咳嗽，于是为您倒了杯温开水您可以润一下嗓子，这样会舒服些。"客人有些意外，"没想到你竟然这么细心，不错，谢谢你。""不客气，这是我应该做的，您请慢用。""稍等一下，"客人说道，"我想点壶茶，生普"。小宁停顿了一下对客人说道："先生，生普有点伤胃，您现在空腹不宜喝生普，而且您现在生着病，建议您换一种，熟普就比较合适，也比较养胃。""行，那就听你的。"客人笑着对小宁说。

客人临走的时候特意对小宁说："谢谢你，你今天的服务让我感觉很贴心，你有一颗细致的心，既温暖了自己，也温暖了别人，希望你以后能一直保持下去，谢谢你。"赠人玫瑰，手有余香，用心去服务每一位客人，让客人从心底感受到温暖，这是每一位服务员应该牢记的。

思考：合格服务与优质服务，本质区别在于什么？

课后习题

1.（单选题）酒店最为常用的鞠躬礼仪，身体前倾（　　　）。

A. 15°　　　　　　B. 30°　　　　　　C. 45°　　　　　　D. 90°

2.（单选题）引领客人时，服务员应走在（　　　）处引领。

A. 右前方1米　　B. 左前方1米　　C. 右前方3米　　D. 左前方3米

3.（多选题）下列关于电话礼仪，描述正确的有（　　　）。

A. 电话铃响三声内接起

B. 接起电话后要在最短时间内快速问候并自报岗位并且询问客人需求

C. 仔细聆听宾客问题，准确掌握宾客问题内容，重述宾客提问，以获确认

D. 如需挂机查询后给宾客回复的，需记录宾客联系电话及姓名，并告知宾客大致等候时间

4.（填空题）酒店基本的服务仪态要求是：_____、_____、_____、_____。

5.（填空题）微笑时要敢于_____，表现____、____和____。不能_____，更不可斜视。

（习题答案）

项目三
餐饮基础技能

学习目标

知识目标：掌握托盘、斟酒、餐巾折花、中西餐摆台、菜肴服务等基本技能操作规范。

能力目标：能在餐饮工作中熟练运用各种餐饮服务技能。

素质目标：养成认真、严谨的工作态度；树立积极阳光的职业心态。

任务要求

能用轻托平稳托起3瓶啤酒并能持久3分钟以上。

能熟练、规范完成徒手斟酒。

能在10分钟内快速完成10款不同造型的餐巾折花。

能独立、高效按酒店摆台标准，完成中西餐不同类别摆台。

能规范、灵活完成菜肴上菜服务，并能熟练进行餐位分菜和旁桌分菜。

案例导入

碰了客人的头

一日，某包厢来了几位宾客。服务员小徐为客人服务，上菜的时候，小徐不小心将托盘撞在了一桌上年龄最大的老爷子的头上。老爷子倒是没说什么，但同行的孩子们很不高兴，责问小徐："你怎么回事？碰到了别人怎么连个道歉都没有？"小徐生硬地说："对不起！"然后放下菜转身走了。这下更激怒了这一家人，马上叫来了经理，站起来和经理理论。经理诚恳地向老先生道了歉。但孩子们还是不满意。最后，经理答应给客人打了8.8折，客人才坐回了座位上。

餐饮服务是餐厅服务人员为就餐客人提供食品、饮料等一系列有形产品及无形服务的总和。餐饮服务人员只有具备丰富的服务知识和娴熟的服务技能，才能将美味可口的佳肴和尽善尽美的服务有机结合起来，让客人在物质上和精神上获得满足，以达到餐饮服务的最佳效果。因此，餐饮服务人员必须熟练掌握以下餐饮服务操作技能：托盘、餐巾折花、铺台布、摆台、斟酒、上菜与分菜。

任务一　托　　盘

（托盘实物照片）

一、托盘的种类

（1）根据托盘的制作材料，可分木质托盘、金属托盘、胶木托盘和塑料托盘。
（2）根据托盘的形状，可分长方形托盘、圆形托盘、椭圆形托盘和异形托盘。
（3）根据托盘的规格，可分大型托盘、中型托盘和小型托盘。

二、托盘的用途

（1）大号方形、椭圆形和中号方形托盘。一般用于托运菜点、酒水和盘碟等较重的物品。
（2）大号圆形和中号圆形托盘。一般用于斟酒、展示饮品、送菜分菜、送咖啡冷饮等。
（3）小号圆形托盘。主要用于递送账单、收款、递送信件等。
（4）异形托盘。用于服务特殊的鸡尾酒或在一些庆典活动中使用。

三、托盘的使用方法

（1）轻托，又称胸前托。通常使用中、小型托盘，用于斟酒、派菜及托送较轻的物品，所托物品重量一般在5千克以内。
（2）重托，又称肩上托。通常使用大型托盘，用于托送较重的菜点、酒水以及收拾餐具和菜盘等，所托物品重量一般在5～10千克。

四、轻托的操作程序

（轻托教学视频）

1. 轻托操作要领

（1）左手托盘，左臂弯曲90°，掌心向上，五指稍微分开。

（2）用五个手指指端和手掌根部托住盘底，手掌自然形成凹形，重心压在大拇指根部，使重心点和左手五指指端形成"六个力点"，利用五指的弹性掌握盘面的平稳。

（3）平托于胸前，略低于胸部，使托盘位于第二、三颗衣扣之间，盘面与左手臂呈直角，利于左手腕灵活转向。

（4）行走时要头正，肩平，上身挺直，两眼平视前方，步伐轻盈自如。

（5）托盘随步伐在胸前自然摆动，切勿用大拇指按住盘边。

2. 轻托注意事项

（1）给客人斟酒时，要随时调节托盘的重心，切勿使托盘翻落而将酒水泼洒在客人身上。

（2）不可将托盘越过客人头顶，以免发生意外。托盘时，左手应向前自然延伸。

（3）随着托盘上物品的数量、重量不断增加或减少，其重心也在不断变化，左手手指应相应地移动以掌握好托盘的重心。

五、重托的操作程序

1. 重托操作要领

（1）左手五指伸开，全掌托住盘底中央。

（2）在掌握好重心后，用右手协助将托盘起至胸前，左手手腕向上转动，并同时以右手协助将托盘稳托于肩上。

（3）托盘上肩要做到盘底不搁肩，盘前不近嘴，盘后不靠发。

（4）右手自然下垂摆动或扶住托盘的前沿。

2. 重托操作标准

（1）平稳。托送物品时要掌握好平衡，做到盘平、肩平、物平；托盘不晃动，行走不摇摆，转动不碰撞；给人一种稳重、踏实的感觉。

（2）轻松。手托重物行走时，上身挺直，轻松自如。

3. 托盘操作标准

做什么	怎么做	为什么
理盘	托盘必须先洗干净擦干，以避免托盘内的物品滑动	使员工掌握托盘服务技巧，提升餐饮服务操作规范和总体品质
装盘	(1) 根据物品的形状、重量、体积和使用的先后顺序合理装盘；重物、高物放在里面；先用的物品放在上面、前面；后用的物品放在下面、后面 (2) 从整体上保持盘内物品重量分布的平衡 (3) 装盘时要保证安全，不要一次装太多的物品	
轻托	(1) 左手臂自然弯成90°角，掌心向上，五指分开 (2) 用手指和掌托住盘底，掌心不与盘底接触，平托于胸前 (3) 行走时，要头正肩平，注视前方，脚步轻捷 (4) 托盘的手腕要轻松灵活，右手可放在背后 (5) 所托物体较重时可以用右手上前相扶，并使托盘在胸前随着走路的节奏自然摆动 (6) 托盘上下摆的幅度不可过大	
重托	(1) 五指分开，用手掌托住盘底，掌握好重心 (2) 用另一只手护持，将托盘托起到胸前，向上转动手腕，使托盘稳托于肩上 (3) 送时平稳轻松，保持盘平、肩平、头正、身直，保证托盘不晃动，身体不摇摆	
卸盘	(1) 若所托物品较轻，可以用右手将物品从托盘中取下来递给宾客 (2) 对于某些场合或者某些物品需要服务员托住托盘，让宾客自取 (3) 物品取走部分后，服务员应及时用右手对托盘位置或盘中物品进行调整，使托盘保持平衡 (4) 若托送物品较为沉重时，服务员可以将托盘放在邻近的操作台上，而将所托物品依次递给宾客	

任务二　斟　　酒

（斟酒视频）

一、斟酒操作程序

1. 准备工作

（1）酒水检查。检查酒标及瓶体，若发现酒标破损、酒瓶破裂或酒水变质，应及时调换。

（2）酒瓶擦拭。在上餐台斟酒前，必须用餐巾将酒瓶擦拭干净，特别要将瓶口部位擦干净。

（3）酒瓶摆放。将备好的酒水整齐摆放在备餐台上，摆放时既要美观又要便于取用。

2. 示瓶

示瓶也叫示酒，是为了显示对客人的尊敬，使客人可以辨别酒水的真伪、了解酒水的情况。当客人点了比较名贵的酒水时，应先将酒展示给客人。具体做法是服务员站在点酒客人的右侧，左手托瓶底，右手持瓶颈，酒瓶的商标朝向客人，让客人辨认商标、品种，直到客人点头认可。

3. 酒水冰镇与加热

酒水的冰镇方法：冰箱冷藏、冰桶降温、冰块溜杯。酒水的加热方法有水、火烤、燃烧、冲入（注入）。

4. 开瓶

不同的酒水需要采用不同的方法。

（1）红葡萄酒的开瓶方法。开启红葡萄酒瓶塞时一般要使用带有酒钻的开瓶器。酒钻的螺旋部分要长，头部要尖，并装有一个起拔杠杆。开瓶时，服务员先用洁净的餐巾把酒瓶包上，然后割开封住瓶口的锡箔。除去锡箔后用餐巾擦拭瓶口，再将酒钻的螺丝锥刺入软木塞，然后加压旋转酒钻。待旋转至螺丝锥还有两圈留在软木塞外时，用左手握住酒瓶颈及开瓶器的起拔杠杆，右手向上用力牵引取出软木塞（注意不要拉断木塞），再将起拔杠杆放松，旋出软木塞放在主人酒杯右侧的小碟内。在开瓶过程中，动作要轻，以免摇动酒瓶时将瓶底的酒渣泛起，影响酒味。

（2）香槟酒的开瓶方法。开瓶时首先将瓶口锡箔割开、去除。用左手斜握酒瓶并用大拇指压住软木塞顶部，再用右手将封口铁丝扭开后握住塞子的帽形物，轻轻地转动并往上拨，依靠瓶内的压力和手的力量把瓶塞慢慢地向外拉（不要让软木塞忽然弹出，以免发生意外），将瓶子倾斜几秒钟，再除去软木塞，以免酒液溢出。饮用香槟酒一般需事先冰镇，因此开瓶前一定要擦净瓶身瓶口。

二、斟酒姿势与位置

斟酒一般分为徒手斟酒和托盘斟酒。

1. 徒手斟酒

服务员斟酒时，左手持服务巾，背于身后，右手持酒瓶的下半部，商标朝外，正对宾客，右脚跨前踏在两椅之间。斟酒在宾客右边进行。

2. 托盘斟酒

左手托盘,右手持酒瓶斟酒,注意托盘不可越过宾客的头顶,而应向后自然拉开,注意掌握好托盘的重心。服务员站在宾客的右后侧,身体微向前倾,右脚伸入两椅之间,但身体不要紧贴宾客。

无论采取哪种方式斟酒都要做到动作优雅、细腻,处处体现出对宾客的尊重并注意服务的卫生。目前徒手斟酒在饭店餐饮服务中使用较为普遍。

三、斟酒的基本要求

(1)斟酒时,瓶口与杯口之间保持一定距离,以 2 厘米为宜,不可将瓶口搭在杯口上。

(2)斟酒时,要握着酒瓶的下半部,并将商标朝外显示给客人。

(3)斟酒时,要注意控制倒酒的速度,当斟至适量时旋转瓶身,拍起瓶口,使最后一滴酒水随着瓶身的转动均匀分布在瓶口边沿上,而不致滴落到客人身上或台布上。

(4)斟啤酒时,应使酒液沿杯壁缓慢流入杯内,这样形成的泡沫较少,不易溢出杯外。

(5)瓶内酒水不足一杯时,不宜为客人斟酒,因为瓶底朝天有失礼貌。

(6)客人吃中餐时,各种酒水一律斟至八分满为宜。

(7)客人吃西餐时,红葡萄酒斟至 1/2 杯,白葡萄酒斟至 2/3 杯,香槟酒分两次斟至 2/3 杯为宜。

四、斟酒的顺序

(1)中餐斟酒顺序。一般在宴会开始前 10 分钟左右将烈性酒和葡萄酒好。斟酒时可以从主人位置开始,按顺时针方向依次斟酒。客人入座后,服务员及时问斟啤酒、饮料等。其顺序是:从主宾开始,按男主宾、女主宾再主人的顺序顺时针方向依次进行。如果是两位服务员同时服务,则一位从主宾开始,一位从副主宾开始,按顺时针方向进行。

(2)西餐斟酒顺序。西餐宴会用酒较多,几乎每道菜都配一种酒,吃什么菜配什么酒,应先斟酒后上菜。斟酒前先请主人确认所点酒的标志,并请主人先行品尝,待主人认可后,按女主宾、女宾、女主人、男主宾、男宾、男主人的顺序依次斟倒。

五、斟酒操作规范

1. 酒水冰镇操作程序

操作程序	操作规范
冰镇准备	准备好需要冰镇的酒水及冰桶，并将冰桶架放在餐桌的一侧
酒水冰镇	（1）将冰块放入冰桶内，将酒瓶插入冰块中约10分钟，即可达到冰镇的效果 （2）服务员手持酒杯下部，杯中放入冰块，摇转杯子，以降低杯子的温度 （3）用冰箱冷藏酒水

2. 酒水加热操作程序

操作程序	操作规范
加热准备	准备好暖桶、酒壶和酒水，将暖桶架放在餐桌的一侧
酒水加热	（1）在暖桶中倒入开水，将酒水倒入酒壶后放在暖桶中升温 （2）将酒水装入耐热器皿中，置于火上升温 （3）将酒水倒入杯中后，将杯子置于酒精炉上，点燃酒精升温 （4）将加热的饮料冲入酒液或将酒液注入热饮料中升温 （5）酒水加热要在客人面前进行

3. 酒水开瓶操作程序

操作程序	操作规范
开瓶准备	备好开瓶器、餐巾、酒篮、冰桶
开启酒瓶	（1）开启酒瓶前，要请客人确认其所点酒水 （2）征得客人同意后方可开启酒水瓶 （3）要当面为客人开启酒水瓶 （4）按不同酒水开瓶方法规范操作（见"酒水的开瓶方法"） （5）开启酒瓶要注意安全操作
质量检查	拔出瓶塞后一般应通过嗅辨瓶塞底部的方法检查瓶中酒水是否有质量问题
擦拭瓶口、瓶身	开启瓶塞后，要用干净的餐巾仔细擦拭瓶口、瓶身。擦拭时，注意不要将瓶口积垢落入酒中
酒瓶摆放	（1）开启的酒瓶、酒罐可以留在客人的餐桌上，一般放在主人餐具的右侧 （2）使用冰桶的冰镇酒水要放在冰桶架上，冰桶架距离餐桌不要过远，以方便本桌客人取用和不妨碍别桌客人用餐为准 （3）用酒篮盛装的酒瓶连同篮子一起放在餐桌上 （4）随时撤下餐桌上的空瓶、空罐，并及时回收开瓶后的封皮、木塞、盖子等杂物，不要将其留在餐桌上

4. 托盘斟酒操作程序

操作程序	操作规范
斟酒准备	(1) 检查酒水标志及酒水质量 (2) 擦拭酒瓶 (3) 按规范将酒瓶摆放在托盘内
托盘斟酒	(1) 站在客人的右后侧，按先宾后主的次序斟酒 (2) 左手托盘，右脚向前，侧身而立，保持平稳 (3) 向客人展示托盘中的酒水、饮料，示意客人选择自己喜欢的酒水、饮料 (4) 待客人选定酒水、饮料后，服务员直起上身，将托盘移至客人身后。托盘移动时，左臂要将托盘向外托送，避免托盘碰到客人 (5) 用右手从托盘上取下客人所需的酒水进行斟酒 (6) 斟酒时要掌握好酒瓶的倾斜度并控制好倒酒的速度，瓶口不能碰到杯口 (7) 斟酒完毕，将瓶口抬起并顺时针旋转45°，后向回收瓶

5. 徒手斟酒操作程序

操作程序	操作规范
斟酒准备	(1) 双手消毒 (2) 检查酒水标志及酒水质量 (3) 擦拭酒瓶 (4) 准备一块干净的消毒布巾
徒手斟酒	(1) 斟酒时，服务员站在客人的右后侧，按先宾后主的次序斟酒 (2) 左手持布巾背在身后，右脚向前，侧身而立，右手持瓶向前伸出 (3) 将酒瓶商标朝上展示给客人，示意客人确认酒水饮料 (4) 待客人确认后，服务员用右手为客人斟酒 (5) 斟酒时要掌握好酒瓶的倾斜度并控制好倒酒的速度，瓶口不能碰到杯口 (6) 酒完毕，将瓶口抬起并顺时针旋转45°，后向回收瓶，再用左手的布巾将残留在瓶口的酒水拭去

六、中餐酒水服务规范

1. 黄酒服务程序

做什么	怎么做	为什么
准备工作	(1) 若宾客点好黄酒，须主动询问宾客有无特殊要求，是否需要加热、添加话梅、姜丝或其他 (2) 使用托盘将黄酒杯放在宾客的水杯右侧斜后方30°角处，酒杯间距1厘米 (3) 准备工作时间不超过3分钟	确保黄酒服务准备的及时性

（续表）

做什么	怎么做	为什么
黄酒展示	（1）站在宾客右侧展示给宾客，左手托瓶底，右手扶瓶身（瓶颈），酒标面向宾客请其确认 （2）征得宾客同意后再打开黄酒 （3）若宾客要求将黄酒加热的，则告知宾客大致所需要的时间并请宾客稍候 （4）黄酒加热至 38℃ 左右或根据宾客的具体要求加热，加热后的黄酒再倒入原瓶内	让宾客确认所点黄酒
黄酒服务	（1）斟倒时，左手拿干净的服务口布，右手拿酒壶（酒瓶），用服务口布将壶底部擦干 （2）按女士优先、先宾后主的原则依次从宾客右侧斟酒 （3）酒斟八分满，商标始终朝向宾客 （4）动作轻缓，避免酒中沉淀物泛起，影响酒的质量	使员工掌握黄酒的服务流程
黄酒的添加	（1）随时为宾客添加，且要时刻使酒保持一定的温度 （2）若宾客瓶中酒只剩下 1/3 瓶的量时，询问主人是否再加一瓶 （3）如果主人不再加酒，应观察宾客，待其喝完后，及时将空的酒杯撤掉	及时为宾客提供服务

2. 白酒服务程序

做什么	怎么做	为什么
准备工作	（1）使用托盘在宾客的水杯斜后方 30°角处摆放上白酒杯，酒杯间距 1 厘米 （2）准备工作时间不得超过 3 分钟	确保白酒服务准备的及时性
白酒展示	（1）站在宾客右侧展示给宾客，左手托瓶底，右手扶瓶身（瓶颈），酒标面向宾客请其确认 （2）征得宾客同意后再打开白酒	让宾客确认所点白酒
白酒服务	（1）服务时，左手持干净的服务口布，右手执白酒，从宾客右侧顺时针依次为宾客斟倒 （2）按照先宾后主，女士优先的原则 （3）酒瓶与酒杯成 45°角，瓶口不要碰触酒杯，但也不宜离杯过高，以免酒水溅出 （4）斟倒时，商标始终朝向宾客，手拿酒瓶下半部分，每斟完一杯酒须将酒瓶按顺时针方向轻转一下，避免瓶口的酒水滴落在台面上 （5）酒斟八分满	使员工掌握白酒的服务流程
白酒的添加	（1）随时为宾客添加白酒 （2）若瓶中的酒只剩下 1/3 瓶的量时，须及时征求主人的意见，是否再加一瓶 （3）如果主人不再加酒，应观察宾客，待其喝完后及时将空酒杯撤走	及时为宾客提供服务

3. 啤酒服务程序

做什么	怎么做	为什么
准备工作	(1) 根据宾客要求至吧台领取啤酒，准备工作时间不超过 3 分钟 (2) 需主动询问宾客有无特殊要求，是否需要冰镇	确保啤酒服务准备的及时性
啤酒服务	(1) 用托盘托着啤酒，依据先宾后主、女士优先的原则为宾客服务啤酒 (2) 提供啤酒服务时，以桌斟的服务方式来进行，服务员站在宾客右侧，左手托托盘，右手执酒瓶，身体侧站，将啤酒轻轻倒入杯中，啤酒应沿杯壁缓缓流下，以减少泡沫，注意泡沫不得溢出杯外，瓶口不要与酒杯接触 (3) 如果泡沫过多，应分两次斟倒 (4) 斟酒量宜 80％酒、20％泡沫 (5) 斟倒时，酒瓶商标应面对宾客，瓶口不得碰杯口，啤酒饮用最佳温度在 8～10℃	使员工掌握啤酒的服务流程
啤酒的添加	(1) 随时为宾客添加啤酒 (2) 若宾客瓶中的酒只剩下 1/3 瓶的量时，须及时征求主人的意见，是否再加一瓶 (3) 若主人不再加酒，即观察宾客，待其喝完后及时将空酒杯撤走	及时为宾客提供服务

4. 饮料服务程序

操作程序	操作规范
准备工作	(1) 填写订单并到酒吧去取饮料，不得超过 5 分钟 (2) 将饮料和杯具放于托盘上 (3) 注意饮料一定要当着客人的面开启
饮料服务	(1) 将饮料杯放于客人右手侧 (2) 从客人右侧按顺时针方向服务，先宾后主 (3) 使用右手为客人斟倒饮料，速度不宜过快 (4) 未倒空的饮料瓶放在杯子的右前侧，商标朝向客人 (5) 如客人使用吸管，需将吸管放在杯中
混合饮料服务	(1) 将盛有主饮料的杯子放在客人右手侧 (2) 在配酒杯中斟酒，并根据酒店要求配加饮料 (3) 使用搅棒为客人调匀饮料 (4) 将搅棒和配酒杯带回服务桌

七、西餐酒水服务规范

1. 白葡萄酒服务程序

做什么	怎么做	为什么
白葡萄酒服务准备工作	(1) 准备好冰桶、冰桶架，摆放在主人与主宾之间稍靠后的位置，以方便服务 (2) 冰桶中放入冰块或少量水，冰和水不能超过冰桶的 2/3，酒瓶斜插入冰桶中，叠好干净的口布放在冰桶上 (3) 一般情况下，每冰镇 1 分钟，酒液温度下降 1℃；服务员要适时根据最佳饮用温度，计算出最佳冰镇时间 (4) 准备一只干净的面包碟和一张餐巾纸 (5) 取出白葡萄酒 (6) 准备工作时间不得超过 3 分钟 (7) 动作迅速，避免宾客久等	确保白葡萄酒服务准备的及时性
白葡萄酒展示	(1) 用服务口布将酒瓶擦干 (2) 把洁净的口布折叠成长方型，包好酒瓶 (3) 右手持白葡萄酒，用左手四个指尖轻托住酒瓶底部，酒瓶呈 45°倾斜 (4) 站在主人右侧，将白葡萄酒展示在宾客正前方，并报出酒名，出产地及年份，请宾客确认 (5) 动作轻盈利落	让宾客确认所点白葡萄酒
白葡萄酒的开启	(1) 征得宾客允许后，将白葡萄酒放在操作台上开启 (2) 开启时，左手扶住酒瓶，右手持酒刀 (3) 先用酒刀从瓶口外凸处将封口割开，除去上端部分 (4) 注意动作不超过两下，沿封的开启必须整齐，不疙瘩，不要旋转酒瓶 (5) 接着对准中心将螺旋锥慢慢拧入软木塞，然后扣紧瓶口，进而平稳地将把手缓缓拉起，将软木塞拉出；当木塞快脱离瓶口时，应将瓶塞轻轻拉出，避免发出大的响声——整个开瓶过程中动作要轻 (6) 用餐巾纸擦拭瓶口 (7) 将割开的铅封与擦拭过的餐巾纸放入面包碟内	使员工掌握白葡萄酒开启的方法
斟白葡萄酒	(1) 服务员右手执瓶，左手拿干净的服务口布 (2) 从主人右侧倒入主人杯中 1/5 的白葡萄酒，请主人品评酒质（视宾客情况） (3) 主人认可后，从主宾开始依次给宾客斟酒，注意女士、长者优先，倒酒时应让每位宾客都能看到酒的标签 (4) 斟倒时站在宾客的右侧，一般白葡萄酒斟入酒杯的 2/3 容量为宜 (5) 每斟完一杯酒将酒瓶按顺时针方向轻轻转一下，避免瓶口的酒滴落在台面上，并及时用服务口布擦干瓶口 (6) 斟酒时，商标须始终朝向宾客，瓶口不得碰杯口，但也不宜离杯过高	使员工掌握白葡萄酒的服务流程

（续表）

做什么	怎么做	为什么
斟白葡萄酒	(7) 白葡萄酒的最佳饮用温度为 8～12℃ (8) 为所有的宾客斟完酒后，将酒瓶轻轻放回冰桶内，配上服务口布	
白葡萄酒的添加	(1) 随时为宾客添加白葡萄酒，将酒从冰桶中抽出时，用服务口布将瓶外侧的水擦干 (2) 若瓶中的酒只剩下 1/3 时，须及时征求主人的意见，是否再加一瓶， (3) 若主人不再加酒，即观察宾客，待其喝完酒后，立即将空杯撤掉	及时为宾客提供服务

2. 红葡萄酒服务程序

做什么	怎么做	为什么
红葡萄酒服务准备工作	(1) 准备好干净的服务口布 (2) 准备一个干净的单味碟、一个面包碟、一张干净的餐巾纸 (3) 高档红葡萄酒服务还需准备醒酒器 (4) 准备工作时间不超过 3 分钟	确保红葡萄酒服务准备的及时性
红葡萄酒展示	(1) 把服务口布折叠成长方型，口布垂直挂于服务人员左手边 (2) 用右手持红葡萄酒，左手四个指尖轻托住酒瓶底部，酒瓶呈 45°倾斜 (3) 站在主人右侧，将红葡萄酒展示在宾客正前方，并报出酒名，出产地及年份，请宾客确认 (4) 动作轻盈利落	让宾客确认所点红葡萄酒
红葡萄酒的开启	(1) 征得宾客允许后，将酒放在操作台上，开启时，左手扶住酒瓶，右手持酒刀。先用酒刀从瓶口外凸处将封口割开，除去上端部分 (2) 注意动作不超过两下，沿封的开启必须整齐，不疙瘩，不要旋转酒瓶 (3) 接着对准中心将螺旋锥慢慢拧入软木塞，然后扣紧瓶口，进而平稳地将把手缓缓拉起，将软木塞拉出；当木塞快脱离瓶口时，应将瓶塞轻轻拉出，避免发出大的响声——整个开瓶过程中都应动作要轻 (4) 把红酒木塞放入单味碟中，给主人闻塞 (5) 将割开的铅封与擦拭过的餐巾纸放入面包碟内	使员工掌握红葡萄酒开启的方法
斟红葡萄酒	(1) 服务员将打开的红葡萄酒放在托盘上，商标朝外，方便宾客观看，有红酒木塞的单味碟也放在托盘上 (2) 先把单味碟中的木塞放在主人面前，给主人闻塞；再用右手拿起红葡萄酒，手要拿在瓶身的下半部分 (3) 从主人右侧倒入主人杯中 1/5 红葡萄酒，请主人品酒（视宾客情况而定） (4) 主人认可后，从主宾开始起依次给宾客斟酒，注意女士、长者优先，斟倒时应让每位宾客都能看到酒的标签	使员工掌握红葡萄酒的服务流程

做什么	怎么做	为什么
斟红葡萄酒	（5）斟倒时站在宾客的右侧，一般红葡萄酒斟入酒杯 1/3 容量为宜 （6）手拿酒瓶下面，每斟完一杯酒须将酒瓶按顺时针方向轻转一下，避免瓶口的酒水滴落在台面上 （7）为所有的宾客斟完酒后，将酒瓶轻放至离餐桌最近的操作台上，瓶口避免指向宾客 （8）服务过程中酒的商标须朝向宾客，动作轻缓，避免酒中沉淀物泛起，影响酒的质量 （9）红葡萄酒一般在室温下饮用，最佳饮用温度为 16～18℃ （10）若宾客点的是某些特殊的名贵红酒，则先询问宾客是否需要事先开启，用醒酒器来提供服务	
红葡萄酒的添加	（1）随时为宾客添加红葡萄酒 （2）若瓶中的酒只剩下 1/3 时，须及时征求主人的意见，是否再加一瓶 （3）若主人不再加酒，即观察宾客，待其喝完酒后，立即将空杯撤掉	及时为宾客提供服务

3. 气泡酒服务程序

做什么	怎么做	为什么
气泡酒服务准备工作	（1）准备好冰桶、冰桶架，摆放在主人与主宾之间稍靠后处，以方便服务 （2）冰桶中放入冰块或少量水，冰和水不能超过冰桶的 2/3，酒瓶斜插入冰桶中，叠好干净的口布放在冰桶上 （3）一般情况下，每冰镇 1 分钟，酒体温度下降 1℃；服务员要适时根据酒体的最佳饮用温度，计算出最佳冰镇时间 （4）准备一只干净的面包碟和一张餐巾纸 （5）取出气泡酒 （6）使用托盘在客人的水杯 4 点钟方向处置放郁金香型香槟杯，与水杯间距 1 厘米 （7）准备工作时间不得超过 5 分钟 （8）动作迅速，避免宾客久等	确保气泡酒服务准备的及时性
气泡酒展示	（1）用服务口布将酒瓶擦干 （2）把洁净的口布折叠成长方型，包好酒瓶 （3）右手持气泡酒，用左手四个指尖轻托住酒瓶底部，酒瓶呈 45°倾斜 （4）站在主人右侧，将气泡酒展示在宾客正前方，并报出酒名，出产地及年份，请宾客确认 （5）动作轻盈利落	让宾客确认所点气泡酒

（续表）

做什么	怎么做	为什么
气泡酒的开启	(1) 征得宾客允许后，将气泡酒放在操作台上开启 (2) 先用酒刀将瓶口处的锡纸割开去除；然后用左手以 45°倾斜角度握住瓶颈，同时用大拇指压住瓶塞，右手将捆扎瓶塞的铁丝拧开取下 (3) 用干净的服务口布覆在瓶塞顶部，左手依旧握住瓶颈，右手握住瓶塞，双手同时反方向转动并缓缓地上提瓶塞，直至瓶内气体将瓶塞完全顶出 (4) 开启气泡酒时注意安全，瓶口应对向无人的区域，以防瓶塞飞出伤人，开瓶时动作不宜过猛，避免发出过大的声音而影响客人 (5) 用餐巾纸擦拭瓶口 (6) 将割开的铅封与擦拭过的餐巾放入面包碟内	使员工掌握气泡酒开启的方法
斟气泡酒	(1) 用服务口布将瓶口和瓶身上的水擦拭掉，将酒瓶用服务口布包住 (2) 从主人右侧倒入主人杯中 1/5 的气泡酒，请主人品尝（视宾客情况） (3) 待主人认可后，从主宾开始依次给宾客斟酒，注意女士、长者优先，斟倒时应让每位宾客都能看到酒的标签 (4) 斟倒气泡酒时，应分两次完成，第一次先斟上 1/3 杯，待泡沫平息后，再将酒斟至 2/3 杯或 3/4 杯 (5) 斟倒后须将瓶身顺时针轻转一下，防止瓶口的酒滴落在台面上 (6) 为所有宾客斟完酒后，将酒瓶放回冰桶内冰镇，并将服务口布放回原处 (7) 斟酒时商标须始终朝向宾客，瓶口不得碰杯口，但也不宜离杯过高 (8) 气泡酒的最佳饮用温度为 6～8℃，服务过程中要用服务口布擦干瓶口，倒好酒水后服务口布折好需搭在冰桶上	使员工掌握气泡酒的服务流程
气泡酒的添加	(1) 随时为宾客添加气泡酒 (2) 若瓶中的酒只剩下 1/3 瓶的量时，须及时征求主人的意见，是否再加一瓶 (3) 若主人不再加酒，即观察宾客，待其喝完酒后，立即将空杯撤掉	及时为宾客提供服务

4. 开胃酒服务程序

操作程序	操作规范
准备工作	(1) 根据客人的订单准备好吸管、搅棒、杯垫及所需辅料 (2) 将盛放酒的酒杯放于托盘左侧，盛有配酒的特制玻璃杯放于酒杯右侧

（续表）

操作程序	操作规范
斟酒服务	（1）斟倒酒水时，在客人右侧用右手进行，按顺时针方向服务，女士优先，先宾后主 （2）给客人倒完配酒后，用搅棒把开胃酒调均匀，然后把配酒放于一旁，示意客人开胃酒已调好 （3）再次为客人服务开胃酒时，须准备新的酒杯和配酒

5. 餐后酒服务程序

操作程序	操作规范
准备工作	（1）检查酒车上的酒和酒杯是否齐备 （2）将酒和酒杯从车上取下，清洁车辆，在车的各层铺上干净的餐巾 （3）清洁酒杯和酒瓶的表面、瓶口和瓶盖，确保无尘迹、无指印 （4）将酒瓶分类整齐地摆放在酒车的第一层上，酒标朝向一致 （5）将酒杯摆放在酒车的第二层上 （6）将加热酒用的酒精炉放在酒车的第三层上 （7）将酒车推至餐厅明显的位置
推销建议及斟酒服务	（1）必须熟悉酒车上各种酒的名称、产地、酿造和饮用方法 （2）待服务员为客人服务完咖啡和茶后，酒水员将酒车轻推至客人桌前，酒标朝向客人，建议客人品尝甜酒 （3）积极向客人推销。对于不了解甜酒的客人向他们讲解有关知识，推销名牌酒；根据客人的国籍，给予相应的建议；一般先推销价格高的名酒，然后是普通的酒类；向男士推销时，选择较烈的酒类，向女士建议柔和的酒 （4）斟酒时应用右手在客人的右侧服务 （5）不同的酒类使用不同的酒杯

任务三　餐巾折花

一、餐巾的作用

　　餐巾又称口布，是宴会酒席中必备的保洁用品，也是台面摆设的艺术装饰品。它既能起到保洁作用，防止菜肴、汤汁、酒水溅落弄脏客人衣服，又能起到美化席面、渲染气氛的作用，同时还可以标志宾主席位，便于入座。

二、餐巾折花的种类

1. 按摆放方式分为杯花、盘花、环花

（1）杯花属中式花型，需要插入杯中才能完成造型。杯花的特点是立体感强、造型

逼真，但常用推折、捏和卷等复杂手法，容易污染杯具，不宜提前折叠储存，从杯中取出后即散，褶皱多。目前，杯花向着造型简洁、折叠快捷的方向发展，复杂的花形日益减少。

（2）盘花属西式花型。将折叠好的餐巾折花直接放在餐盘中或台面上即可。盘花的特点是折叠手法简捷，可提前折叠，便于储存，打开后平整。盘花简洁大方，美观实用，呈发展趋势，在中餐中使用也较为常见。

（3）环花为改进或创新花型。将餐巾平整卷好或折叠成造型，通过一个餐巾环将餐巾固定，通常放置在装饰盘或餐盘上，特点是简洁、雅致。餐巾环也称为餐巾扣，有瓷制的、银制的、塑料的、骨制的等。餐巾环也可用色彩鲜明和对比感较强的丝带或丝穗带代替，在餐巾卷或造型中央系成蝴蝶结状再配以鲜花。

2. 按外观造型分为动物类、植物类、实物类

（1）动物类包括飞禽、走兽、昆虫、鱼虾等，其中以飞禽为主。动物类造型有的取其整体造型，有的取其特征造型，形态逼真，活泼可爱。

（2）植物类包括各种花草、蔬菜、水果等，其中以花草为主。植物类造型有的取其花瓣造型，有的取其叶、茎、果实等造型，美观大方。

（3）实物类是模仿日常生活中各种实物形态折叠而成的，目前品种不多，多用作盘花。

3. 按宴会用餐者的身份可分为主位花、从位花

（1）主位花是指宴会中摆放在主人、主宾餐桌上的标志宾主席位的折花造型。主位花在餐桌上会明显区别于其他餐巾折花，通常选择那些简洁高挺、美观大方、便于识别的折花造型。

（2）从位花是指在宴会中除主人、主宾之外的其他客人所使用的餐巾造型。宴会的主题、规模不同，餐巾折花的花形选择也有不同。通常大型宴会要求花型简洁统一，从位花会选择同一造型的餐巾折花；小型宴会则可复杂多变，可根据宴会主题，为每位客人选择不同花型，需注意高低错落，不喧宾夺主即可。

三、餐巾折花的选择原则

（1）根据宴会形式、菜单内容选择花型。

（2）根据接待对象的身份、风俗习惯和爱好选择花型。

（3）根据花式冷拼选择花型。

（4）根据时令季节选择花型。

（5）根据宾主席位安排选择花型。

四、餐巾折花的基础折叠法

餐巾折花的基础折叠法，即将餐巾初步折叠成型后再进行具体的餐巾折叠，可分为以下十种方法。

（常用餐巾折花
教学视频）

1. 正方折叠法

正方折叠法就是将餐巾的巾边平行相对，两次对叠成正方形，并在此基础上进行餐巾造型的一种折叠方法。正方折叠法是餐巾折花使用较多的一种折叠方法，通常有两种方式：一是先折角再叠成正方形，二是先叠成正方形再折角。

2. 长方折叠法

长方折叠法就是将餐巾巾边平行对叠成长方形，并在此基础上进行餐巾造型的一种折叠方法，通常有两种方式：一是多层相叠呈窄长方形，二是双层平坦呈宽长方形。

3. 长方翻角折叠法

长方翻角折叠法就是将餐巾相叠成长方形并将一个或多个巾角翻折后再进行折裥的一种折叠法。巾角的翻折有单面翻角、双面翻角、交叉翻角等变化，通过变化折叠层次、翻角的数量、角度的大小，从而变化出多种花型。

4. 条形折叠法

条形折叠法就是将餐巾铺平直接折裥或先对折后再折成细长条形的一种折叠方法。条形折叠分平行折叠和对角折裥两种。

5. 三角折叠法

三角折叠法又称对角折叠法，即将餐巾的巾角对叠成三角形或将餐巾翻折成双层三角形，在此基础上，通过卷、折、翻折角、插入等方法，变换折花花形的一种折叠方法。

6. 菱形折叠法

菱形折叠法就是将餐巾的巾角相对平行折成菱形状的一种折叠方法。它通过变化折裥数量、调节折余两端距离、改变中间相叠部位的宽窄来折出不同的花型。菱形折叠的折裥有两种变化：一是成形后直接在正面折裥，其特点是折裥线条纵横，头尾分叉；二是将菱形翻面后再折裥，如此折拢后，头尾裹紧，表面光滑平整。

7. 锯齿折叠法

锯齿折叠法又称错位折叠法，即将餐巾的四巾角错位相交，折叠呈锯齿态，然后通过进一步翻叠、折裥的一种折叠法。根据齿间的距离大小，可分为大锯齿、小锯齿和双齿。

8. 尖角折叠法

尖角折叠法就是将餐巾的一角固定，然后由两边向中间折叠或卷折而成尖角形的一种折叠方法。这种折叠法，适用于一头大一头小的花形造型。

9. 提取翻折法

提取翻折就是将餐巾的中心作为定点提起或固定中心，转动四周中心，再翻转顶起，最后通过翻折而变化出花型的一种折叠法。这种折法虽然简单，但提取时要注意不能偏斜，翻折巾角大小要一致，否则会影响折花的整体造型。

10. 翻折角折叠法

翻折角折叠法就是将餐巾的一角或数角通过翻折造型或折裥后再进行翻折、组合的一种折叠方法。

五、餐巾折花的摆设要求

(1) 杯花要恰当掌握插入深度；盘花要摆正摆稳，挺立不倒。

(2) 要突出主位花。

(3) 餐巾折花的最佳观赏面要面对客人（杯花的观赏角度为右倾45°，盘花为正向面对）。

(4) 要注意花式及其高低、大小的搭配，不宜将相同司造型的花摆放在一起。

(5) 餐巾折花的摆放不能遮挡餐具和台上用品，不能影响服务操作。

六、餐巾折花操作规范

做什么	怎么做	为什么
餐巾折花基本要求	(1) 餐巾折花之前，认真细致地对每块餐巾进行检查，若餐巾有破损或污迹，应及时更换 (2) 简化折叠方法，减少反复折叠次数；做到餐巾花造型美观、颜色和谐 (3) 操作前要洗手消毒，并在干净的操作台上操作 (4) 操作时不允许用嘴叼、口咬；不建议用杯花，要注意卫生，以简洁大方为主，并了解宾客对餐巾花款式的禁忌	确保餐巾的干净、无破损
餐巾折花基本方法	(1) 推折法：打折时，两个大拇指相对成一线，指面向外；食指或中指向后拉折；用食指将打好的折挡住；中指控制好下一个折的距离 (2) 折叠：将餐巾一折为二，二折为四或折成三角形、长方形等其他形状；折叠前算好角度，一次折成	使员工掌握折餐巾的基本方法

（续表）

做什么	怎么做	为什么
餐巾折花 基本方法	（3）卷：直卷时，餐巾两头一定要卷平；螺旋卷可先将餐巾折成三角形，餐巾边应有层次感；不管是直卷还是螺旋卷，餐巾都要卷紧 （4）翻拉：翻拉主要用于折花鸟；操作时，一手拿餐巾，一手将下垂的餐巾翻起一个角，拉成花卉或鸟的头、颈、翅膀、尾巴等；翻拉花卉的叶子时，要注意对称的叶子大小一致，距离相等；拉鸟的翅膀、尾巴或头颈时，一定要拉挺，不要软折 （5）捏：主要用于折鸟的头部；操作时，先将鸟的颈部拉好（鸟的颈部一般用餐巾的一角）；然后用一只手的大拇指、食指、中指三个指头，捏住鸟颈的顶端；食指向下，将餐巾一角的顶尖向里压下，大拇指和中指将压下的角捏出尖嘴	

任务四　摆　　台

一、铺台布

1. 平铺式

（1）将折好的台布放在餐台上，站立在副主人的位置上，准备铺台布。

（2）将台布打开，正面朝上。

（3）用大拇指和食指抓住台布靠近身体的一边，其余三指快速抓住台布其余部分。

（4）注意两臂以中线为轴，间距要与肩同宽。

（5）将抓起的台布放在胸前平直地向对面（即主人位）抛出。

（6）铺好的台布十字居中，四角下垂均匀。

（7）这种方法适用于西餐方台、大圆餐桌，或使用大圆形台布，或有客人在餐台旁候餐时使用。

（平铺式铺台布视频）

2. 推拉式

（1）将折好的台布放在餐台上，站立在副主人的位置上，准备铺台布。

（2）将台布打开，正面朝上。

（3）用大拇指和食指抓住台布靠近身体的一边，其余三指快速抓住台布其余部分。

（4）注意两臂以中线为轴，间距要与肩同宽。

（5）用两手臂的臂力将台布沿着桌面向胸前合拢的同时，平直地向对面（即主人

（推拉式铺台布视频）

位）用力推出、拉回。铺好的台布十字居中，四角下垂均匀。

（6）这种方法适用于零点餐厅、规模较小的餐厅以及有客人在餐台旁候餐时使用。

3. 撒网式

（撒网式
铺台布视频）

（1）将折好的台布放在餐台上，站立在副主人的位置上，准备铺台布。

（2）将台布打开，正面朝上。

（3）注意两臂以中线为轴，间距要与肩同宽。

（4）用大拇指和食指抓住台布靠近身体的一边，其余三指快速抓住台布其余部分。

（5）双手提拿起台布至身侧后方，上臂利用转体将台布斜着向前撒出去，将台布抛至前方时，上身同时转体回位，将台布平铺于台面上。

（6）铺好的台布十字居中，四角下垂均匀。

（7）这种方法适用于宴会厅或技术比赛场合。

4. 肩上式

（肩上式
铺台布视频）

（1）将折好的台布放在餐台上，站立在副主人的位置上，准备铺台布。

（2）将台布打开，正面朝上。

（3）注意两臂以中线为轴，间距要与肩同宽。

（4）用大拇指和食指抓住台布靠近身体的一边，其余三指快速抓住台布其余部分。

（5）将抓好的台布提起，放到肩上用力向对面（即主人位）打开。铺好的台布十字居中，四角下垂均匀。

（6）这种方法适用于宴会厅或技术比赛场合。

5. 铺台布操作规范

做什么	怎么做	为什么
检查台布	铺台布前，认真细致地对台布进行检查，若台布有破损或污迹，应及时更换	确保台布的干净、无破损
铺台布	（1）铺圆台布时服务员站在主位右侧拉开椅子 （2）抖开台布后进行台布定位，注意要抚平台布 （3）可采用抖铺式、推拉式或撒网式铺设，做到用力均匀，动作熟练，干净利落，一次到位 （4）圆桌台布正面向上，定位准确，十字居中，凸缝朝向主副主人位，下垂均等，台面平整 （5）铺长桌台布服务员分别站在餐桌的两侧，将第一块台布定好位，然后依次将台布铺完，铺设操作最多四次整理成形 （6）长桌台布正面向上，台布中凸线向上，两块台布中凸线对齐，主人位方向台布交叠在副主人位方向台布上，台布四边下垂均等，美观整齐	使员工掌握铺台布的操作标准

二、中餐摆台

1. 中餐摆台用具

中餐摆台用具包括：餐盘、汤碗、汤匙、筷子、筷架、各式酒杯、餐巾、味碟、茶杯、茶盘、牙签、花瓶、席位卡、菜单、公用餐具等。

2. 中餐摆台要求

（1）餐具摆放要相对集中，整齐一致。

（2）要方便客人就餐，便于服务员席间服务。

（3）台面要具有美感，富于艺术性。

（4）台面要清洁卫生，所有的布件、餐具、调味品及装饰品都要整齐清洁。

（5）涉外宴会的摆台要符合各国、各民族的礼仪或习俗，席位安排可根据对方的传统习惯而定。

3. 中餐便餐摆台操作程序规范

操作程序	操作规范
摆台准备	将摆台物品准备齐全并做好餐具卫生检查
铺台布	按铺台布方法铺台布
摆餐椅	4人桌，正、副主位方向各摆2位或每边各1位；6人桌，正、副主位方向各摆1位，两边各摆2位；8人桌，正、副主位方向各摆2位，两边各摆2位；10人桌，正、副主位方向各摆3位，两边各摆2位；12人桌，正、副主位方向各摆3位，两边各摆3位
上转盘	8人以上餐台应摆转台，转台与餐台同心
摆餐具	（1）摆餐盘——摆在每位客人所对台面的正中，距桌边2厘米 （2）摆汤碗、汤勺——摆在餐盘左侧，汤碗上沿与餐盘上沿成一条直线与餐盘间距1厘米；汤勺摆在汤碗内，勺把朝左 （3）摆筷架、筷子——筷架摆在餐盘右侧，与餐盘上沿成一条直线、与餐盘间距1厘米，筷子尾部距桌边2厘米 （4）摆水杯——摆在餐盘正上方，与盘间距为1厘米 （5）摆餐巾——杯花插入杯中，盘花置于餐盘之上 （6）牙签筒、调料架、烟灰缸、花瓶摆在台面的固定位置上，多数餐厅摆在台布的中线附近 （7）8人以上桌台面应摆放公用筷架和筷子，供主人为客人布菜和其他人取菜用。公筷、公勺放在公用筷架上，摆在主位餐具上方或转台上

4. 中餐宴会摆台操作程序规范

操作程序	操作规范
摆台准备	将摆台物品准备齐全并做好餐具卫生检查
铺台布	按铺台布方法铺台布
铺装饰布	用铺台布方式，再铺一层装饰布
摆餐椅	同中餐便餐摆台
上转盘	8 人以上餐台应摆转台，转台与餐台同心
摆餐具	左手托盘，从主人座位开始时针方向依次用右手摆放餐具： (1) 摆餐盘——摆在席位正中，从主位开始顺时针摆放，盘与盘之间距离要相等，盘边距离桌边 2 厘米 (2) 摆汤碗、汤勺、味碟——汤碗位于餐盘左前方，汤勺放于汤碗中，把朝左，味碟位于餐盘右前方，两者中线成一条直线、与餐盘间距为 1 厘米 (3) 摆筷架、筷子——筷架位于餐盘右侧上方，同汤碗、味碟中线在一条直线上，筷子放置筷架上，尾部距桌边 2 厘米 (4) 摆酒具——三种酒杯可由大到小依次摆放、也可先摆放红酒杯（位于餐盘垂直中线上）定位，再摆白酒杯，最后放折好花的水杯。杯间间距 1 厘米，距汤碗、味碟间距 1 厘米 (5) 摆公用餐具——10 人桌通常摆放两套公用餐具。分别放在正、副主人酒具的前方，公用勺和公用筷并排横放在公用盘上，筷子尾端和勺把一律向右 (6) 摆牙签筒——10 人桌宴会一般摆两个牙签筒，牙签筒放在公用盘右侧，相距 1 厘米 (7) 摆香烟、火柴——根据宴请要求摆设，置于烟灰缸右侧 (8) 摆菜单——10 人桌一般放两张，摆在主人、副主人餐具的一侧，其底部距桌边 1 厘米 (9) 摆席次卡、座卡——席次卡摆在每张餐桌的中央，台号朝向厅堂入口处。座卡放在每个餐位正中，卡上姓名正对就餐者

三、西餐摆台

1. 西餐摆台用具

西餐摆台用具包括餐盘、各式刀叉、各式酒杯、面包盘、黄油刀、餐巾、牙签筒、椒盐瓶、奶缸、糖缸、菜单、烛台、花瓶或鲜花、甜品餐具、咖啡杯、咖啡盘等。

2. 西餐摆台要求

(1) 餐盘摆在席位正中。

(2) 左叉右刀，叉齿朝上，刀刃向左。

(3) 各种餐具横竖成线、距离均等。

(4) 餐具与菜肴配套。

3. 西餐早餐摆台操作程序规范

操作程序	操作规范
摆台准备	将摆台物品准备齐全并做好餐具卫生检查
铺台布或摆餐垫	按长台铺台布方法铺台布或根据酒店具体情况按餐位摆放餐垫
摆餐具	(1) 摆餐刀、餐叉——在席位的右侧摆餐刀，刀刃向左；在席位的左侧摆餐叉。餐刀与餐叉的距离以能摆放一个装饰垫盘为宜，一般为30厘米，刀、叉后端距桌边2厘米 (2) 摆面包盘、黄油刀——面包盘摆在餐叉左侧，距餐叉1厘米。黄油刀刀口朝盘心放在面包盘中轴线右侧，或刀口朝桌边横放于面包盘上。若放黄油碟，则置碟于面包盘上方 (3) 摆咖啡杯——将咖啡杯连同垫碟摆放在餐刀上方，咖啡匙放在垫碟内，杯把和匙把向右 (4) 摆调味架、牙签筒——摆在餐厅规定的位置上 (5) 摆水杯——可根据不同餐式要求，决定是否在餐具上方放置水杯

4. 西餐午晚餐摆台操作程序规范

操作程序	操作规范
摆台准备	将摆台物品准备齐全并做好餐具卫生检查
铺台布	按长台铺台布方法铺台布
摆餐具	(1) 摆餐盘——餐盘摆在席位正中，盘心正对椅背中间，盘边距桌边2厘米 (2) 摆餐刀、餐叉——在餐盘右侧摆餐刀，刀刃向左。在餐盘左侧摆餐叉，叉尖向上。菜肴中若有海鲜，则需加摆鱼刀、鱼叉 (3) 摆面包盘、黄油刀——面包盘摆在餐叉左侧，其盘心与餐盘盘心连线平行于桌边直线；黄油刀垂直桌边置于面包盘上 (4) 摆茶匙、甜品叉——在餐盘正上方平行横摆茶匙和甜品叉，茶匙把向右，甜品叉把向左 (5) 摆水杯——水杯摆在餐刀的正上方3厘米处 (6) 摆餐巾——将餐巾叠成餐巾花摆在餐盘正中位置 (7) 摆胡椒盅、盐盅 (8) 摆烛台——一般只摆放于晚餐台面

5. 西餐宴会摆台操作程序规范

操作程序	操作规范
摆台准备	将摆台物品准备齐全并做好餐具卫生检查
铺台布	按长台铺台布方法铺台布
摆餐具	(1) 摆餐盘——用左手托盘，从主人席位开始用右手在每个席位正中摆放一个餐盘。盘子上端的花纹图案要摆正，盘与盘之间的距离要相等，盘边距桌边2厘米

（西餐宴会台面）

（续表）

操作程序	操作规范
摆餐具	（2）摆餐刀、餐叉——在餐盘的左侧从右向左依次摆放 3 把不同种类的叉，叉把距桌边 2 厘米；在餐盘的右侧从左向右依次摆放配套的 3 把不同种类的刀、1 把勺。刀刃一律朝向左侧，刀把距桌边 2 厘米，各刀叉之间间距为 0.5 厘米，刀叉距垫盘间距 1 厘米，其中鱼刀、鱼叉摆放的位置可略高于其他刀叉，其刀把、叉把距桌边 5 厘米 （3）摆甜品刀、叉、勺——在餐盘正上方横放水果叉，叉齿向右、叉把向左；在其上方摆放水果刀，刀刃朝盘、刀把向左与水果叉平行、间距 1 厘米，如果摆放甜品勺，有时甜品刀可不摆，勺放在刀的位置上，如三者都需要摆放，可交叉摆放 （4）摆面包盘、黄油刀——在席位左侧餐叉外侧摆放面包盘，面包盘中心与餐盘中心对齐，盘边距餐叉 1 厘米；黄油刀置于面包盘上靠右侧边沿处，刀刃朝向面包盘盘心 （5）摆杯具——杯具一律摆在餐刀上方，在餐刀 3 厘米处从最高的水杯摆起，从左到右依次摆放水杯、红葡萄酒杯、白葡萄酒杯，间距均为 1 厘米 （6）摆餐巾——将叠好的餐巾盘花放在餐盘正中 （7）摆调味架、牙签筒——按 2~4 人一套的标准摆放在餐台中心线位置上 （8）摆花瓶或花篮——一般摆在席位中心，如两个则分别放置在餐台两个半区的中心上。花的摆放以不挡客人视线为宜 （9）摆菜单——西餐宴会菜单一般每人 1 份，摆放在席位餐具上方或餐刀的右侧均可

任务五 菜 肴 服 务

菜肴服务包括上菜和分菜，是餐厅前台服务技巧中最难的项目，不仅技巧性强，而且艺术性特别强。上菜要求及时、准确、礼貌，分菜要求轻、快、准，同时动作熟练、准确、优雅，使客人感到一种精神享受。

一、上菜服务

1. 零点餐厅上菜

（1）上菜位置。零点餐厅服务较灵活，服务员应注意观察，以不打扰宾客为宜，严禁从主人和主宾之间上菜。

（2）上菜时机。冷菜应尽快送上。冷菜吃到 1/2 时上热菜，热菜一道一道上，注意节奏。热菜一般在 30 分钟内上完，但以宾客的需求为准，可灵活掌握。

（3）上菜顺序。原则上根据地方习惯安排上菜顺序，如有些地方上菜顺序是先冷菜后热菜，热菜一般先上海鲜、名贵菜肴，再上肉类、禽类、蔬菜、汤、点心、面饭、甜菜，最后水果；有些地方则是先上冷菜，再喝汤，后面才是主菜和其他热菜等。

（4）上菜要领。注意核对台号、品名，避免上错菜。整理台面，留出空间。先上调味品，再用双手将菜端上；报菜名，特式菜应作简单介绍；大圆桌上菜时，用转盘将刚上的菜转至主宾面前。餐桌上严禁叠盘子，随时撤去空菜盘，餐桌保持清洁、美观。菜肴应从主宾起按顺时针方向从右侧绕台送上。

2. 宴会上菜

（1）上菜位置。一般选择在陪同和翻译人员之间进行，也有在副主人右边进行，这样有利于翻译和副主人向来宾介绍菜肴口味、名称，严禁从主人与主宾之间上菜。

（2）上菜时机。在开宴前将冷菜在餐桌上摆好，来宾入席后通知厨房准备做菜，当冷菜吃去 1/3 时，通知厨房做第一道热菜。当凉菜吃去 2/3 时，上第一道热菜。服务员注意观察宾客进餐情况，并控制上菜、出菜的快慢和节奏。一般来讲，先冷后热，先精后粗，先咸后甜，先咸后酸，先淡后浓，先菜后点心，小吃合理穿插，严格配对。

（3）上菜顺序。宴会上菜应严格按照宴席菜单顺序进行。

3. 特殊菜肴的服务方式

（1）外加作料的菜。

烤鸭：上烤鸭前需先上佐料（大葱、甜面酱、面饼、青瓜等），然后上烤鸭皮和鸭肉各一盘，以便宾客将鸭片和葱酱夹在面饼里一起食用。

油炸的菜：油炸的菜（如香炸鱼排、炸虾球等）需配番茄酱和花椒盐；上油炸菜时要迅速，时间长则菜易变软。

清蒸大闸蟹：上大闸蟹时必须上姜醋并略加白糖，以利祛寒去腥，同时上蟹钳；吃完后要为每位宾客上一杯糖姜茶暖胃；另外，备洗手盅和小毛巾，供宾客餐后洗手。

清蒸鱼：上水产类菜肴需上姜醋；上菜速度要快，否则菜冷却后有腥味；服务时要先剔去鱼的主骨，再进行分菜。

有包装的菜：灯笼虾仁、荷叶粉蒸鸡、纸包猪排、叫化鸡（富贵鸡）等菜是经包装后再烹饪的。服务时，先上台让宾客观赏再拿到操作台上或直接在台面上当着宾客的面去掉包装，以方便宾客食用。

铁板类菜肴：铁板类菜肴很多，如铁板大虾、铁板牛柳、铁板鸡丁等。铁板类菜肴既可以发出响声烘托气氛，又可以保温，但服务时要注意安全。铁板烧的温度要适宜，响油尽量在服务边桌上进行，并告知宾客铁板很烫。

（2）温度高、易烫口的菜。

拔丝苹果、小笼汤包、糖油春卷等都是温度很高、易烫口的菜。此类菜肴上桌时，温度很高，外表不易看出，应该提醒客人防止口腔烫伤。拔丝苹果上桌的服务要领是：拔丝苹果吃时能拉长丝，上菜要迅速，并紧跟上凉开水。分菜时用公筷将苹果夹起，迅速放入凉开水中浸一下，然后送至宾客盘中，动作要求快速、连贯，做到即拔、即上、即浸，并注意拔丝的效果。

（3）火锅服务。

火锅服务按食用习惯分，可以分为生片火锅、涮羊肉火锅和什锦火锅等；按加热方法分为木炭火锅、酒精火锅、电火锅和卡式炉火锅等。不管何种火锅，服务时均要注意安全。涮羊肉火锅的服务要领：涮羊肉所用的调料和辅料种类较多，有芝麻酱、辣椒油、豆腐、酱油、料酒、韭菜花、细葱花、虾油、香菜末等。服务时，先将羊肉片、白菜、粉丝、冻豆腐上桌，然后将火锅放在餐桌的中央，配上各种调料，并按照宾客的口味调配好涮羊肉汁；等锅里的汤开了以后，先将羊肉片放入，等羊肉片变色即可捞出并一一放入宾客的汁碗中；羊肉用完后，将白菜、粉丝、冻豆腐倒入锅内，煮透后连汤带菜一起盛放在宾客的碗中。

二、分（派）菜服务

1. 派菜服务用具及使用方法

派菜服务用具常用服务叉、服务勺、服务刀和服务筷等。服务刀用于切割，禽类去骨和鱼类去刺等；服务勺、服务叉用于夹送食品，操作方法是：用右手的中指、无名指和小手指拿住服务勺，勺柄与掌底相齐，勺子正面朝上，再用右手的大拇指夹住服务叉，叉柄与服务勺柄相齐，服务叉正面可朝上或朝下，根据所分食品的形状而定。

2. 分（派）菜方式

（1）席上派菜法。

核对菜品，双手将菜肴端至转盘上，示菜并报菜名，然后将菜取下，左手用口布托住菜盘，右手拿分菜用叉和勺。

从主宾左侧开始，按顺时针方向绕台进行，动作姿势为左脚在前，右脚在后，上身微前倾，呼吸均匀。分菜时做到一勺准，数量均匀，可以一次性将菜全部分完，但有些地区要求分完后盘中略有剩余，以示菜肴丰富或满足食量大的客人。

（2）转台分菜法。

提前将与宾客人数相等的餐碟有秩序地摆放在转台上，并将分菜用具放在相应的位置：核对菜名，双手将菜端上，示菜并报菜名。

立即用长柄勺、筷子或叉、勺分菜。全部分完后，将分菜用具放在空菜盘里。

迅速撤身，取托盘，从主宾右侧开始，按顺时针方向绕台进行，撤前一道菜的餐碟后，从转盘上取菜端给宾客。

最后，将空盘和分菜用具一同撤下。

（3）旁桌分菜法。

在宾客与桌旁放置一辆服务车或服务桌，准备好干净的餐盘和分菜工具。

核对菜名，双手将菜端上餐桌，示菜、报菜名并作介绍；将菜取下放在服务车上或服务桌上分菜。

菜分好后，从主宾起按顺时针方向从客人右侧将餐盘分送给客人。

在旁桌上分菜时应面对宾客，以使宾客观赏。

任务六　餐饮部其他服务工作

一、清洁卫生工作规范

1. 布草更换

做什么	怎么做	为什么
清点布草	（1）换布草时，服务员先将布草拿出放在空地上，并清理出布草中的垃圾 （2）将布草分类放好，仔细清点各类布草的数量，分别填写在布草清洗登记本上，要求字迹清楚 （3）把清点好的布草放回布草车内	确保布草内无杂物和清点准确
送布草至洗衣房	（1）推走布草车后，地面要及时清扫干净 （2）经布草房员工的清点，核对无误后双方签名确认 （3）根据上次送洗的各类布草数，从布草房员工处领取干净的布草 （4）若发放干净布草数量不够，则由布草房开具欠条，清楚写明所欠布草名称、数量，服务员须妥善保管，以便下次追还 （5）将干净的布草整齐地装在布草车内运回餐厅，并将各类布草分类放入指定区域	确保送洗和领用布草的准确性
布草的报损	若发现有破损布草，及时申报主管，由主管确认填写"布草损耗单"，并经部门总监/经理签字后上报财务审核	确保宾客使用的完好性

餐饮运作实务

2. 餐具擦洗

做什么	怎么做	为什么
餐具擦洗准备工作	(1) 准备好开水，放进一片柠檬片，将餐具在开水中浸泡一下 (2) 热水加至七分满 (3) 准备干净刀叉，放置在合适位置	确保准备工作的充分
餐具擦洗基本方法	(1) 将不同类别的餐具分开浸泡，时间约一分钟 (2) 准备干净的服务口布，并将服务口布打开在左手上 (3) 将餐具进行分类擦拭 (4) 将餐具放在左手的服务口布上 (5) 右手在服务口布下将左手上的餐具一个个地擦干净 (6) 注意手尽量不接触餐具；擦好的餐具只可以接触餐具柄部 (7) 将擦净的餐具放在刀叉隔内 (8) 注意保持开水的温度 (9) 若餐具上仍存有污渍、污垢，需重新清洗	使员工掌握餐具擦洗的基本方法

3. 杯具擦洗

做什么	怎么做	为什么
杯具擦洗准备工作	(1) 准备好专用干净的擦杯布（服务口布） (2) 准备好长形服务托盘，铺上服务巾	确保准备工作的充分
杯具擦洗基本方法	(1) 检查清洗过的杯具是否有破损，擦杯具的时候注意安全 (2) 用擦杯布包住右手的食指、中指和无名指，并将其伸入杯口旋转擦拭，然后擦拭杯端，使其光亮、干净、无水迹 (3) 对照光亮处检查玻璃是否干净，同时检查玻璃杯是否有缺口或裂痕，如发现上述情况应立即更换 (4) 将干净的玻璃杯放在准备好的托盘上或倒插入干净的杯筐中	确保员工的操作安全和正确的擦洗方法

4. 酒水洒落处理

做什么	怎么做	为什么
致歉	酒水无意洒在宾客身上时，马上向宾客道歉	第一时间对事情做出处理，做到问题处理的及时性
清理更换	(1) 得到宾客的允许后，马上用干净的服务口布或毛巾为宾客擦去衣服上的水迹 (2) 如果餐椅湿了，立刻安排替宾客更换餐椅 (3) 迅速拿托盘将浸湿的用具撤走（注：若条件允许，其他服务员或领班立即帮忙拿托盘、撤走浸湿的用具） (4) 清理台面，补充用具 (5) 重新换上新的酒水饮料 (6) 及时用干抹布对渗入地毯的汁液进行吸除，用餐结束后需对地毯局部除渍	

076

（续表）

做什么	怎么做	为什么
汇报上级	(1) 立即向领班或经理汇报 (2) 领班或经理要再次向宾客道歉，并征求宾客意见是否愿意换下衣服，由酒店免费为其洗涤 (3) 若宾客同意清洗，马上通知洗衣房，在最短的时间内将宾客衣服清洗干净，并及时送还 (4) 再次向宾客表示歉意	表示对宾客的重视和尊重

5. 对客卫生规范

做什么	怎么做	为什么
操作程序	(1) 保持服务区域的整洁 (2) 禁止在餐厅吸烟或嚼口香糖等 (3) 严格区分使用及分类摆放各类布草：客人用的口布、铺台用的桌布、服务用的服务口布、擦拭用的抹布 (4) 餐具及食品的端送 　① 客人直接使用的餐具，如碟、盘、碗、筷、刀叉、匙等都要用托盘端送 　② 拿取餐具时，应握持柄端，手或手指不可触及餐具与客人嘴部接触的部分，掉落地下的餐巾不可使用 　③ 装菜盛饭、斟倒酒饮时，手指不可碰到食品，更不可提供从餐盘掉下或掉落地面的食品 　④ 揭开有盖的汤锅，盖子要反向朝上仰平移动，以免盖内蒸汽水珠滴落桌面或弄脏宾客衣物 　⑤ 送菜时要用清洁的托盘端送至宾客桌前，放置辅助桌上手持餐具底部或下部送上 　⑥ 盘子、容器或菜较热时，须先提醒客人，并采用服务巾托垫端送，以免烫伤 　⑦ 中餐送饭或添饭要用托盘，西餐面包取拿要用夹子 (5) 上菜服务根据需要配备公用餐具	使服务员掌握对客卫生操作的标准

二、餐厅常规服务

1. 结账服务

（结账服务）

做什么	怎么做	为什么
宾客要求结账时准备工作	(1) 宾客要求结账时，服务员应立即去收银台为宾客取账单（三分钟内），使用敬语："先生/女士，请稍等。" (2) 告知收银员所结账单的桌号或者包厢号，并核对账单桌号、人数、菜肴及酒水、服务费等消费明细是否准确 (3) 确认账单准确无误	确保账单的及时性和准确性

（续表）

做什么	怎么做	为什么
宾客要求结账时准备工作	（4）将取回的账单放入收银夹内，走到主人右侧，打开收银夹，右手持收银夹的上端，左手轻托收银夹的下端，递至主人面前请主人检查。使用敬语："这是您的账单，请过目。"	
现金结账	（1）如宾客付现金，应在宾客面前清点现金并与宾客确认，如宾客需要开具发票，则请宾客注明发票抬头，将账单及现金送给收银员 （2）收银员收取现金后，服务员将零钱及宾客所需的发票放入找零袋，夹在收银夹内送还宾客，使用敬语"这是您的找零和发票，谢谢！"	使员工掌握现金结账的标准流程
签单	（1）礼貌地请宾客出示可签单房卡，将房卡及账单递交收银员处，由收银员确认宾客是否可以签单。使用敬语："请出示您的签单卡可以吗？" （2）服务员在为宾客送上账单的同时，为宾客递上带有酒店标识的笔，并礼貌地提示宾客在指定地方正楷写清房号和姓名，使用敬语："先生/女士，请您签字确认账单。谢谢！" （3）宾客签单完毕后，服务员收回账单，将账单送回收银员处，并由收银员检查确认签名是否相符 注：宾客签房账时可在总台结账时统一开具发票	使员工掌握签单的标准流程
信用卡结账	（1）礼貌地请宾客出示信用卡，使用敬语："先生/女士，请出示您的信用卡可以吗？" （2）确定宾客的信用卡是否被餐厅所受理，若需密码，请宾客在 POS 机上输入密码 （3）待收银员做好信用卡收据并由服务员再次确认无误后，将信用卡收据、账单及信用卡拿回至宾客处 （4）将收银夹打开，从右侧递给宾客，并为宾客递上带有酒店标识的笔，请宾客在信用卡收据上签字，并检查签字是否与信用卡上的签字一致 （5）将信用卡收据中的宾客存根联及信用卡递给宾客，使用敬语："这是您的××卡，请收好，谢谢！" （6）将信用卡收据其他联送回收银员处	使员工掌握信用卡结账的标准流程
金爵卡结账	（1）若宾客出示金爵卡结账，收银员首先确认此卡是否可以作为信用签账，并留意账单的金额是否会超过卡上的限签额，留意此卡是否已过期 （2）若此金爵卡不可信用签账，收银员应按规定给账单打折扣，然后请宾客在账单上签名，宾客按账单上打折后的金额付账 （3）若此卡可签账，收银员给账单打折后，服务员把账单递送给宾客签名确认 （4）金爵卡是否有信用签账，账单均要按规定打折扣，服务员要请宾客在账单上签名确认	使员工掌握金爵卡结账的标准流程

（续表）

做什么	怎么做	为什么
结账后服务	(1) 若宾客结账完毕并未马上离开餐厅而相互交谈时，服务员应继续主动为宾客添加茶水提供服务 (2) 始终保持友好态度	做好善始善终的服务

2. 烟缸撤换服务

做什么	怎么做	为什么
撤换烟缸	(1) 经常巡视台面，发现烟缸中有两个烟蒂需立即准备撤换烟缸 (2) 默记需要更换的烟缸数目 (3) 准备托盘，根据应换烟缸的数目，准备好干净的烟缸放在托盘的外侧 (4) 检查烟缸是否完好，有无破损 (5) 左手托托盘，站在宾客的右侧，使用敬语："对不起，为您换一下烟缸好吗？"（视情况而定，尽可能不要打扰宾客） (6) 右手持干净的烟缸，用拇指和中指拿着干净烟缸的半边，食指则按在烟缸的上边沿处外侧的一点，然后覆盖在有烟蒂的烟缸上，将两个烟缸一起撤下，放回托盘上 (7) 重新拿起干净烟缸，放回到餐桌原位 (8) 换烟缸时，托盘始终保持平稳 (9) 按顺时针方向进行 (10) 撤换时，烟缸中若有半截未熄灭的香烟，须征得宾客同意后方可撤换 (11) 若宾客在吸烟，则放一个烟缸在宾客面前或把烟缸移至宾客面前	确保宾客台面的整洁性

3. 存酒服务

做什么	怎么做	为什么
寄存酒水	(1) 宾客就餐完毕后，当酒水有剩余时（非自带酒饮），服务员要主动提出存酒服务，使用敬语："您好！先生/小姐，您剩余的酒水需要寄存在这里吗？" (2) 如宾客需要寄存酒水，则请宾客稍候 (3) 从吧台拿出"存酒牌"，仔细填写酒水名称（酒水名称要按照酒瓶标题上的名称详细填写清楚，如白酒应写明酒精度数，高档葡萄酒、黄酒需注明年份等信息）、酒水大致剩余量、寄存日期、宾客电话号码、寄存场所、服务员姓名等具体内容 (3) 将"存酒牌"套到酒瓶上，告知宾客可存放时间，并请宾客确认 (4) 宾客确认无误后，请宾客在"存酒牌"上签名 (5) 宾客签名后，将存酒牌宾客联交给宾客，并向宾客道谢	为宾客主动提供个性化、规范化的存酒服务

做什么	怎么做	为什么
寄存酒水	(6) 准备"存酒记录册",将酒水名称、酒水大致剩余量、起存时间、宾客姓名、宾客联系方式、餐厅名字、服务员姓名等记录在内(宾客自带未开封高档酒饮需有防伪编码登记) (7) 将酒水按照归类放入存酒柜中 (8) 若为宾客提供二次存酒,则在"存酒牌"和"存酒记录册"上注明,其他操作同上	
存酒保存时间	(1) 未开启过的整瓶酒及已经开启过的白酒或其他烈酒保存时间为 90 天,如果离规定保质期不到 90 天的,以保质期为准 (2) 已开启的葡萄酒和黄酒保存 3 天(含用餐当天),夏季可把黄酒等部分酒存放在冰箱内或专用的酒柜中。注意酒瓶盖要拧紧	确保存酒的质量
存酒处理	(1) 存酒处理:已开启过的葡萄酒和黄酒在存酒时间到了以后,由酒水员上报酒水领班(未设酒水领班的,可报餐厅直接管理人员),由酒水领班在存酒记录单上签字认可后按相关规定进行处理;开启过的白酒、其他烈酒以及整瓶的存酒在存酒时间到了以后,电话联系宾客并告知相关事由,如宾客还需要寄存,可延期保存 1 个月,如已联系不上宾客或宾客告知已不需要的,酒水员上报酒水领班,由财务部按宾客到期遗留物品相关规定统一处理 (2) 当宾客要取回存酒时,需出示存酒牌,餐厅服务员通知酒水员核对存酒资料后,取出存酒交给宾客。酒水员要在"存酒记录册"上注明取酒日期及经手服务员签名确认	确保宾客寄存酒水的规范管理

4. 打包服务

做什么	怎么做	为什么
打包准备工作	(1) 宾客用餐完毕,服务员需主动询问宾客是否需要将剩余菜肴打包 (2) 如果宾客需要打包,服务员要问清哪些菜肴需要打包或提供相关建议,并请宾客稍候 (3) 准备好打包盒及打包袋	确保打包物品准备得充分
提供打包服务	(1) 经宾客许可后将食品拿到服务台上进行操作 (2) 将菜肴分类装入打包盒内,注意汤汁不外溢 (3) 服务员需在打包盒上填写打包日期、时间及注意事项 (4) 将打包盒送到主人面前,告诉宾客分别包装的菜肴名称,请主人过目后将打包盒装入打包袋内 (5) 双手呈递给宾客,使用敬语:"先生/小姐,这是您打包好的食品,请收好。"	使员工掌握宾客需要打包服务的操作标准

5. 平板电脑点菜服务

做什么	怎么做	为什么
准备工作	(1) 可移动点菜设备应定点存放，专人保管，定时更新并检查设备状态 (2) 专人检查菜单内容的准确性 (3) 开餐前确认网络是否能够正常使用，各出单岗点打印纸张配量是否充足	宾客提供专业、高效的点菜服务，以提高宾客满意度和中餐服务品质
点菜操作	(1) 平板电脑点菜程序，具体操作详见文件《POS 操作指导标准》参照执行 (2) 点菜服务，具体操作详见文件《中餐点菜服务指导标准》参照执行 (3) 点菜结束，点菜完成后，及时将点菜机归还，并做好归还登记	
落单管理	开餐结束酒水吧台机打落单和划菜机打落单应上交财务	
点菜系统设置	具体操作可参照平板电脑点菜系统用户手册《开元酒店集团 GourmateMenu 用户手册》	

任务七　餐饮服务基本技能综合实训

一、实训目的

巩固餐饮服务基本技能，为确保整个餐饮服务工作高效、高质打下扎实基础。

二、实训内容

(1) 练习轻托。
(2) 练习徒手斟酒。
(3) 练习餐巾折花。
(4) 练习中西餐零点正餐及宴会摆台。
(5) 练习上菜与餐位分菜。

三、实训步骤及方法

(1) 以固定学习小组为单位，推荐一名技能学习相对扎实的同学做练习督导，协助教师完成基本技能督查工作。

（2）结合任务要求，对标练习。

四、实训成果

各项基本服务技能均通过项目测试。

拓展与提高

何 为 规 范

　　小霞是一名酒店管理专业的大学生，专业技能过硬、素质高，是学校首届饭店服务技能大赛的全能冠军。在酒店实习期间，她凭借良好的专业技能很快得到了领导的重视，被分到酒店中餐厅工作。在一次餐厅值台服务中，大厅已坐满了客人，小霞送走了一批客人又迎来了一批客人。为了使客人尽快入座，只见小霞迅速收拾好台面，用肩上式的方法将台布铺上，动作干净利落、一气呵成，然后风风火火地摆台。这时只见旁桌就餐的客人用诧异和不满的眼神看她，可是她竟没有察觉。

　　请思考客人为何诧异？小霞的动作出错了吗？

课后习题

1. （多选题）下列关于托盘的说法，错误的有（　　　）。

A. 根据托盘的形状，可分大型托盘、中型托盘和小型托盘

B. 大号方形、圆形托盘，一般用于托运菜点、酒水和盘碟等较重的物品

C. 轻托，又称胸前托，所托物品重量一般在 5 斤以内

D. 托盘使用分：理盘、装盘、起托、行走、落托五个步骤

2. （多选题）下列关于斟酒的基本要求，描述正确的有（　　　）。

A. 斟酒时，要握着酒瓶的下半部，并将商标朝外显示给客人

B. 红葡萄酒斟至 1/2 杯，白葡萄酒斟至 2/3 杯，香槟酒分两次斟至 2/3 杯为宜，其他各种酒水饮料一律斟至八分满为宜

C. 瓶内酒水不足一杯时，依旧可以给客人斟倒，最后一滴"发财酒"寓意好

D. 斟酒时，为避免酒水滴酒，可将瓶口搭在杯口上

3. （多选题）关于上菜服务，描述正确的是（　　　）。

A. 根据要求，应在 30 分钟内上完所有热菜。如果客人进餐缓慢，应提醒客人适当加快用餐速度

B. 上菜的位置选择以不打扰宾客为宜，只要不从主人和主宾之间上菜，其他位置均可

C. 餐桌上严禁叠盘子，随时撤去空菜盘，餐桌保持清洁、美观

D. 宴会上菜应严格按照宴席菜单顺序进行

4. （多选题）关于示酒服务，描述正确的是（　　　）。

A. 为了显示对客人的尊敬

B. 让客人辨别酒水的真伪

C. 让客人了解酒水的情况并确认

D. 示酒时，应左手持瓶颈，右手托瓶底，酒瓶商标朝外

5. （简答题）请简述餐巾折花的选择原则。

（习题答案）

项目四
餐饮基础知识

项目四
餐饮基础知识

学习目标

知识目标：掌握中外酒水、菜肴、茶饮等餐饮基础知识；了解开元名都大酒店食品卫生与安全标准。

能力目标：能将知识灵活应用于实际工作中。

素质目标：养成主动学习的良好职业习惯。

任务要求

完成课程线上教学平台相关知识自测。

通过实地考察，了解酒店餐厅后厨食品卫生与安全标准。

案例导入

顾客想吃家乡菜

一天，一个由32位台湾老人组成的旅游团来到某高级饭店，要求要尝一尝地道的家乡菜。可是，饭店管理人员并不知道他们到底要吃哪儿的菜、喜欢什么口味、有什么特殊要求等。于是，饭店经理一连打了十几个电话，终于了解到这批台湾老人入住的酒店，通过与那家酒店联系，通过传真要到这些客人在这个城市所有用过餐的菜单，掌握了许多非常有价值的信息。

饭店经理了解到这些客人都是从宁波去台湾的。当服务员为客人们送上一桌地道的宁波菜时，老人们仿佛孩童一般地欢呼起来。不一会儿，这些菜就被一扫而光，老人们非常满意。他们说，这是他们到大陆后吃到的最香、最满意、最开心的一顿饭，并向饭店工作人员表示诚挚的感谢。

真正超值的服务并不是简单地满足顾客的要求，而是在满足他们要求的同时给他们意外的惊喜。台湾老人要求吃家乡菜，估计很多人以为是台湾菜，但是这个饭店的经理通过了解调查发现他们是从宁波去台湾的，家乡自然就是宁波。所以才得到之后的谢意。

任务一　中外酒水知识

一、常见的中国酒

1. 白酒

白酒是中国特有的一种蒸馏酒，是世界六大蒸馏酒（白兰地 Brandy、威士忌 Whisky、伏特加 Vodka、金酒 Gin、朗姆酒 Rum、中国白酒 Chinese Baijiu）之一。其以粮食为主要原料，以大曲、小曲或麸曲及酒母等为糖化发酵剂，经蒸煮、糖化、发酵、蒸馏而制成的蒸馏酒。根据酒精度数，可以分为高度白酒和低度白酒。高度白酒，酒精度在 41%vol 以上，多在 55%vol 以下，一般不超过 65%vol。低度白酒，采用了降度工艺，酒精度一般在 38%vol。中国八大名酒是茅台酒、五粮液、剑南春、泸州老窖特曲、汾酒、西凤酒、董酒、古井贡酒。

（1）茅台酒。酒精度为 53～55%vol，酱香型，贵州仁怀茅台酒厂出品，具有酒液清亮透明、醇香馥郁、入口醇厚、余香悠长的特色。1915 年，巴拿马万国博览会将茅台酒评为世界名酒，被外国人称为中国第一名酒。茅台酒与法国干邑白兰地、英国的苏格兰威士忌并称世界三大蒸馏酒。

（2）五粮液。酒精度为 52%vol，浓香型，四川宜宾五粮液酒厂出品，具有酒液清澈透明、香气浓郁悠久、味醇甘甜、净爽的特点。

（3）剑南春。酒精度分 50%vol 和 60%vol 两种，浓香型，四川绵竹剑南春酒厂出品，具有芳香浓郁、醇和回甜、清洌净爽、余香悠长的特点。

（4）泸州老窖特曲。酒精度为 52%vol，浓香型，泸州老窖酒公司出品，酒液无色透明、醇香浓郁、清洌甘爽、回味悠长，素有"千年老窖万年糟"的说法。

（5）汾酒。酒精度为 60%vol，清香型，山西杏花村汾酒厂出品，具有酒液清澈透明、气味芳香、入口绵软、落口甘甜的特点。有色、香、味"三绝"的美称及"中国白酒始祖"的美誉。

（6）西凤酒。酒精度为 41～68%vol，凤香型，陕西西凤酒公司出品，酒液清亮透明、醇香秀雅、醇厚丰满、甘润挺爽、诸味谐调、尾净悠长。

（7）董酒。酒精度为 60％vol，混合香型，贵州董酒公司出品，酒液晶莹透明、醇香浓郁、甘甜清爽，因厂址坐落于董公寺而得名。

（8）古井贡酒。酒精度为 60％vol，浓香型，安徽古井贡酒公司出品，具有酒液清澈透明、香醇幽雅、甘美醇和、余香悠久的特点。因取古井之水酿制，明清两代均为贡品，故得此名。

2. 黄酒

黄酒是中国特有的酿造酒，因大多数品种都有黄亮或黄中带红的色泽，故名黄酒。黄酒又名老酒、料酒、陈酒、米酒，是中国最传统的饮料酒，其酒精度一般在 12％～18％vol，含有糖、氨基酸等多种成分，是营养价值很高的低度饮料酒，可作为烹饪调料、中药药引。最有代表性的黄酒有绍兴加饭酒和龙岩沉缸酒。

（1）绍兴加饭酒。酒精度为 8％vol，含糖度为 2％，陈酿时间至少 3 年，酒液色泽黄明亮、口味鲜美、芳香扑鼻。

（2）龙岩沉缸酒。酒精度为 14～16％vol，含糖度为 27％，福建龙岩沉缸酒业公司出品，陈酿时间在 3 年左右，酒液呈鲜艳透明的红褐色，香气浓郁、口味醇厚、余味绵长。

3. 啤酒

啤酒是一种含有多种氨基酸、维生素、蛋白质和二氧化碳等成分，营养丰富、热量高、酒度低的饮料酒；具有清凉、解渴、健胃、利尿、增进食欲等功效，素有"液体面包"的美称。一杯优质啤酒的色泽应清凉透明、不混浊。入杯后泡沫具有洁白、细腻、持久、挂杯的特点，同时还应有明显、纯正的酒花香和麦芽清香，入口柔和、清爽、略带苦味。

啤酒按色泽可分为淡色黄啤酒、浓色啤酒和黑啤酒；按生产工艺可分为生啤酒和熟啤酒；按麦芽汁的浓度可分为低浓度啤酒、中浓度啤酒和高浓度啤酒。

（1）青岛啤酒。青岛啤酒始创于 1903 年，酒精度为 35％vol，麦芽浓度为 12％，酒色呈米黄色，淡而透亮，泡沫洁白细腻，具有显著的酒花麦芽清香和特有的苦味，口感柔和、清爽纯净。

（2）哈尔滨啤酒。哈尔滨啤酒于 1900 年由俄罗斯商人乌卢布列夫斯基始创，是中国历史最悠久的啤酒品牌。

二、常见外国酒

1. 蒸馏酒

（1）金酒。金酒又叫杜松子酒，是世界第一大类烈酒，最先由荷兰生产，后在英国大量生产，闻名于世。荷兰金酒属甜酒，适宜单饮，不宜作鸡尾酒的基酒；英国金酒为干酒，既可单饮又可作鸡尾酒的基酒。

（2）威士忌。威士忌是以大麦、黑麦、燕麦、小麦、玉米等谷物为原料，经发酵、蒸馏后放入橡木桶中陈酿、勾兑而成的一种酒精饮料。最具代表性的威士忌是苏格兰威士忌、爱尔兰威士忌、美国威士忌和加拿大威士忌。

（3）白兰地。白兰地是以葡萄酒为原料，在葡萄酒的基础上蒸馏而成的，最佳陈年时间 20～40 年。白兰地酒色泽呈晶莹的琥珀色，具有浓郁的芳香，味醇厚润。饮用时用手掌暖杯，待白兰地微温有香气散发时，先嗅后尝。白兰地酒的质量与存储期有很大关系，时间越长，酒质越好。

（4）伏特加。伏特加是俄罗斯具有代表性的白酒，无色无香味，具有中性的特点，不需储存即可出售。

（5）朗姆酒。朗姆酒又叫糖酒，是以蔗糖做原料，先制成糖蜜，然后经发酵、蒸馏，在橡木桶中储存 3 年以上而成。

（6）龙舌兰酒。墨西哥独有的名酒，它由热带作物龙舌兰的发酵浆液蒸而成，又名仙人掌酒。著名的鸡尾酒玛格丽特即用龙舌兰酒作基酒。

2. 酿制酒

（1）红葡萄酒。红葡萄酒是用紫葡萄连皮及种子一起压榨取汁，经自然发酵酿制而成。红葡萄酒的发酵时间长，葡萄皮中的色素在发酵过程中溶进酒里，使酒液呈红色。由于所用葡萄品种不同，所以其酒液色泽和味道也各有差异。酒液呈紫红色，表示酒质很新，不够成熟。酒液呈褐红色，表示酒已成熟，酿制在 3 年以上。酒液呈红木色，表示储存期超过 10 年。一般红葡萄酒陈年 4～10 年味道正好。品味上分强烈、味浓和清淡三种，一般都在室温下饮用，即 15～18℃为最佳饮用温度。

（2）白葡萄酒。白葡萄酒主要是用白葡萄，也有用紫葡萄的，但不管使用哪种葡萄，其皮和种子都需除去，然后再压榨取汁，经自然发酵酿制而成。白葡萄酒发酵时间较短，一般储存 2～5 年即可饮用。发酵前因除去果皮，故酒液颜色较淡，介于白色与金黄色之间，一般呈浅黄色。白葡萄酒在品味上分甜、酸、辣三种，具有清香怡爽、健脾胃、去腥气的特点。最佳饮用温度为 7～10℃，因此在饮用前常经过冷藏，或用冰桶盛放，在低温状态下供客人饮用。低温可有效地减少酒中的"丹宁酸"对人体的刺激。法国勃艮第（Burgundy）地区出产的白葡萄酒具有清冽爽口、爽而不薄的特点，被誉为"葡萄酒之王"。

（3）葡萄汽酒。葡萄汽酒是以葡萄酒为酒基，含有二氧化碳而使之产生气泡的一种饮料酒。其中香槟酒是最具有代表性的汽酒。只有在法国香槟地区出品的葡萄汽酒才可以称之为香槟酒，其他地区出品的一律称之为葡萄汽酒。

三、其他饮品知识

1. 咖啡

世界三大软饮料之一，原产于埃塞俄比亚，含有脂肪、水、咖啡因、纤维素、糖、芳香油等成分；具有振奋精神、消除疲劳、除湿利尿、帮助消化的功效。

常见的两种咖啡树种：阿拉比卡种和罗布斯塔种。在高海拔地区，阿拉比卡种咖啡生长得最好，这种咖啡的风味比其他咖啡要精致得多，这种咖啡中咖啡因的含量只有1%。罗布斯塔种咖啡滋味醇厚，抵抗病虫害的能力强，单株产量也很高。该种咖啡生长在低海拔地区，因其能够萃取出丰富且稳定的奶油，所以多半被用在意式拼配豆中，用以制作意式浓缩咖啡。

（1）意式浓缩咖啡（Espresso）。意式浓缩咖啡是一种具有强烈口感的咖啡类型，发明及发展于意大利，制作过程借由短时间而高压冲煮而成，将咖啡的风味浓缩后，口感尤为强烈。通常供应量以"份"（shot）计算，浓缩咖啡常作为其他风味调制咖啡的基础，如摩卡、拿铁、玛奇朵等。

（2）美式咖啡（Americano）。美式咖啡是使用滴滤式咖啡壶所制作的黑咖啡，简单来说，美式就是加了水的意式浓缩，口感相对较淡，但萃取时间较长（4～5分钟），所以咖啡因含量也较高，不宜多喝。

（3）玛奇朵（Machiatto）。玛奇朵在意大利文里是"烙印、印记"的意思，焦糖玛奇朵就象征着甜蜜的印记。它是先将牛奶和香草糖浆混合后再加入奶沫，然后再倒入咖啡，最后在奶沫上淋上网格状焦糖。品尝玛奇朵要注意不要搅拌，找到合适角度后直接喝，能在口中依然保持咖啡的层次感。

（4）康宝蓝（Espresso Con Panna）。康宝蓝与玛奇朵不同的是，康宝蓝是在意式浓缩咖啡中加入鲜奶油，康宝蓝的特色在于它的三层口感"奶油的香甜、咖啡的香醇、糖浆的甜蜜"，同时冰奶油也与刚刚萃取的浓缩形成了冰火两重天的口感，饮用康宝蓝要注意，大口直接喝，尽快喝，不要搅拌，才能品尝到冰奶油和咖啡的分层口感。

（5）拿铁（Latte）。拿铁是由一小杯浓缩和一杯牛奶制作而成（150～200 mL）与卡布奇诺一样，拿铁因为含有大量牛奶适合在早餐饮用，比卡布奇诺多了鲜奶味道，味道也更香醇。

（6）摩卡（Mocha）。摩卡通常是由三分之一的意式浓缩和三分之二的奶泡配成，再加入少许巧克力（通常会以巧克力糖浆加入）因为有巧克力和牛奶的关系，摩卡的味道稍甜，也比较适合女士饮用。

（7）卡布奇诺（Cappuccino）。卡布奇诺是一种以同量的意大利浓缩和泡沫牛奶制作而成的意式咖啡。卡布奇诺是一种泡沫咖啡，喝下去后能品味到奶泡的甜腻，再接着就能品味到意式浓缩的苦涩和浓郁。

（8）白咖啡（Flat White）。白咖啡采用特级脱脂奶精原料将咖啡的苦酸和咖啡因含量降到最低，不伤胃，口感丝滑，香浓，不带一丝苦涩。

2. 茶

世界三大软饮料之一，是人们普遍喜爱的有益饮料，具有止渴生津、提神解乏消脂解腻、促进消化，利尿排毒的功效。茶以"色绿、香郁、味醇、形美"四绝著称于世，中国十大名茶就是诸多花色品种茶叶中的珍品（中国十大名茶由《香港文汇报》于 2002 年评选得出）。

（1）君山银针。产于湖南岳阳洞庭湖中的君山，形细如针，故名君山银针。属于黄茶。其成品茶芽头茁壮，长短大小均匀，茶芽内面呈金黄色，外层白毫显露完整，而且包裹坚实，茶芽外形很像一根根银针，雅称"金镶玉"。君山茶历史悠久，唐代就已生产、出名。据说文成公主出嫁时就选带了君山银针茶带入西藏。

（2）洞庭碧螺春。碧螺春，属绿茶，已有 1 000 多年历史。碧螺春产于太湖的东洞庭山及西洞庭山一带，所以又称"洞庭碧螺春"。唐朝时就被列为贡品。高级的碧螺春，茶芽之细嫩 0.5 千克干茶需要茶芽 6 万～7 万个。炒成后的干茶条索紧结，白毫显露，色泽银绿，翠碧诱人，卷曲成螺，产于春季，故名"碧螺春"。此茶冲泡后杯中白云翻滚，清香袭人，是中国的名茶。主要工序为杀青、揉捻、搓团显毫、烘干。

（3）西湖龙井。西湖龙井，属绿茶，产于浙江省杭州市西湖龙井村周围群山，并因此得名。西湖龙井具有 1 200 多年历史。清乾隆游览杭州西湖时，盛赞西湖龙井茶，把狮峰山下胡公庙前的十八棵茶树封为"御茶"。西湖龙井按外形和内质的优次分作 1～8 级。

（4）黄山毛峰。黄山毛峰，属绿茶，产于安徽黄山一带，所以又称徽茶。由清代光绪年间谢裕大茶庄所创制。每年清明谷雨，选摘良种茶树"黄山种""黄山大叶种"等初展肥壮嫩芽，手工炒制，该茶外形微卷，状似雀舌，绿中泛黄，银毫显露，且带有金黄色鱼叶（俗称"黄金片"）。入杯冲泡雾气结顶，汤色清碧微黄，叶底黄绿有活力，滋味醇甘，香气如兰，韵味深长。由于新制茶叶白毫披身，芽尖锋芒，且鲜叶采自黄山高峰，遂将该茶取名为黄山毛峰。

（5）都匀毛尖。都匀毛尖，属绿茶，1956 年由毛泽东亲笔命名，又名"白毛尖""细毛尖""鱼钩茶""雀舌茶"，是贵州三大名茶之一。外形条索紧结纤细卷曲、披毫，色绿翠。香清高，味鲜浓，叶底嫩绿匀整明亮。都匀毛尖产于贵州省黔南布依族苗族自治州都匀市。味道好，还具有生津解渴、清心明目、提神醒脑、去腻消食、抑制动脉粥样硬化、降脂减肥以及防癌、防治坏血病和抵御放射性元素等多种功效与作用。

（6）信阳毛尖。信阳毛尖又称豫毛峰，属绿茶，河南省著名特产之一。主要产地在信阳市浉河区、平桥区和罗山县。由汉族茶农创制。民国初年，因信阳茶区的五大茶社产出品质上乘的本山毛尖茶，正式命名为"信阳毛尖"。

（7）六安瓜片。六安瓜片，属绿茶，中华传统历史名茶，简称瓜片、片茶，产自安徽省六安市大别山一带。唐称"庐州六安茶"，为名茶，明始称"六安瓜片"，为上品、极品茶，清为朝廷贡茶。六安瓜片具有悠久的历史底蕴和丰厚的文化内涵。在世界所有茶叶中，六安瓜片是唯一无芽无梗的茶叶，由单片生叶制成。去芽不仅保持单片形体，且无青草味；梗在制作过程中已木质化，剔除后，可确保茶味浓而不苦，香而不涩。六安瓜片每年谷雨前后十天之内采摘，采摘时取二、三叶，求"壮"不求"嫩"。

（8）安溪铁观音。安溪铁观音，属乌龙茶。福建安溪当地茶农发明于1725—1735年。发源于安溪县西坪镇尧阳山麓（王说），乌龙茶类的代表。介于绿茶和红茶之间，纯种铁观音植株为灌木型，树势披展，枝条斜生，叶片水平状着生。叶形椭圆，叶缘齿疏而钝，叶面呈波浪状隆起，具有明显肋骨形，略向背面反卷，叶肉肥厚，叶色浓绿光润，叶基部稍钝，叶尖端稍凹，向左稍歪，略长下垂，嫩芽紫红色，因此有"红芽歪尾桃"之称，这是纯种特征之一。安溪铁观音属于半发酵茶类，具有一般茶叶的保健功能，还具有抗衰老、抗癌症、抗动脉硬化、防治糖尿病、减肥健美、防治龋齿、清热降火等功效。

（9）武夷岩茶。武夷岩茶属乌龙茶，中国传统名茶，具有岩韵（岩骨花香）的品质特征。产于福建闽北"秀甲东南"的武夷山一带，茶树生长在岩缝之中。武夷岩茶具有绿茶之清香，红茶之甘醇，是中国乌龙茶中之极品。武夷岩茶属半发酵的青茶，制作方法介于绿茶与红茶之间。最著名的武夷岩茶是大红袍茶。武夷岩茶的形态特征：叶端扭曲，似蜻蜓头，色泽铁青带褐油润，内质活、甘、清、香。

（10）祁门红茶。祁门红茶简称祁红，属红茶。茶叶原料选用当地的中叶、中生种茶树"槠叶种"（又名祁门种）制作。由安徽茶农创制于清朝光绪年间，但史籍记载最早可追溯至唐朝陆羽的茶经。产于安徽祁门、东至、贵池（今池州市）、石台、黟县以及江西的浮梁一带。祁门红茶是红茶中的极品，享有盛誉，高香美誉，香名远播，美称"群芳最""红茶皇后"。

3. 其他饮料

其他饮料有矿泉水、牛奶、鲜果汁、果蔬汁、碳酸饮料等。

任务二 中国菜肴知识

一、中国菜系

菜系，也称"帮菜"，是指在一定区域内，由于气候、地理、历史、物产及饮食风俗的不同，经过漫长历史演变而形成的一整套自成体系的烹饪技艺和风味，并被全国各地所承认的地方菜肴。早在春秋战国时期，中国传统饮食文化中南北菜肴风味就表现出差异。到唐宋时，南食、北食各自形成体系。发展到清代初期时，鲁菜、粤菜、苏菜、川菜，成为当时最有影响的地方菜，被称作"四大菜系"。到清末时，浙菜、闽菜、湘菜、徽菜四大新地方菜系分化形成，共同构成中国传统饮食的"八大菜系"。

1. 鲁菜

鲁菜，即山东菜系，是宫廷最大菜系，由齐鲁、胶辽、孔府三种风味组成，以孔府风味为龙头。山东菜系对其他菜系的产生有重要的影响，因此鲁菜为八大菜系之首。

（1）齐鲁风味，齐鲁风味以济南菜为代表，在山东北部、天津、河北盛行。

齐鲁菜清香、鲜嫩、味纯著称，一菜一味，百菜不重。尤重制汤，清汤、奶汤的使用及熬制都有严格规定，菜品以清鲜脆嫩著称。用高汤调制是济南菜的一大特色。糖醋鲤鱼、宫保鸡丁（鲁系）、九转大肠、汤爆双脆、奶汤蒲菜、南肠、玉记扒鸡、济南烤鸭等都是家喻户晓的济南名菜。济南著名的风味小吃有：锅贴、灌汤包、盘丝饼、糖酥煎饼、罗汉饼、金钱酥、清蒸蜜三刀、水饺等。德州菜也是齐鲁风味中重要的一支，代表菜有德州脱骨扒鸡。

（2）胶辽风味，亦称胶东风味，以青岛菜为代表，流行于胶东、辽东等地。

胶辽菜起源于福山、烟台、青岛，以烹饪海鲜见长，口味以鲜嫩为主，偏重清淡，讲究花色。青岛十大代表菜：肉末海参、香酥鸡、家常烧鸦片鱼、崂山菇炖鸡、原壳鲍鱼、酸辣鱼丸、炸蛎黄、油爆海螺、大虾烧白菜、黄鱼炖豆腐。青岛十大特色小吃：烤鱿鱼、酱猪蹄、三鲜锅贴、白菜肉包、辣炒蛤蜊、海鲜卤面、排骨米饭、鲅鱼水饺、海菜凉粉、鸡汤馄饨。

（3）孔府风味，以曲阜菜为代表，流行于山东西南部和河南地区，和江苏菜系的徐州风味较近。

孔府菜有"食不厌精，脍不厌细"的特色，其用料之精广、筵宴之丰盛堪比过去皇朝宫廷御膳。孔府菜和江苏菜系中的淮扬风味并称为"国菜"。孔府菜的代表有：一品寿桃、翡翠虾环、海米珍珠笋、炸鸡扇、燕窝四大件、烤牌子、菊花虾包、一品豆腐、寿字鸭羹、拔丝金枣。

2. 川菜

川菜是中国八大菜系之一，起源于四川、重庆，以麻、辣、鲜、香为特色。川菜的出现可追溯至秦汉，在宋代已经形成流派，在明末清初辣椒传入中国一段时间后，川菜进行了大革新，逐渐发展成现在的川菜。原料多选山珍、江鲜、野蔬和畜禽。善用小炒、干煸、干烧、泡、烩等烹调法。以"味"闻名，味型较多，富于变化，以鱼香、红油、怪味、麻辣较为突出。川菜的风格朴实而又清新，具有浓厚的乡土气息。蓉派川菜精致细腻，渝派川菜大方粗犷。著名菜品有水煮肉片、鱼香肉丝、回锅肉、盐煎肉、宫保鸡丁、干煸鳝片、辣子鸡丁、辣子肥肠、麻婆豆腐、水煮鱼、泡椒肉丝、青椒肉丝等，成渝两地的小吃也归类于川菜。

川菜是中国最有特色的菜系，也是民间最大菜系。川菜素来享有"一菜一格，百菜百味"的声誉。川菜在烹调方法上，有炒、煎、干烧、炸、熏、泡、炖、焖、烩、贴、爆等38种之多。在口味上特别讲究色、香、味、形，兼有南北之长，以味的多、广、厚著称。历来有"七味""八滋"之说。平时食欲不好的人非常适合吃一些川菜，微辣的复合味有助于促进唾液分泌，增进食欲。需要提醒大家的是，川菜一般麻辣口味较重，普通人吃多了可能会肠胃不适。因此，辣菜最好和一些清淡的菜肴搭配着吃。

特点在于味型多样。辣椒、胡椒、花椒、豆瓣酱等是主要调味品，不同的配比，变化出了麻辣、酸辣、椒麻、麻酱、蒜泥、芥末、红油、糖醋、鱼香、怪味等各种味型，厚实醇浓，各式菜点无不脍炙人口。川菜系因此具有取材广泛、调味多样、菜式适应性强三个特征。由筵席菜、大众便餐菜、家常菜、三蒸九扣菜、风味小吃等五个大类组成一个完整的风味体系。在国际上享有"食在中国，味在四川"的美誉。其中最负盛名的菜肴有：干烧岩鲤、干烧鳜鱼、廖排骨、鱼香肉丝、怪味鸡、宫保鸡丁、粉蒸牛肉、麻婆豆腐、毛肚火锅、干煸牛肉丝、夫妻肺片、灯影牛肉、担担面、赖汤圆、龙抄手等。川菜中六大名菜是：鱼香肉丝、宫保鸡丁、夫妻肺片、麻婆豆腐、回锅肉、东坡肘子。

3. 粤菜

粤菜即广东菜，发源于岭南。由广州菜（也称广府菜）、潮州菜（也称潮汕菜）、东江菜（也称客家菜）三种地方风味组成，三种风味各具特色。粤菜起步较晚，但它影响深远。世界各国的中菜馆，多数是以粤菜为主，在世界各地粤菜与法国大餐齐名。因此有不少人，认为粤菜是海外中国的代表菜系。

粤菜集南海、番禺、东莞、顺德、香山、四邑、宝安等地方风味的特色，兼京、苏、淮、杭等外省菜以及西菜之所长，融为一体，自成一家。粤菜取百家之长，用料广博，选料珍奇，配料精巧，善于在模仿中创新，依食客喜好而烹制。烹调技艺多样善变，用料奇异广博。在烹调上以炒、爆为主，兼有烩、煎、烤，讲究清而不淡，鲜而不俗，嫩而不生，油而不腻，有"五滋"（香、松、软、肥、浓）、"六味"（酸、甜、苦、辣、咸、鲜）之说。时令性强，夏秋尚清淡，冬春求浓郁。

粤菜特点是丰富精细的选材和清淡的口味。粤菜可选原料多，自然也就精细。粤菜讲究原料的季节性，"不时不吃"。吃鱼，有"春鳊秋鲤夏三黎（鲥鱼）隆冬鲈"；吃虾，"清明虾，最肥美"；吃蔬菜要挑"时菜"，是指合季节的蔬菜，如菜心为"北风起菜心最甜"。除了选原料的最佳肥美期之外，粤菜还特别注意选择原料的最佳部位。粤菜味道讲究"清、鲜、嫩、滑、爽、香"，追求原料的本味、清鲜味，粤菜调味品种类繁多，遍及酸、甜、苦、辣、咸、鲜。但只用少量姜葱、蒜头做"料头"，而少用辣椒等辛辣性作料，也不会大咸大甜。这种追求清淡、追求鲜嫩、追求本味的特色，既符合广东的气候特点，又符合现代营养学的要求，是一种科学的饮食文化。

粤菜著名的菜点有：白切鸡、烧鹅、烤乳猪、红烧乳鸽、蜜汁叉烧、上汤焗龙虾、清蒸石斑鱼、鲍汁扣辽参、白灼虾、椰汁冰糖燕窝、菜胆炖鱼翅、麒麟鲈鱼、龙虾烩鲍鱼、干炒牛河、老火靓汤、煲仔饭、广式烧填鸭、豉汁蒸排骨、菠萝咕咾肉、香煎芙蓉蛋、鼎湖上素、烟筒白菜、鱼香茄子煲、太爷鸡、香芋扣肉、南乳粗斋煲、潮州卤水拼盘、卤水猪手、卤鹅肝、蚝烙、芙蓉虾、沙茶牛肉、客家酿豆腐、梅菜扣肉、盐焗鸡、猪肚包鸡、盆菜等。

4. 苏菜

苏菜，即江苏菜系。江苏菜系在烹饪学术上一般称为"苏菜"，由南京、徐海、淮扬和苏南四种风味组成，是宫廷第二大菜系，国宴仍以淮扬菜系为主。

江苏菜系选料讲究，刀工精细，口味偏甜，造型讲究，特色鲜明。由于江浙地区气候潮湿，又靠近沿海，所以往往会在菜中增加糖分，来去除湿气。江苏菜很少放辣椒，因为吃辣椒虽然能够去除湿气，但是容易上火。因此，江浙菜系是以偏甜为主。苏菜风格源于宋代开封，宋室南迁带入并逐渐占据主要地位。开封饮食仍然与江苏有诸多相同之处，如小笼包、鳜鱼等。

（1）金陵风味。以南京菜为代表，主要流行于以南京为中心，一直延伸到江西九江的地区。

金陵菜烹调擅长炖、焖、煨、烤。特别讲究七滋七味：酸、甜、苦、辣、咸、香、臭；鲜、烂、酥、嫩、脆、浓、肥。金陵菜以善制鸭馔而出名，素有"金陵鸭馔甲天下"的美誉。金陵菜代表菜品有金陵鸭、金陵鲜、金陵草等。

南京小吃是中国四大小吃之一，代表的有小笼包子、拉面、薄饼、葱油饼、豆腐涝、汤面饺、菜包、酥油烧饼、甜豆沙包、鸡面干丝、春卷、烧饼、牛肉汤、压面、蟹黄面、长鱼面、牛肉锅贴、回卤干、卤茶鸡蛋、糖粥藕等。

（2）淮扬风味。以扬州菜、淮安菜为代表，主要流行于以大运河为主，南至镇江，北至洪泽湖、淮河一带，东至沿海地区。

淮扬风味选料严谨，讲究鲜活，主料突出，刀工精细，擅长炖、焖、烧、烤，重视调汤，讲究原汁原味，并精于造型，瓜果雕刻栩栩如生。口味咸淡适中，南北皆宜，并可烹制"全鳝席"。淮扬细点，造型美观，口味繁多，制作精巧，清新味美，四季有别。著名菜肴有清炖蟹粉狮子头、大煮干丝、三套鸭、文思豆腐、扬州炒饭、文楼汤包、拆烩鲢鱼头、扒烧整猪头、水晶肴肉等。

（3）徐海风味。以徐州菜为代表，流行于徐海和河南地区，和山东菜系的孔府风味较近。

徐海菜鲜咸适度，习尚五辛、五味兼崇，清而不淡、浓而不浊。其无论取料于何物，均注意"食疗、食补"作用。徐海风味菜代表有：羊方藏鱼（据说是以此菜创造出"鲜"字）、"霸王别姬"、彭城鱼丸、地锅鸡等。

（4）苏南风味。以苏州菜为代表，主要流行于苏锡常和上海地区。和浙菜、安徽菜系中的皖南、沿江风味相近。有专家认为苏南风味应当属于浙菜。苏南风味与浙菜的最大的区别是苏南风味偏甜。苏南风味中的上海菜受浙江的影响比较大。

苏南风味擅长炖、焖、煨、焐，注重保持原汁原味，花色精细，时令时鲜，甜咸适中，酥烂可口，清新腴美。苏南名菜有香菇炖鸡、松鼠鳜鱼、鲃肺汤、碧螺虾仁、响油鳝糊、白汁圆菜、叫花童鸡、鸡油菜心、糖醋排骨、桃源红烧羊肉、太湖银鱼、大闸蟹。松鹤楼、得月楼是苏州的代表名食楼。

苏州小吃是中国四大小吃之一，是品种最多的小吃，主要有卤汁豆腐干、松子糖、玫瑰瓜子、苏式月饼、虾子酱油、枣泥麻饼、猪油年糕、小笼馒头、苏州汤包、桃源红烧羊肉、藏书白切羊肉、奥灶面等。

5. 闽菜

闽菜是以闽东、闽南、闽西、闽北、闽中、莆仙地方风味菜为主形成的菜系。以闽东和闽南风味为代表。

闽菜清鲜，淡爽，偏于甜酸。尤其讲究调汤，汤鲜、味美，汤菜品种多，具有传统特色。

闽菜最突出的烹调方法有醉、扣、糟等，其中最具特色的是糟，有炝糟、醉糟等。闽菜中常使用的红糟，由糯米经红曲发酵而成，糟香浓郁、色泽鲜红。糟味调料本身也具有很好的去腥腻、健脾肾、消暑火的作用，非常适合在夏天食用。

（1）闽东风味。以福州菜为代表，主要流行于闽东地区。

闽东菜有"福州菜飘香四海，食文化千古流传"之称。选料精细，刀工严谨；讲究火候，注重调汤；喜用佐料，口味多变，显示了三大鲜明特征：一为刀工巧妙，寓趣于味，素有切丝如发，片薄如纸的美誉，比较有名的菜肴如炒螺片。二为汤菜众多，变化无穷，素有"一汤十变"之说，最有名的如佛跳墙。三为调味奇特，别是一方。闽东菜的调味，偏于甜、酸、淡，喜加糖醋，如比较有名的荔枝肉、醉排骨等菜，都是酸酸甜甜的。这种饮食习惯与烹调原料多取自山珍海味有关。善用糖，用甜去腥腻；巧用醋，酸甜可口；味偏清淡，则可保持原汁原味，并且以甜而不腻，酸而不峻，淡而不薄而享有盛名。五大代表菜：佛跳墙、鸡汤氽海蚌、淡糟香螺片、荔枝肉、醉糟鸡。五碗代表：太极芋泥、锅边糊、肉丸、鱼丸、扁肉燕。

（2）闽南风味。以泉州菜为代表，主要流行于闽南、台湾地区，和广东菜系中的潮汕风味较近。

闽南菜具有清鲜爽淡的特色，讲究佐料长于使用辣椒酱、沙茶酱、芥末酱等调料。闽南菜的代表有海鲜、药膳和南普陀素菜。闽南药膳最大的特色就是以海鲜制作药膳，利用本地特殊的自然条件、根据时令的变化烹制出色、香、味、形俱全的食补佳肴。闽南菜还包含了当地的风味小吃，无论是海鲜类的海蛎煎、鱼丸、葱花螺、汤血蛤等，还是肉食类的烧肉粽、酥鸽、牛腩、炸五香等，亦或是点心类的油葱果、韭菜盒、薄饼、面线糊等。

（3）闽西风味，又称长汀风味。以长汀菜为代表，主要流行于闽西地区，是客家风味。和广东菜系的客家风味较近。

闽西位于粤、闽、赣三省交界处，以客家菜为主体，多以山区特有的奇味异品作原料，有浓厚山乡、多汤、清淡、滋补的特点。代表菜有薯芋类的，如绵软可口的芋子饺、芋子包、炸雪薯、煎薯饼、炸薯丸、芋子糕、酿芋子、蒸满圆、炸满圆等；野菜类的有白头翁饧、苎叶饧、苦斋汤、炒马齿苋、鸭爪草、鸡爪草、炒马兰草、香椿芽、野苋菜、炒木棉花等；瓜豆类的有冬瓜煲、酿苦瓜、脆黄瓜、南瓜汤、南瓜饧、狗爪豆、罗汉豆、炒苦瓜等；饭食类的有红米饭、高粱粟、麦子饧、拳头粟饧等。肉食较出名的有白斩河田鸡，烧大块。

（4）闽北风味。以南平菜为代表，主要流行于闽北地区。

闽北特产丰富，历史悠久，文化发达，是个盛产美食的地方，丰富的山林资源，加上湿润的亚热带气候，为闽北盛产各种山珍提供了充足的条件。香菇、红菇、竹笋、建莲、薏米等地方特产都是美食的上等原料。主要代表菜有八卦宴、文公菜、幔亭宴、蛇宴、茶宴、涮兔肉、熏鹅、鲤干、龙凤汤、食抓糍、冬笋炒底、菊花鱼、双钱蛋茹、茄汁鸡肉、建瓯板鸭、峡阳桂花糕等。

（5）闽中风味。以三明、沙县菜为代表，主要流行于闽中地区。

闽中菜以其风味独特、做工精细、品种繁多和经济实惠而著称，小吃居多。其中最有名的是沙县小吃。沙县小吃共有162个品种，常年上市的有47多种，形成馄饨系列、豆腐系列、烧卖系列、芋头系列、牛杂系列，其代表有烧卖、馄饨、夏茂芋饺、泥鳅粉干、鱼丸、真心豆腐丸、米冻皮与米冻糕。

（6）莆仙风味。以莆田菜为代表，主要流行于莆仙地区。

莆仙菜以乡野气息为特色，主要代表有五花肉滑、炒泗粉、白切羊肉、焖豆腐、回力草炖猪脚、土笋冻、莆田（兴化）米粉、莆田（江口）卤面、莆田（西天尾）扁食、酸辣鱿鱼汤。

6. 浙菜

浙江地处中国东海之滨，特产丰富，盛产山珍海味和各种鱼类。浙菜是以杭州、宁波、绍兴和温州四种风味为代表的地方菜系。浙菜采用原料十分广泛，注重原料的新鲜、合理搭配，以求味道的互补，充分发掘出普通原料的美味与营养。特别是杭帮菜中的湖上帮和山里帮两大风味技术体系，都强调原料鲜嫩，现取现做。还有不少水中和山地植物富含多种营养成分，对身体健康十分有益。

杭帮菜重视其原料的鲜、活、嫩，以鱼、虾、禽、畜、时令蔬菜为主，讲究刀工，口味清鲜，突出本味。其制作精细，变化多样，并喜欢以风景名胜来命名菜肴，烹调方法以爆、炒、烩、炸为主，清鲜爽脆。宁波菜咸鲜合一，以烹制海鲜见长，讲究鲜嫩软滑，重原味，强调入味。口味"甜、咸、鲜、臭"，以炒、蒸、烧、炖、腌制见长，讲求鲜嫩软滑，注重大汤大水，保持原汁原味。温州菜素以"东瓯名镇"著称，也称"瓯菜"，以海鲜入馔为主，口味清鲜，淡而不薄，烹调讲究"二轻一重"，即轻油、轻芡、重刀工。金华菜是浙菜的重要组成部分。烹调方法以烧、蒸、炖、煨、炸为主。金华菜以火腿菜为核心，在外地颇有名气。仅火腿菜品种就达300多道。火腿菜烹饪不宜红烧、干烧、卤烩，在调配料中忌用酱油、醋、茴香，桂皮等；也不宜挂糊、上浆，讲究保持火腿独特色香味。

浙江点心中的团、糕、羹、面品种多，口味佳。例如，嘉兴肉粽、宁波汤圆、绍兴臭豆腐、舟山虾爆鳝面、湖州馄饨等。名菜名点有：龙井虾仁、西湖莼菜、虾爆鳝背、西湖醋鱼、冰糖甲鱼、剔骨锅烧河鳗、苔菜小方烤、雪菜大黄鱼、腐皮包黄鱼、网油包鹅肝、荷叶粉蒸肉、黄鱼海参羹、彩熘全黄鱼等。

7. 徽菜

徽菜起源于安徽省徽州地区，是中国八大菜系之一。徽菜起源于南宋时期的徽州府（现黄山市，江西省婺源县以及安徽省绩溪县组成），徽菜是古徽州的地方特色，其独特的地理人文环境赋予徽菜独有的味道，由于明清徽商的崛起，这种地方风味逐渐进入市肆，流传于苏、浙、赣、闽、沪、鄂以至长江中、下游区域，具有广泛的影响，明清时期一度居于八大菜系之首。根据2009年出版的中国徽菜标准，正式确定徽菜为皖南菜、皖江菜、合肥菜、淮南菜、皖北菜五大风味，是沿江菜、沿淮菜、皖南菜的总称。因为徽州人喜爱常年饮茶，所以徽菜一般浓油赤酱，所谓重油、重色、重火工、芡重、色深、味浓。同时由于徽州多山多水多食材，徽菜注重食物的本真，以烹饪山珍水产见长，代表菜肴有毛峰熏鲥鱼、火腿炖甲鱼、腌鲜鳜鱼、黄山炖鸽、雪冬烧山鸡等。

徽菜的形成与江南古徽州独特的地理环境、人文环境、饮食习俗密切相关。绿树丛荫、沟壑纵横、气候宜人的徽州自然环境，为徽菜提供了取之不尽、用之不竭的徽菜原料。得天独厚的条件成为徽菜发展的有力物质保障，同时徽州名目繁多的风俗礼仪、时节活动，也有力地促进了徽菜的形成和发展。

8. 湘菜

湘菜是中国历史悠久的一个地方风味菜。湘菜特别讲究调味，尤重酸辣、咸香、清香、浓鲜。夏天炎热，其味重清淡、香鲜。冬天湿冷，味重热辣、浓鲜。

湘菜调味，特色是"酸辣"，以辣为主，酸寓其中。"酸"是酸泡菜之酸，比醋更为醇厚柔和。湖南大部分地区地势较低，气候温暖潮湿，古称"卑湿之地"。而辣椒有提热、开胃、祛湿、祛风之效，故深为湖南人民所喜爱。剁椒经过乳酸发酵，具有开胃、养胃的作用。

湖南菜最大特色一是辣，二是腊。著名菜点有：东安鸡、剁椒鱼头、腊味合蒸、组庵鱼翅、冰糖湘莲、红椒腊牛肉、发丝牛百叶、浏阳蒸菜、干锅牛肚、平江火焙鱼、平江酱干、吉首酸肉、湘西外婆菜、换心蛋等。

二、西式菜肴

西餐，顾名思义是西方国家的餐食。西方国家，是相对于东亚而言的欧洲国家，西餐的准确称呼应为欧洲美食，或欧式餐饮。其菜式料理与中国菜不同，一般使用橄榄油、黄油、番茄酱、沙拉酱等调味料。西餐的主要特点是主料突出，形色美观，口味鲜美，营养丰富，供应方便等。正式的西餐应包括餐汤、前菜、主菜、餐后甜品及饮品。西餐大致可分为法式、英式、意式、俄式、美式、地中海等多种不同风格的菜肴。

1. 法式菜肴

法国人一向以善于吃并精于吃而闻名，法式大餐至今仍名列世界西菜之首。

法式菜肴的特点是：选料广泛（如蜗牛、鹅肝都是法式菜肴中的美味），加工精细，烹调考究，滋味有浓有淡，花色品种多；法式菜还比较讲究吃半熟或生食，如牛排、羊腿以半熟鲜嫩为特点，海味的蚝也可生吃等；法式菜肴重视调味，调味品种类多样。用酒来调味，什么样的菜选用什么酒都有严格的规定，如清汤用葡萄酒，海味品用白兰地酒，甜品用各式甜酒或白兰地等；法国菜和奶酪，品种多样。法国人十分喜爱吃奶酪、水果和各种新鲜蔬菜。

法式菜肴的名菜有：马赛鱼羹、鹅肝排、巴黎龙虾、红酒山鸡、沙福罗鸡、鸡肝牛排等。

2. 英式菜肴

英国的饮食烹饪有家庭美肴之称。

英式菜肴的特点是：油少、清淡，调味时较少用酒，调味品大都放在餐台上由客人自己选用。烹调讲究鲜嫩，口味清淡，选料注重海鲜及各式蔬菜，菜量要求少而精。英式菜肴的烹调方法多以蒸、煮、烧、熏、炸见长。

英式菜肴的名菜有：鸡丁沙拉、烤大虾苏夫力、薯烩羊肉、烤羊马鞍、冬至布丁、明治排等。

3. 意式菜肴

在罗马帝国时代，意大利曾是欧洲的政治、经济、文化中心，虽然后来意大利落后了，但就西餐烹饪来讲，意大利却是始祖，可以与法国、英国媲美。

意式菜肴的特点是：原汁原味，以味浓著称。烹调注重炸、熏等，以炒、煎、炸、烩等方法见长。

意大利人喜爱面食，做法吃法甚多。其制作面条有独到之处，各种形状、颜色、味道的面条至少有几十种，如字母形、贝壳形、实心面条、通心面条等。意大利人还喜食意式馄饨、意式饺子等。

意式菜肴的名菜有：通心粉素菜汤、焗馄饨、奶酪焗通心粉、肉末通心粉、比萨等。

4. 美式菜肴

美国菜是在英国菜的基础上发展起来的，继承了英式菜简单、清淡的特点，口味咸中带甜。美国人一般对辣味不感兴趣，喜欢铁扒类的菜肴，常用水果作为配料与菜肴一起烹制，如菠萝火腿焗饭。美国人喜欢吃各种新鲜蔬菜和各式水果。

美国人对饮食要求并不高，只要营养、快捷，讲求的是原汁鲜味。但对肉质的要求很高，如烧牛柳配龙虾便选取来自美国安格斯的牛肉。只有半生的牛肉才有美妙的牛肉原汁原味。

相对于传统西餐的烦琐礼仪，美国人的饮食文化简单多了。餐台上并没有多少刀叉盘碟，仅放着最基本的刀叉勺子各一把。据说，只有在非常正式的宴会或家庭宴客时，才会有较多的规矩和程序。

美式菜肴的名菜有：烤火鸡、橘子烧野鸭、美式牛扒、苹果沙拉、糖酱煎饼等。各种派是美式食品的主打菜品。

5. 俄式菜肴

沙皇俄国时代的上层人士非常崇拜法国，贵族不仅以讲法语为荣，而且饮食和烹饪技术也主要学习法国。但经过多年的演变，特别是俄国，食物讲究热量高的品种，逐渐形成了自己的烹调特色。俄国人喜食热食，爱吃鱼肉、肉末、鸡蛋和蔬菜制成的小包子和肉饼等，各式小吃颇有盛名。

俄式菜肴口味较重，喜欢用油，制作方法较为简单。口味以酸、甜、辣、咸为主，酸黄瓜、酸白菜往往是饭店或家庭餐桌上的必备食品。烹调方法以烤、熏腌为特色。俄式菜肴在西餐中影响较大，一些地处寒带的北欧国家和中欧南斯拉夫民族人们日常生活习惯与俄罗斯人相似，大多喜欢腌制的各种鱼肉、熏肉、香肠、火腿、酸菜、酸黄瓜等。

俄式菜肴的名菜有：什锦冷盘、罗宋汤、鱼子酱、酸黄瓜汤、冷苹果汤、鱼肉包子、黄油鸡卷等。哈尔滨由于历史的原因，现尚保存有正宗的俄式西餐。

6. 德式菜肴

德国人对饮食并不讲究，喜吃水果、奶酪、香肠、酸菜、土豆等，不求浮华只求实惠营养，首先发明自助快餐。

传统菜品：蔬菜沙拉、鲜蘑汤、焗鱼排等。

德国人喜喝啤酒，每年的慕尼黑啤酒节大约要消耗掉100万升啤酒。

任务三 酒店食品卫生与安全标准

食品卫生与安全最低标准（五星）	
1.0	**管理**
1.1	以《开元酒店食品安全管理体系技术手册》为指导，建立规范有效工作流程与标准
1.2	酒店和餐饮部设有卫生、消防管理组织，建立二级卫生、消防管理和岗位卫生责任制
1.3	卫生管理制度健全，内容完整、正确；职责明确，符合食品安全法和卫生法规、卫生标准；有明确的考核体系和奖惩制度
1.4	设有经过专业知识培训的兼职食品安全管理人员，并落实检查方法，建立台账
2.0	**进货**
2.1	建立供应商品质保证制度：实行食品及原料采购索证 有食品卫生标准验收制度：食品及原料符合食品卫生标准和要求
2.2	建立食品验收标准，有验收记录和肉类、豆制品、食品添加剂索证、蔬菜农药残留测试台账，检测报告需存档 所有入库入店食品要求包装完好，无破损，进口原材料须有中英文标识 日期标签齐全，有效；运货车辆干净、整洁

2.3	验收地点保持干净、整洁，定期消毒
2.4	验收食品、原料的保质期应符合《开元酒店食品安全管理体系技术手册》的相关要求
3.0	**食品贮存**
3.1	管理：专人管理；制定清洁时间作业表；有效控制害虫侵入
★3.2	设施：有必要的冷藏、冷冻设施，生熟食品及半成食品分柜置放，有干货仓库
3.3	冷藏库
A	物品分类摆放且取用方便，所有存货应：离开地面 15 厘米、距离天花板 15 厘米、距离蒸发器 30 厘米、距离墙壁 5 厘米，在备货和储存食品时采用 FIFO（先进先出）的办法
B	符合储藏物品温度要求，一般温度控制在 0～4℃，食物的温度保持在 5℃ 及以下
C	湿度保持在 80～90％rh，或略低
D	定期检查记录温度：及时调整库房温度，制冷管外结冰不得超过 0.5 厘米
E	库内保持清洁，每季度定期除霜、清洗；冷柜表面经常清洁，密封圈保持完好，灯有灯罩，灯光亮度足够看清楚标签和检查质量
3.4	冷冻库
A	物品分类摆放整齐且取用方便，所有存货应：离开地面 15 厘米、距离天花板 15 厘米、距离蒸发器 30 厘米、距离墙壁 10 厘米，在备货和储存食品时采用 FIFO（先进先出）的办法
B	包装要求：食品被包在或储存在干净合适的容器中，冻库中的搁架必须标识专用的生肉、禽类、海产品和鱼类的储存区。生食不可以与即食食品储存在一起
C	温度符合储藏物品冷冻温度要求，温度控制在 −18℃ 或以下
D	各种食品应有规范标签或挂牌，注明进货日期或制作加工日期
E	冷冻库要保持清洁，定期除霜、清洗，灯有灯罩，灯光亮度足够看清楚标签和检查质量
F	干净的原始包装纸箱可以储存在冷冻库，但不允许脏的外包装箱进入冷冻库或厨房
3.5	干货库
A	有物品登记卡（内容包括：品名、供应单位、数量、进货日期等）
B	干货仓库应保持清洁有序的状态。保持目标储存温度不高于 24℃（主仓库不超过 30℃），不潮湿，相对湿度目标值不高于 65％rh
C	物品摆放要分类、分库、分架；干货原料需储存在干净合适的容器中；并将食品保持在：离开地面 15 厘米、距离天花板 15 厘米、距离墙壁 10 厘米，采用 FIFO（先进先出）的办法
D	除食品之外的其他个人物品均不可储存在干货仓库中，不得存放杂物、杀虫剂、有毒有害物品，不得存放清洁器具

（续表）

4.0	环境设施
4.1	空间布局
★A	厨房位置合理、布局科学，传菜路线不与非餐饮公共区域交叉
★B	厨房与餐厅之间，采取有效的隔音、隔热和隔味的措施。进出门分开并能自动闭合
C	厨房与周边不洁之处要有效隔离，保持环境整洁 加工场所按原料、半成品、成品的顺序予以布局，粗加工、切配烧煮、冷菜制作、面点制作、洗涤消毒、原料贮存布局明确区分，有明显标志
★4.2	环境管理：采取有效的消杀蚊蝇、蟑螂等虫害措施
★4.3	食品留样管理：应有食品化验室或留样送检机制
A	50 人以上的团队用餐及 VIP 重要接待，厨房所供应的每样食品都必须由专人负责留样
B	应使用已消毒的器具取样，每餐、每样食品应留足 100 克
C	样本应在提供前不应在活动结束后采集
D	留样食品应按品种分别盛放于清洗消毒后的密闭专用容器内，贴好标签后（标注食品名称、制作时间）放入留样冰箱，在冷藏条件下存放 48 小时以上
E	建立留样记录：日期、供应食品的地点/活动、餐次、留样食谱（菜名）、留样数量、留样工作人员、销毁时间、销毁工作人员等，以备检查
F	留样冰箱为专用设备，严禁存放其他物品，应严格保持清洁卫生
★4.4	专间设置：冷菜间、面点间独立分隔，有足够的冷气设备，专用洗手、消毒设施
4.5	消防器材
A	各区域消防器具必须严格定位并符合消防要求
B	厨房内应配有燃气报警装置、喷淋装置、烟感（温感）装置和灭火毯
C	各厨房所有炉台上方油烟罩内不锈钢隔油板不得缺少和破损；须每天保持清洁；严禁擅自拆除不使用
4.6	烟道清洗：各厨房所有油烟道和油烟罩必须按照消防部门的相关要求，每年至少两次，由当地消防专业设备清洗公司负责清理，并有书面记录和证明
4.7	阀门：煤气、油气、蒸汽阀门有安全保护措施
4.8	墙面/地面
A	地面应具备干燥、清洁，排水沟畅通，设置防鼠网
★B	墙面满铺瓷砖，用防滑材料满铺地面，有地槽
4.9	垃圾处理
A	有专用垃圾桶，保证四周的清洁，无垃圾堆放现象
★B	有专门放置临时垃圾的设施并保持其封闭

（续表）

★4.10	排污设施（地槽、抽油烟机和排风口等）保持畅通清洁；所有排水口均有金属隔栅；厨房、洗涤间、大堂吧台等操作区域的排水管、污水道每天保持畅通、清理
4.11	升降梯：张贴有安全使用程序，并保证每位使用者知晓，定期消毒；有安全检查合格记录和消毒记录
4.12	水池：应至少分设肉类、水产品、蔬菜原料洗涤池，操作台分开，水池应有明显的标志
4.13	器具：厨房器具用后清洗，定点存放，摆放整齐有序，定期消毒；厨房器具不得与食品原料混放，不得与已经消毒的餐具混合摆放
5.0	**中/西厨房**
5.1	粗加工
★A	粗加工间与其他操作间隔离，各操作间温度适宜，冷气供给充足
B	加工食品原料、半成品无交叉感染，切配肉、水产品、蔬菜等食品有专用的刀具和砧板，砧板以颜色或标签区分
5.2	通风：炉灶上应设置通风罩，安装排气扇和换气扇（前高后低，排气扇风力大于换气扇），通风设备保持清洁卫生，通风良好
5.3	温度：通风系统具备温度调节功能
5.4	灶台保持清洁，保持各类工具及抹布等卫生，且摆放整齐规范
5.5	调味品摆放整齐，不用时加盖或用保鲜膜覆盖
5.6	保持地面及各类设备的清洁卫生，保证无积水、无污迹；墙面、清洁卫生，无污迹或明显破损
5.7	垃圾桶摆放合理（防止污染其他用品），各种遗弃物全部倒入垃圾桶内，垃圾桶加盖，外围清洁，保证每日一清
6.0	**冷菜间**
★6.1	环境：冷菜间内有空气消毒设施和二次更衣场所及设施，冷菜、刺身、水果（榨汁）制作分间设置；净水接入；设有能开合的食品销售窗；无私人物品；冷菜间应有墙上消毒制度与规范
6.2	温度：厨房温度适宜，一般低于25℃，设备隔热性能良好
6.3	分工：专室、专人、专工具、专冷藏、专消毒
6.4	消毒：各类设备、器具等要每日清洗，定期消毒；净水过滤器阀芯要根据要求定期清理与调换
6.5	紫外线：有紫外线消毒灯，强度不低于 $70\,\mu W/cm^2$
6.6	标志：生、熟食品的器具不得混用，以颜色或标志区分
6.7	加工：操作人员应洗手消毒并戴工作帽和口罩
7.0	**洗涤间**

★7.1	设施：洗碗间位置合理（紧邻厨房与餐厅出入口），配有洗碗和消毒设施
7.2	清洁液：用于餐具洗涤、消毒的用品应有合格证明并备案
7.3	清洗：用过的餐具必须清洗，洗后的餐具保证洁净、无油迹
7.4	消毒：专人负责消毒，消毒方法、浓度符合要求，现场有消毒程序制度，并保证使用者知晓；清洗、消毒效果好，无二次污染
7.5	保洁柜：洗后的餐具摆放合理（分类摆放整齐），保洁柜有明显标识
7.6	环境：地面、墙面、门窗等保持清洁
7.7	垃圾桶摆放合理（防止污染其他用品）保证每日一清
8.0	**备餐间**
8.1	餐具无破损，清洁光亮，无水迹、无油迹
8.2	物品分类摆放，整齐规范
8.3	所有设施设备保持清洁
8.4	地面清洁，无积水
9.0	**冰箱**
9.1	物品摆放：应分类整齐摆放原料、半成品、成品严格分开，不得在同一冰室内存放
9.2	保质：无过期霉变物品，冰箱内物品加盖或用保鲜膜覆盖
9.3	温度：冰箱温度符合储藏物品温度要求，一般温度控制在 0～7℃
9.4	贮物：为确保食品中心温度达到冷藏或冷冻的温度要求，不得将食品堆积、挤压存放
9.5	定期除霜，定期清洗、消毒
10.0	**食品添加剂**
10.1	严格执行"五专"（专人采购、专人保管、专人领用、专人登记、专柜保存）管理制度；食品添加剂必须做到专柜或专架并定位加锁存放，应设置明显标志
10.2	食品添加剂必须有包装标识和产品说明书，标识内容包括："食品添加剂"字样、品名、产地、厂名、省级卫生行政部门发放的卫生许可证证号、配方或者主要成分、使用范围与使用量、使用方法等
10.3	禁止采购使用食品添加剂以外任何化学物质和其他非食用物质；严禁采购使用来源不明、非法生产以及标识不规范的食品添加剂
10.4	严格按照食品添加剂标准规定的范围和限量使用，严禁超范围、超限量滥用
11.0	**食品再加热**
11.1	食品再加热处理时，使用专门的"食品再加热温度记录表"
11.2	隔夜的冷菜熟食在使用之前必须回烧加工

（续表）

11.3	重新加热的食物必须在重新加热的 2 小时内达到最低 75℃ 的内部温度并保持 15 秒钟（在 75℃ 时）
11.4	重新加热的食品存放必须做到一菜一格，放在已消毒的盛器内或用保鲜膜密封，以免食品被交叉污染
11.5	熟食制品应当存放在专用的冰箱冷藏，冷藏温度应控制在 0～10℃
12.0	**食品运送**
12.1	食品运输工具应当保持清洁，防止食品在运输过程中受到污染
13.0	**员工**
13.1	体检：员工持有效健康证上岗；并确保经过安全知识和卫生知识培训，有培训记录
13.2	个人卫生：保持良好的个人卫生，身上无异味，头发不得外露，男员工头发不得过长，女员工长发要盘起，且保持清洁、无头屑；指甲要干净，不留长指甲，不涂指甲油，不佩戴饰物
13.3	着装：按规定着装，着装整洁，工作铭牌佩戴合理。厨房员工工服每天换洗，整洁无破损
13.4	仪容：保持良好的仪容仪表，不化浓妆和染发
13.5	操作规范：注意操作卫生，厨房各类机械、电器设备严格按操作规范操作
13.6	个人防护措施到位，通道顺畅，有防滑措施
13.7	所有的个人物品应放在酒店提供的储物柜中，个人物品不可以放在食品备制区域的抽屉或柜子里，食品制作区域等地不能保留食物、化妆品、药物、杂志和报纸
14.0	**设备维护保养**
14.1	设备维护：厨房各种机电、制冷设备（特别炉灶、烤箱、制冰机、冰箱、冰库、洗碗机等），应当根据相关说明和具体情况，随时进行检测、维护和保养，确保运营正常，必要时可请设备部或厂家进行处理
14.2	设施保养：对餐饮设施设备（机电设备、厨房设备、餐厅家具等），要随时观察、检查和维护保养，发现有损坏现象及时进行报修并记录

任务四 餐饮基础知识综合实训

实训目的

通过自习、自测、实地考察等，掌握更多的餐饮基础知识，能在今后的餐饮服务工作中更好地服务客人。

（1）了解餐饮服务工作中所需的基础知识应用情况；

（2）了解酒店餐饮部食品卫生与安全标准及其重要性。

实训步骤及方法

（1）以固定学习小组为单位，组长监督检查自学自测情况；

（2）每组协调分工，联系酒店餐饮部进行实地考察；

（3）记录餐饮部食品卫生考察参观情况，对标理解食品卫生与安全重要性。

实训成果

各组完成考察报告一份。

拓展与提高

牛排的生熟度

牛排有别于其他大部分熟食，牛排通常不会煮至全熟，而是可以以个人喜好调整生熟程度。生熟程度以奇数区分，主要分为以下七种。

全生牛排（Raw）：完全未经烹煮的生牛肉，这种做法只会用在某些菜式如鞑靼牛肉、基特福（Kitfo，埃塞俄比亚菜肴）或生牛肉沙拉。

近生牛排（Blue）：通过牛排温度计测量结果，近生牛排的内部温度只有46～48℃，但是近生牛排并不是一块生肉，而是表面已经煎脆了，但是内部还是生肉，摸起来还可能有点凉凉的。

一成熟牛排（Rare）：通过牛排温度计测量结果，一成熟牛排的内部温度是49～53℃，可以看到一成熟牛排的界面75%都是粉色的，带有大量血水。

三成熟牛排（Medium Rare）：通过牛排温度计测量结果，三成熟牛排的内部温度是54～56℃，可以看到三成熟牛排的界面约50%都是粉色的，血水较少。

五成熟牛排（Medium）：通过牛排温度计测量结果，五成熟牛排的内部温度是57～62℃，可以看到五成熟牛排的界面约25%都是粉色的，血水已干。

七成熟牛排（Medium Well）：通过牛排温度计测量结果，七成熟牛排的内部温度是63～68℃，可以看到七成熟牛排的界面略微有点粉色。

全熟牛排（Well Done）：通过牛排温度计测量结果，全熟牛排的内部温度是71℃，可以看到全熟牛排的界面为棕色，全熟的牛排一般为咖啡色或者达到焦黄的程度。

思考： 酒店餐厅可以通过哪些方式，提高顾客的餐饮体验评价？

课后习题

1. （单选题）特基拉酒的原料是（　　　）。

A. 大麦 　　　　　B. 龙舌兰 　　　　　C. 甘蔗 　　　　　D. 葡萄

2. （单选题）下列各菜肴名称与菜系，对应正确的是（　　　）。

A. 九转大肠/粤菜、回锅肉/湘菜、蜜汁叉烧/苏菜、清炖蟹粉狮子头/浙菜

B. 九转大肠/徽菜、回锅肉/鲁菜、蜜汁叉烧/浙菜、清炖蟹粉狮子头/闽菜

C. 九转大肠/鲁菜、回锅肉/川菜、蜜汁叉烧/粤菜、清炖蟹粉狮子头/苏菜

D. 九转大肠/湘菜、回锅肉/浙菜、蜜汁叉烧/徽菜、清炖蟹粉狮子头/川菜

3. （多选题）下列属于蒸馏酒的有（　　　）。

A. 白兰地 　　　　B. 香槟 　　　　　C. 金酒 　　　　　D. 朗姆酒

4. （多选题）下列西餐名菜对应正确的是（　　　）。

A. 法式菜肴——马赛鱼羹、巴黎龙虾、红酒山鸡

B. 英式菜肴——鸡丁沙拉、冬至布丁、薯烩羊肉

C. 俄式菜肴——罗宋汤、鱼子酱、酸黄瓜汤、黄油鸡卷

D. 美式菜肴——烤火鸡、橘子烧野鸭、美式牛扒、苹果沙拉

5. （填空题）中国八大名酒是茅台酒、＿＿＿＿＿＿、剑南春、＿＿＿＿＿＿、汾酒、＿＿＿＿＿＿、＿＿＿＿＿＿、古井贡酒。

6. （填空题）被称为西餐之首的是＿＿＿＿＿＿，其主要特点是选料广泛，加工精细，烹饪考究。

7. （填空题）酒店餐饮贮存仓库只要有：＿＿＿＿＿＿、＿＿＿＿＿＿、＿＿＿＿＿＿。

8. （填空题）厨房与餐厅之间，采取有效的＿＿＿＿＿＿、＿＿＿＿＿＿和＿＿＿＿＿＿的措施。

模块二

胜任餐饮部各岗位工作

项目五
中餐厅服务

学习目标

知识目标：熟悉开元名都中餐厅工作流程及其操作规范。

能力目标：能在实际工作中熟练、独立完成餐前准备、摆台、酒水服务、菜肴服务、席间服务等环节工作；清楚每一个工作环节标准要求，并能在实际具体应用中做好细节服务，体现开元关怀。

素质目标：具有积极主动的职业劳动意识；具有良好的服务意识和端正的职业态度，对客服务中能体现良好的职业荣誉感。

任务要求

通过案例分析等，了解中餐厅服务基本环节的重要性。

通过情景模拟等，掌握中餐厅服务基本环节及操作规范。

通过岗位体验，感受中餐厅工作氛围，巩固基本服务环节并灵活应变。

案例导入

她不要小费还这么热情

一天晚上，徐先生陪着一位美国客人来到酒店餐厅用餐。点菜后，服务员小吴摆上酒杯，上好餐前小吃，又为客人多加一份刀叉再为两位客人斟茶水、换毛巾，又为他们倒啤酒，当汤端上来后便为他们盛汤，盛了一碗又一碗。一开始，客人以为这是吃中餐的规矩，听徐先生告诉他凭客自愿后，在服务员小吴要为他盛第三碗时他谢绝了。小吴在服务期间满脸微笑，眼疾手快，一刻也不闲着：上菜后即刻布菜、皮壳多了随即就换骨碟、毛巾用过了忙换新的、米饭没了赶紧添加……她在两位客人旁边忙上忙下，并不时用英语礼地询问两位还有什么需要，搞得两位顾客也忙上忙下拘谨起来。客人说："这里的服务太热情了，让人有点透不过气来。徐先生，我们还是赶紧吃完走吧。"随后，两人谢绝了小吴的布菜，各自品尝了两口后，便要求结账。小吴拿去账单时，客人拿出一张钞票压在碟子下面。徐先生忙告诉他，中国餐厅内不收小费。客人说"这么'热情'的服务，你就无动于衷?"徐先生仍旧向客人解释，客人只好不习惯地把钱收了起来。结账后，小吴把他们送离座位，站在餐厅门口还连声说："欢迎下次光临!"

有温度的服务，必定不是死板的服务，不是一味追求标准规范的服务。餐厅在强调对顾客热情服务的同时，更应该强调以顾客感到自在、舒适和愉快为准则。

任务一　餐　前　准　备

一、餐前清洁工作标准要求

做什么	怎么做	为什么
餐前卫生清洁工作	(1) 每日开餐前擦拭家具、餐桌、椅子、操作台的卫生 (2) 每日清除墙面的油渍或污斑 (3) 擦拭壁画及踢脚线，并去除蜘蛛网 (4) 擦拭窗台、玻璃窗、镜子，不容有污垢或灰尘遗留 (5) 准备干、湿两块抹布按照餐前清洁标准清洁家具、门窗等 (6) 用干净的布揩抹餐桌椅子，桌椅横挡亦须擦拭 (7) 检查餐桌的边缘是否完好，有无裂隙，座椅有无弹簧、钉子突出，以免伤及宾客或损坏宾客的衣物 (8) 餐桌上铺设的布草需清洁、平整、无破损、和无污渍 (9) 擦拭酱醋壶，保持清洁卫生，且酱醋应当日更换，以免影响品质 (10) 仔细检查餐具是否清洁光亮，有无水渍污痕或裂痕破损 (11) 擦拭鲜花花器，每日更换花器内的用水，保持鲜花新鲜 (12) 准备开餐所需用的小毛巾，放入毛巾箱内加热，并注意毛巾的湿度、温度和清洁状态 (13) 检查包厢内洗手间卫生情况，保持洗手间纸巾、洗手液充足、垃圾桶清洁，冷热水出水正常，设施设备状态良好	为宾客提供整洁、舒适的就餐环境，从而提高宾客满意度和餐饮服务总体品质

二、餐前准备工作标准要求

做什么	怎么做	为什么
准备餐具、物品	(1) 从洗碗间保洁柜内取来各种餐具，检查餐具清洁、破损、磨痕等状态 (2) 备用物品放入工作操作台内，注意分类摆放：小件物品放在抽屉里，里高外低，数量按规定的配比准备充足 (3) 准备酱油、米醋等调料 (4) 准备菜单、酒单、落单、托盘、火柴、打火机、笔、开瓶器、醒酒器等服务用具 (5) 准备好开水和各类茶叶；准备好足够的小毛巾，并放入毛巾箱内保温 (6) 提前按规范和标准要求摆好用餐台面 (7) 若菜单已提前作安排，应根据菜单内容备好相应的餐具及调料，如刀叉、蟹具、芥末等	为使开餐工作顺利有序的进行，提高客人用餐时的工作效率和餐饮服务总体品质
检查餐厅设备情况	(1) 灯具及各类电器等的运行是否正常 (2) 背景音乐的音量适宜，音质良好 (3) 餐厅温度：冬季 16～22℃，夏季 24～28℃。餐厅湿度：冬季应保持在 50～55％rh，夏季应保持在 45～50％rh	使餐厅设备保持完好状态
领班召开餐前例会	(1) 检查员工仪容仪表和精神状态 (2) 分工明确 (3) 通报当天的客情和菜肴情况 (4) 总结前日、上餐服务情况，进行简短专题培训、VIP服务注意事项等	传达任务、总结工作，保证以良好的精神状态投入工作

三、落台及摆台准备

做什么	怎么做	为什么
落台准备	(1) 检查毛巾是否按预订人数准备数量并保温待用 (2) 将干净的托盘放到规定摆放的位置，托盘垫布清洁平整 (3) 补足牙签，检查餐具、各类服务用品是否干净完好 (4) 按照操作台里的每个抽屉摆放的要求，将餐具按配比数进行补充 (5) 开餐时把刀叉、匙、筷子、开瓶器、烟缸、烟碟、菜单、酒水单等放至指定位置 (6) 干净台布、口布、盘垫补充到操作落台内 (7) 准备好茶水服务的茶叶、开水、用具等 (8) 随时保持操作台上整齐清洁	为使开餐工作顺利有序地进行，提高客人用餐时的工作效率和餐饮服务总体品质

（中餐厅落台准备物品）

做什么	怎么做	为什么
铺台布	(1) 铺台布前，认真细致地对台布进行检查，若台布有破损或污迹，应及时更换 (2) 铺圆台布时服务员站在主位右侧拉开椅子 (3) 抖开台布后进行台布定位，注意要抚平台布 (4) 可采用抖铺式、推拉式或撒网式铺设，做到用力均匀，动作熟练，干净利落，一次到位 (5) 圆桌台布正面向上，定位准确，十字居中，凸缝朝向主副主人位，下垂均等，台面平整 (6) 铺长桌台布服务员分别站在餐桌的两侧，将第一块台布定好位，然后依次将台布铺完，铺设操作最多四次整理成形 (7) 长桌台布正面向上，台布中凸线向上，两块台布中凸线对齐，主人位方向台布交叠在副主人位方向台布上，台布四边下垂均等，美观整齐	确保台布的干净、无破损；使员工掌握铺台布的操作标准
中餐摆台	(1) 放转盘：转盘摆放在台面中间并检查转动是否灵活 (2) 餐椅定位：座位中心与骨碟中心对齐，餐椅之间距离均等，餐椅座面边缘距台布下垂部分1.5厘米 (3) 展示盘定位：从主人位开始顺时针方向摆设，展示盘距桌沿约1.5厘米，相对餐碟与餐桌中心点三点一线，并与餐椅的中心线相对应；展示盘之间摆放距离相等，展示盘上垫上垫布，店徽朝上正对客人，骨碟放于展示盘中心位置；拿碟手法正确卫生（手拿餐碟边缘部分） (4) 摆放口汤碗、小瓷匙：在展示盘左上方11点钟方向摆放口汤碗，与展示盘相距1厘米；口汤碗内摆放小瓷匙，匙柄朝左指向9点钟方向，与展示盘平行 (5) 摆放味碟：味碟摆放于展示盘右上方1点钟方向，位于骨碟或展示盘1厘米并与其相切之处；位于口汤碗1厘米并与其相切之处（可以倒好酱醋征询宾客是否需要后再摆放） (6) 摆放筷子、筷架、牙签：筷架摆放于展示盘右侧；筷子垂直摆放于筷架的中心，筷子底部距离桌边一指约1.5厘米 注：如果在包厢内，可增设长柄分更（配双头筷架），位置靠近展示盘，放在筷子的左侧，长柄分更距展示盘3厘米，与筷子平行。牙签位于长柄分更和筷子之间，牙签套正面向上，底部与长柄分更齐平 (7) 摆放公共用品：在转盘的正中间放上花瓶（或其他装饰物）；烟缸摆在转盘的四周，对角两只烟缸摆放的边线互相垂直，茶水在客人入座后冲泡并放置在筷子的右侧 (8) 摆放口布花：按照规范折叠口布花，立式摆放在骨碟上，花型突出主位，美观、雅致大方，整体协调 (9) 摆放酒杯：高脚水杯摆放在筷子的正上方，杯底与筷子距离1厘米（其他杯具可在宾客点酒饮后再作相应补充） 注：如果在包厢内，将红葡萄酒杯摆放在筷子的正上方，杯底与筷子距离1厘米；高脚水杯摆在葡萄酒杯左边呈45°角，两杯的中心要在同一直线上，杯壁间距为1厘米	规范摆台工作，使之标准化，专业化

（续表）

做什么	怎么做	为什么
中餐摆台	（10）花瓶（或其他装饰物）摆在台面正中，造型精美、与整体氛围相协调；菜单摆放在正副主人右侧 （11）最后检查：步骤到位，整体协调；餐具清洁、完好；餐椅摆放正确，无倾斜；餐具摆放过程中不应有二次污染 （12）摆放要求：摆放时姿势规范，侧身站在椅子右侧，左手托托盘，右手摆放餐具；摆餐具要求：摆放餐具均须拿边缘操作；按餐桌人数每套餐具之间的距离相等，按顺时针方向等距离定位摆放 （13）中餐零点台面基础物品配置建议：根据实际运作需求，可减少展示盘的配置，同时由于公共场合禁烟的深入推进，建议台面可减少烟缸和烟碟的配置，可在宾客需要时提供	

任务二　迎宾服务

（迎宾服务）

做什么	怎么做	为什么
准备工作	（1）提前 5～10 分钟到达岗位，检查仪容仪表是否规范，精神状态是否饱满 （2）做好迎宾台的准备工作：要求物品摆放整齐，所属工作区域整洁有序 （3）开餐前，与宴会销售核对当餐预订情况，并根据预订情况及时填写"中餐厅预订册"，清楚了解当日用餐的预订宾客的桌号或包厢号，并牢记宾客的相关信息 （4）准备足够数量的菜单、酒水单，并检查其状态	确保迎宾工作的充分准备
问候宾客	（1）宾客到达时立即上前迎接，面带微笑，亲切地向宾客问候："先生/小姐，中午/晚上好"，若为熟悉的宾客应带姓称呼，若为外国宾客则用英语问候 （2）身体微向前倾，点头示意；并有目光交流，问候宾客遵循女士优先原则，语音清晰悦耳 （3）如遇宾客手提重物，应主动询问是否需要帮助	使宾客感受到受尊重
确认宾客是否有预订	（1）问候宾客后，立即使用敬语向宾客询问："请问您是否预订过餐位？" （2）如果宾客没有预订过餐位，应根据宾客人数的多少、宾客喜好、年龄、身份合理安排餐位，不要让宾客久等；并将宾客信息如人数、姓名、联系方式等填入中餐厅预订册 （3）如餐厅中没有空位，向宾客致歉并帮助宾客联系其他餐厅或请宾客到大堂吧或回客房稍候，如果是住房宾客的话，可以询问其是否愿意接受客房送餐服务。登记等候宾客名单，尽快安排，使用敬语"对不起，现在餐位已满，请您到大堂/回房间稍候"	根据情况为宾客合理安排餐位

（续表）

做什么	怎么做	为什么
确认宾客是否有预订	(4) 如果宾客有预订，应查阅核对"中餐厅预订册"，将宾客引领到其所订餐桌 (5) 合理安排座位，尽量做到让宾客满意 将宾客平均分配到不同的服务区域，以平衡各位服务员的工作量	
引领宾客入座	(1) 在引领宾客进餐厅时，走在宾客左前方1～1.5米，随时回头招呼宾客；并简要地为宾客介绍餐厅特色 (2) 遇到拐弯，要打手势向宾客示意，动作连续自然，与语言相协调 (3) 宾客带到餐桌前，征询宾客意见，使用敬语："您这边请，请问这里的餐位您满意吗" (4) 为宾客提供拉椅服务：站在椅背的正后方，双手握住椅背的两侧，后退半步，同时将椅子拉后半步，用右手做一个"请"的手势，示意宾客入座，待宾客落座前轻轻送回 (5) 宾客入座的顺序为年长的女士优先并帮助其入座，需要时再帮助其他女士入座 (6) 其他服务： a) 如有小孩，应主动送上儿童椅、儿童餐具和儿童菜单 b) 应主动接拿宾客的衣帽妥善挂放，接挂衣服时应提衣领，切勿倒提以免袋中物品掉出，同时提醒宾客贵重物品应随身携带，应努力记住贵宾及其衣帽的特征，挂放到衣帽柜中，以便准确取递，若无衣帽柜可提供客衣套服务 c) 如果需要另加餐具、餐椅，尽可能在宾客入席之前布置妥善，不必要的餐具及时撤走 d) 领位原则是在条件范围内尊重宾客的选择	
与服务员之间交接	(1) 迎宾员将就餐人数、宾客的姓氏或职务等相关信息告知服务员，以便服务员能够使用尊称准确称呼 (2) 主动呈递菜单与酒水单给宾客过目 (3) 衔接紧密，无疏漏	确保服务员对宾客信息的掌握

任务三　餐前服务

一、毛巾服务

做什么	怎么做	为什么
准备工作	(1) 准备托盘和足够数量的毛巾，原则上每餐至少需为宾客上三道毛巾，分别为宾客入座、菜肴上至一半和上水果前	确保毛巾准备得整洁有效

(续表)

做什么	怎么做	为什么
准备工作	(2) 宾客入座后，将毛巾箱里的小毛巾用毛巾夹拿出来放在毛巾碟上 (3) 小毛巾温度在45～50℃之间为宜 (4) 小毛巾应避免带有浓烈刺鼻的香味 (5) 小毛巾保持干净且不能出水，须注意毛巾的温度、湿度 (6) 将毛巾碟按照顺序，整齐地摆放在托盘上，注意手指不可触碰小毛巾	
服务毛巾	(1) 左手托托盘，右手从宾客左侧递上毛巾碟，放在宾客的左手边（毛巾边一律朝内，毛巾折口处一律朝右摆放） (2) 遵循女士优先、先宾后主原则，从主宾位开始，按顺时针提供毛巾服务并使用敬语："请用小毛巾。" (3) 在席间需要换毛巾时，及时撤下宾客已用过的小毛巾，并且按照以上操作流程再次为宾客提供毛巾服务，切勿交叉使用同一毛巾夹更换小毛巾	按照标准操作程序为宾客服务

二、茶水服务

做什么	怎么做	为什么
准备工作	(1) 宾客入座后需及时提供茶水服务，问清宾客所需茶叶品种，使用敬语："先生/小姐，请问您需要绿茶还是菊花茶（或是其他品种）?" (2) 迅速用茶壶或茶杯备茶，备用开水应在80℃以上，若使用玻璃杯泡茶须跟上杯托，以防烫手 (3) 宾客若在餐饮等候区域内等候宾客或等待餐位，也应及时提供茶水服务	
服务茶水	(1) 使用茶壶泡制斟倒时应在操作台上进行，左手托托盘，右手从托盘上拿起茶杯连同茶杯底碟置于宾客右手边，茶水倒至茶杯的七分满即可 (2) 面带微笑，使用敬语："先生/小姐，请您用茶。" (3) 续水后，将茶壶放至餐桌或落台上，并及时为宾客提供续茶服务 (4) 随时观察，宾客杯中的茶水少于1/3时应及时为宾客添加茶水 (5) 宾客开始用正餐后，在得到宾客的允许后迅速使用托盘将茶水撤离；按顺时针方向进行 (6) 正餐结束后，若宾客需要茶水，须提供茶水服务，服务标准参照上述内容 (7) 具体操作详见文件《茶水服务指导标准》，文件编号：1-R-G-04-08	确保茶水服务的标准与及时性

三、口布服务

做什么	怎么做	为什么
服务口布	(1) 站在宾客的右手边打开餐巾，使用敬语"对不起，打扰一下"右手拿起口布，左手提起餐巾的一角，使餐巾的背面朝向自己 (2) 用右手拇指和食指捏住餐巾的另一角拿起口布 (3) 采用反手铺法，即右手在前，左手在后，轻快地为宾客铺上餐巾，这样可避免右手碰撞到宾客身体 (4) 遵循女士优先、先宾后主原则，从主宾位开始，顺时针方向依次为宾客服务 (5) 如宾客正在谈话，要礼貌地致歉后，征得宾客同意再铺上口布 (6) 如有儿童用餐，要根据家长的要求，帮助儿童铺口布	确保口布服务的标准与及时性

任务四　点菜及酒水服务

一、点菜服务

（点菜服务）

做什么	怎么做	为什么
中餐点菜服务	(1) 服务员为宾客上毛巾、斟茶之后，主动走到宾客餐桌旁，询问宾客是否可以点菜，使用敬语："先生/女士，请问现在可以点菜了吗？" (2) 向宾客简单介绍菜单内容，使宾客对餐厅的菜肴有所了解，介绍时，要使用礼貌用语 (3) 若酒店提供明档点菜服务，告知宾客："先生/小姐，请您跟我去明档展示区点菜好吗？" (4) 待宾客同意后，引领其至菜肴展示区 (5) 迎领时走在宾客右前方1~1.5米，并随时回头招呼宾客 (6) 遇到拐弯或上下台阶时提醒宾客小心行走，并要打手势向宾客示意，动作连续自然，与语言相协调 (7) 耐心回答宾客提出的问题，根据平时所掌握的菜肴知识向宾客介绍菜肴的特色、主辅料、烹饪所需要的时间等问题 (8) 具有推销意识，适时推销高档菜品及厨师长特荐菜品 (9) 向宾客提出合理化建议，考虑菜量的大小、人多菜肴是否加量、菜肴的搭配情况，尽量避免浪费现象	为宾客提供专业的点菜服务，提高宾客满意度和中餐服务品质

（续表）

做什么	怎么做	为什么
中餐点菜服务	（10）在"点菜单"上写清服务员的姓名、宾客人数、台号、日期和点单时间，若使用 iPad 或 iTouch 点菜，需提前设置工号，并输入密码进入系统操作 （11）将宾客所点菜肴按顺序整齐地书写在"点菜单"上，字迹清楚 （12）"点菜单"一式四联分为：厨房、划菜、收银、服务员，财务收银盖章后及时送至相应区域 （13）菜肴点单顺序为：冷菜、羹、热菜、小炒、点心、汤、主食、水果 （14）书写时，将"点菜单"或 iTouch 放在左手掌心，不能放在宾客餐桌上书写，若用 iPad 的点菜，需辅助宾客浏览菜单，并进行点单的操作 （15）点河海鲜类及各位菜肴需询问宾客数量、份数和制作做法等 （16）宾客提出的特殊要求须写清楚 （17）宾客每点一道菜肴，服务员都需重复菜名，以获得宾客确认，宾客点完菜后将所有菜品及宾客的特殊要求再次向宾客重复，得到宾客的确认	

二、酒水饮料服务

做什么	怎么做	为什么
点酒水饮料	（1）在给宾客点好菜肴之后，要及时为宾客点酒水或饮料；站在宾客的右侧，使用敬语："先生/小姐，请问现在可以点酒水饮料吗?" （2）向宾客介绍酒水饮料，服务员要全面了解并向宾客介绍酒水知识，如：价格、品种、酒精度、产地等，对小孩、女士使用积极语言进行高档饮料的推销 （3）询问宾客是否有特殊要求，如冰镇、加温等 （4）对宾客所点的酒水/饮料复述一遍	确保酒水点单的专业性与准确性
填写就餐单	（1）写清服务员姓名、宾客人数、台号、日期、时间、餐厅名称 （2）酒水依次按顺序填写 （3）不能将就餐单放在餐桌上填写	确保就餐单填写的规范
注意事项	（1）若酒店提供明档点菜服务，等宾客到点菜展示区点完菜回来入座后，再为宾客点酒水或饮料 （2）为宾客点酒水时，若宾客点了白酒，要问清高度还是低度，并报出度数；若点了红葡萄酒需询问是否需要提前醒酒；如果宾客点了黄酒，要问清是否需加热或加话梅、鸡蛋，饮料和啤酒是否要冰镇 （3）及时将就餐单加盖有收银专用章后分送给收银员、酒水员	了解宾客特殊需求并提供针对性的服务

（续表）

做什么	怎么做	为什么
取酒水饮料	(1) 填写完就餐单后，服务员去吧台取酒水/饮料（或由酒水员送至相关区域），取茅台、五粮液等高档白酒需进行编码登记，并签字确认 (2) 取用酒水饮料时间不得超过 3 分钟，现榨汁等特殊饮品除外 (3) 确保商标无误，瓶身干净无破损 (4) 根据酒水准备好相应的酒杯：例如：黄酒要用黄酒杯，白酒要用白酒杯，白兰地用白兰地杯等 (5) 用托盘摆放酒水/饮料，应根据宾客座次顺序摆放，第一位宾客的酒饮放在托盘的远离身体外侧，最后宾客的饮料放在托盘的里侧	确保酒水服务的规范和及时
斟酒水饮料	(1) 按先宾后主、女士优先的原则，依次从宾客右侧服务，使用敬语："您好，这是您的××" (2) 在宾客面前将酒水/饮料打开，斟倒速度不宜过快，避免含气体的酒饮溢出泡沫 (3) 对同一桌宾客要在同一时段内按顺序提供酒水/饮料服务 (4) 注意斟酒时，手臂伸直，酒瓶呈 45°角，瓶口不要碰到酒杯，也不宜离杯口过高，以免酒水溢出 (5) 酒水/饮料商标自始至终应面向宾客，每斟完一杯酒须将酒瓶按顺时针方向轻轻转一下，避免瓶口的酒洒落在台面上，酒和饮料均要求在杯中有八分，（红葡萄酒 1/3、白葡萄酒 2/3） (6) 服务过程中，动作要轻缓，避免酒中的沉淀物浮起，影响酒的质量 (7) 热饮斟倒完毕后需提醒宾客小心烫口 (8) 酒水分配器（弓壶）应在宾客需求下提供	使员工掌握斟倒酒水饮料的服务流程
添加酒水饮料	(1) 随时观察宾客的饮料杯，当发现宾客杯中仅剩下 1/3 饮料时，立即主动询问是否添加，使用敬语："请问是否需再加×××？" (2) 如宾客同意添加，为宾客添加饮料 (3) 若瓶中的酒只剩下 1/3 时，须及时征求主人的意见，是否再加一瓶，若主人不再加酒，即观察宾客，待其喝完酒后，立即将空杯撤掉 (4) 抓住时机向宾客推荐，推荐时要注意推销技巧，尽量使用选择疑问句向宾客推销 (5) 若酒饮为宾客自带，瓶中的酒只剩下 1/3 时需提醒宾客是否需使用酒店酒饮，并及时递送酒水单进行推荐与介绍	及时为宾客提供服务

任务五　菜肴服务

一、基本服务

（上菜服务）

做什么	怎么做	为什么
上冷菜	（1）厨房在接到点菜单后的 10 分钟之内上冷菜 （2）上冷菜时需核对台号、菜名，面带微笑，站在宾客的右侧，左手托托盘，右手把冷菜放上去 （3）摆放时注意荤素、色彩、造型的搭配 （4）冷菜装饰花朝里，大桌的餐盘边应距离转盘边 1.5 厘米，餐盘之间的摆放间距相等 （5）调料一律放在冷菜右边 （6）每上一个冷菜需报菜名	掌握上冷菜的规范要求
斟倒酱醋	（1）面带微笑 （2）站在宾客的右侧，左手托托盘，使用敬语："您好！您需要酱油米醋吗" （3）将味碟放到宾客面前，并按照规定位置摆好 （4）必须在托盘中斟倒酱醋（或在操作台上倒好后再放到宾客面前），以免弄脏台布	掌握斟倒酱醋基本要求和操作
上热菜	（1）核对台号、菜名，特别是位上菜肴需核对数量；整理台面，留有空间，特色菜肴应做简短介绍 （2）首道热菜在客人菜点齐后 15 分钟内出菜，上菜速度予以控制 （3）上第一道热菜前，应在宾客的允许下将鲜花撤走 （4）检查菜肴质量，注意荤素、色彩、造型的搭配，每道热菜均需配上相应的公用餐具 （5）上菜必须从两陪同之间进行，有转盘的大桌，必须把菜肴转至主人与主宾之间，报上菜名，"对不起，让您久等了，这是××菜，请慢用"。同时跟上手势 （6）上菜不要从宾客的头顶或肩上过，不要从老人或小孩旁边过 （7）菜肴要一道道趁热上，菜肴放在转盘上后才打开菜盖，如上基围虾、河蟹、青蟹之类的菜肴，要跟配洗手盅，使用敬语："这是洗手盅"，并紧跟调料 （8）上最后一道菜肴时，要轻声提醒宾客："您的菜已上齐，是否需要添加别的菜肴？或是需要上米饭、面条等主食？" （9）派菜时，掌握好菜肴份量，件数要均匀，尽量避免响声，如有汤水要用碗盛 （10）随时撤下空盘，保持餐桌美观，注意色彩搭配，严禁出现叠盘现象	为宾客提供专业的上菜服务

（续表）

做什么	怎么做	为什么
上热菜	(11) 菜肴的摆放要讲究艺术和方法，热菜使用的长盘应横向朝宾客 (12) 如果餐桌空间不够，则应先询问宾客是否愿意将个别菜肴换成小盘，使用敬语："对不起，这道菜帮您换成小盘，好吗?" (13) 小桌一般约在 20 分钟上齐，大桌菜肴约 30 分钟上齐；或者以宾客需求为准，灵活掌握	
派汤、上羹	(1) 站在宾客右侧，左手托托盘，从宾客右边送上汤碗，"您好! ××羹（汤），请慢用。"按照女士优先，先宾后主的原则顺时针方向进行 (2) 用汤勺在操作台上操作，必须七分满，切忌往锅边刮，具体操作详见分菜服务 (3) 上羹（汤）必须跟调羹，勺柄朝向正右侧	掌握派汤、上羹的基本要求和操作

二、分菜服务

做什么	怎么做	为什么
准备工作	(1) 预先了解确定主宾及主人 (2) 核实席上餐位与点菜单人数是否相符 (3) 在操作台上准备好相应人数的餐具 (4) 根据菜肴的品种准备分菜使用工具，主要有服务叉、服务勺、公用勺、公用筷、汤勺、服务刀和另备一只盘子	为提供专业分菜服务做好准备
操作过程	1. 基本式 (1) 分菜服务员用左手托餐盘，右手拿服务叉、勺进行分派 (2) 侧身站在宾客左侧，左脚在前，右脚在后，站立要稳，身体不可倾斜或倚靠在宾客身上 (3) 分菜时，注意身体微曲，呼吸保持均匀 (4) 从主宾位开始，顺时针方向依次进行分菜，服务用语："您好! ××菜，请慢用。" 2. 席边分菜式 (1) 从厨房取来菜肴后，服务员把菜肴上到餐桌上向宾客展示，介绍其名称、特色，征得宾客同意后撤下来放到操作台上 (2) 分菜服务员在操作台上将菜肴均匀、快速地分到备用的餐盘中 (3) 分好菜肴后，由服务员使用托盘将餐盘从宾客的右侧送到宾客的面前 (4) 从主宾位开始，顺时针为宾客上菜，并报上菜名及敬语："您好! ××菜，请慢用。"	掌握分菜基本要求和操作

（续表）

做什么	怎么做	为什么
分菜工具的使用标准	1. 分菜叉勺 （1）右手握住叉和勺的后部，勺心向上，叉的底部向勺心 （2）右食指插在叉把和勺把之间，与拇指配合捏住叉把，其余三指控制勺把，无名指压住勺把，中指和小指在勺把下面支撑 （3）分带汁的菜肴时，位置在下边的服务勺用以盛汁 2. 公用勺、公用筷 右手握公筷，左手持公勺，相互配合将菜肴分到宾客骨碟当中 3. 汤勺 左手持碗，右手持汤勺中上端，分羹时要避免汤汁洒落，切忌往锅边刮	掌握分菜工具的使用标准规范使用
注意事项	（1）分菜时动作要轻快，手指不能触及食物，分量要均匀，最先分和最后分的基本一样 （2）分菜、分汤要一叉准、一勺准，不得将一叉菜或一勺汤分给两位宾客，不得从分得多的盘碗内再匀给分得少的 （3）分每一道菜后，可留下 1/10 左右在菜盘内，以示菜肴的宽裕或防备有的宾客需要添加 （4）有两种以上原料的菜，要搭配均匀，有主有副，头尾、残骨等不宜分给宾客 （5）菜分好后，服务员从主宾开始，站在右手边将菜送到宾客面前，使用敬语"您好！××菜，请慢用" （6）分完一道菜后，要及时准备下一道菜的餐具 （7）分菜工具必须随时保持干净 （8）分菜时，服务员的姿势要求优雅大方，动作连贯，并做到快速、准确 （9）切忌菜汁或肉汁滴落在盘边或者宾客身上 （10）一旦菜汁滴落盘边，及时用干净的服务口布擦拭，不可触碰到盘内的食物	提醒注意事项，避免操作失误

任务六　席间服务

一、骨碟撤换服务

做什么	怎么做	为什么
就餐过程中需要更换骨碟的情况	（1）骨碟落地 （2）骨碟内有超过 1/3 的骨头残渣 （3）上热菜前	随时保持骨碟干净整洁状态

（席间服务）

（续表）

做什么	怎么做	为什么
就餐过程中需要更换骨碟的情况	(4) 装过鱼腥味和膻味、带骨、带壳食物 (5) 吃甜点、甜品、水果之前 (6) 食用特殊风味、调味特别、汤汁各异、味道有别的菜肴 (7) 骨碟中洒落酒水、饮料	
骨碟撤换操作过程	(1) 根据宾客人数从操作台中取出干净、无破损的骨碟，放入托盘的内侧 (2) 左手托托盘，右手将脏碟撤下，再换上干净的骨碟 (3) 使用敬语："您好！为您换一下骨碟好吗？" (4) 依据右撤右上原则，顺时针方向依次进行	使骨碟撤换服务标准化、规范化

二、餐具撤换服务

做什么	怎么做	为什么
中餐餐具撤换	(1) 宾客用完餐后，先询问其是否需要撤除餐具，使用敬语："先生小姐，请问需要撤除餐具吗？" (2) 注意观察桌面，如果有多余餐具并得到宾客的确认则应立即将多余的餐具撤离 (3) 左手托托盘，右手将桌面上多余的餐具和空酒杯撤入托盘 (4) 站在宾客右侧为每位宾客换上干净的骨碟，按顺时针方向进行 (5) 根据情况及时补上牙签，上水果要上水果叉 (6) 上水果前，征得宾客的允许后可撤除剩余菜肴，动作要求轻巧快速	使餐具撤换标准化，从而提高宾客满意度和中餐服务总体品质

任务七　餐后服务

一、餐后服务

（存酒服务指导标准）

做什么	怎么做	为什么
上水	(1) 服务员将水果盘转至主人与主宾之间，使用敬语："请各位品尝水果" (2) 为每位宾客更换骨碟，并跟配上水果叉	让宾客自始至终享受优质服务，从而提高宾客满意度和中餐服务总体品质
存酒	具体操作详见文件《存酒服务指导标准》	使存酒服务规范化、标准化，从而提高宾客满意度和餐饮服务总体品质

（续表）

做什么	怎么做	为什么
打包	具体操作详见文件《打包服务指导标准》	使打包服务规范化、标准化，从而提高宾客满意度和餐饮服务总体品质
征询宾客意见	主动征询宾客对菜肴、服务的意见，使用敬语："请问您对我们今天的菜肴、服务是否满意，请提出宝贵的意见，以便下次能更好地为您服务。"	了解客人对菜食和服务的意见，便于做好后续服务
结账	具体操作详见文件《结账工作指导标准》	使结账服务更加准确、规范和专业化
送客	具体操作详见文件《中餐送客服务指导标准》	使送客服务规范化、标准化，给宾客留下一个良好的最终印象

（打包服务指导标准）

二、结账服务

做什么	怎么做	为什么
宾客要求结账时准备工作	（1）宾客要求结账时，服务员应立即去收银台为宾客取账单（三分钟内），使用敬语："先生/女士，请稍等。" （2）告知收银员所结账单的桌号或者包厢号，并核对账单桌号、人数、菜肴及酒水、服务费等消费明细是否准确 （3）确认账单准确无误 （4）将取回的账单放入收银夹内，走到宾客右侧，打开收银夹，右手持收银夹的上端，左手轻托收银夹的下端，递至宾客面前请宾客检查。使用敬语："这是您的账单，请过目。"	确保账单的及时性和准确性
现金结账	（1）如宾客付现金，应在宾客面前清点现金并与宾客确认，如宾客需要开具发票，则请宾客注明发票抬头，将账单及现金送给收银员 （2）收银员收取现金后，服务员将零钱及宾客所需的发票放入找零袋，夹在收银夹内送还宾客，使用敬语："这是您的找零和发票，谢谢。"	使员工掌握现金结账的标准流程
签单	（1）礼貌地请宾客出示可签单房卡，将房卡及账单递交收银员处，由收银员确认宾客是否可以签单。使用敬语："请出示您的签单卡，可以吗？" （2）服务员在为宾客送上账单的同时，为宾客递上带有酒店标识的笔，并礼貌地提示宾客在指定地方正楷写清房号和姓名，使用敬语："先生/女士，请您签字确认账单。谢谢。" （3）宾客签单完毕后，服务员收回账单，将账单送回收银员处，并由收银员检查确认签名是否相符 注：宾客签房账时可在总台结账时统一开具发票	使员工掌握签单的标准流程

做什么	怎么做	为什么
信用卡结账	(1) 礼貌地请宾客出示信用卡，使用敬语："先生/女士，请出示您的信用卡可以吗?" (2) 确定宾客的信用卡是否被本餐厅所受理，若需密码，请宾客在 POS 机上输入密码 (3) 待收银员做好信用卡收据并由服务员再次确认无误后，将信用卡收据、账单及信用卡拿回至宾客处 (4) 将收银夹打开，从右侧递给宾客，并为宾客递上带有酒店标识的笔，请宾客在信用卡收据上签字，并检查签字是否与信用卡上的签字一致 (5) 将信用卡收据中的宾客存根联及信用卡递给宾客，使用敬语："这是您的××卡，请收好，谢谢。" (6) 将信用卡收据其他联送回收银员处	使员工掌握信用卡结账的标准流程
金爵卡结账	(1) 若宾客出示金爵卡结账，收银员首先确认此卡是否可以作为信用签账，并留意账单的金额是否会超过卡上的限签额，留意此卡是否已过期 (2) 若此金爵卡不可信用签账，收银员应按规定给账单打折扣，然后请宾客在账单上签名，宾客按账单上打折后的金额付账 (3) 若此卡可签账，收银员给账单打折后，服务员把账单递送给宾客签名确认 (4) 不管金爵卡是否有信用签账，账单均要按规定打折扣，服务员要请宾客在账单上签名确认	使员工掌握金爵卡结账的标准流程
结账后服务	(1) 若宾客结账完毕并未马上离开餐厅而相互交谈时，服务员应继续主动为宾客添加茶水提供服务 (2) 始终保持友好态度	做好善始善终的服务

三、整理工作

做什么	怎么做	为什么
中餐餐台整理	(1) 宾客用餐结束后，及时关闭高能耗设备，如吊灯、空调等，做好节能工作 (2) 调整餐椅，整理椅套，手托托盘走到餐桌边清理餐具 (3) 先依次收回用过的小毛巾与口布，仔细检查后将其放于布草车内 (4) 接着手持酒杯杯柄处将酒杯收回，并按照外低内高的顺序将酒杯有秩序地放于托盘内 (5) 然后单独收回所有金、银器或不锈钢餐具放在托盘内，送到洗碗间 (6) 最后收回小件餐具和餐盘，用一个餐盘放垃圾，其余的餐盘按照从大到小的顺序叠放	规范台面整理工作，使之标准化，从而提高工作效率和工作质量

（续表）

做什么	怎么做	为什么
中餐餐台整理	（7）依次从下面叠起，放置在托盘里，注意掌握托盘的重心 （8）用规定的服务口布擦拭转盘，如遇转盘较油腻，需要用少许清洁剂去除油腻，转盘擦拭后要求光洁无异物 （9）迅速将脏台布折好，抖干净后放于布草车内 （10）先将地面大垃圾清除后再用吸尘器清理干净地毯 （11）摆台 （12）操作时，动作迅速、条理清晰	
中餐餐后清洁整理	（1）将操作间落台、水池、地面卫生清理干净，瓷器、不锈钢餐具等按后台管理规范要求摆放 （2）将毛巾消毒柜内剩余小毛巾按规定做好清理 （3）将酒饮空瓶及垃圾归类清理至指定区域（应做好高档酒水空瓶的管控工作） （4）清理洗手间，并补充物品 （5）拉好窗帘，关闭所有电源及门窗	

四、送客服务

做什么	怎么做	为什么
中餐送客服务	（1）宾客起身时，服务员应主动为宾客拉开餐椅 （2）按照女士优先，先宾后主的原则为宾客服务 （3）检查台面上、下是否有宾客遗忘及损坏的物品 （4）帮助宾客整理衣物 （5）提醒宾客带好随身物品 （6）礼貌地向宾客道别，使用敬语："谢谢光临，请慢走。"并主动把宾客送至餐厅门口 （7）任何一位服务员遇到宾客离去时都必须礼貌地向宾客道别	使送客服务规范化、标准化，给宾客留下一个良好的最终印象，从而提高宾客满意度和中餐服务总体品质

任务八 备餐间工作

一、划菜工作规范

做什么	怎么做	为什么
餐前准备	(1) 熟知当天的餐厅预订情况、餐位安排、重要宾客和宴会的出菜等注意事项 (2) 及时与厨房联系，了解当天缺菜和时令菜肴，并以文字形式在餐厅通告栏或白板上写好，在例会前交给领班，例会时领班说明今天的菜肴售缺、时令菜肴情况，便于服务员及时予以推销 (3) 了解当天海鲜供应情况并在例会前上报领班 (4) 备足餐厅用的酱醋，保证酱醋壶内有足够的酱醋（8分满） (5) 准备好各类厨房不备的调料和佐料，备好莲花垫为开餐时提供洗手盅备用，折好毛巾放入毛巾车中加热 (6) 准备好餐厅要用的垫盘及公勺、汤勺、饭勺、单味碟、保温盖等 (7) 准备好划菜用具，并主动配合厨师做好出菜前的准备工作 (8) 要求冷菜间厨师备好赠送的干果、餐前水果以及提前准备好开胃菜 (9) 与相关岗位紧密协调，服务无疏漏	确保做好开餐前的各项准备工作
开餐服务	(1) 检查订单上桌号，菜肴名称和有关事项，以防止出现差错 (2) 正确无误划好菜肴，向跑菜服务员报出菜肴名称及桌号 (3) 做好厨房与餐厅内的沟通工作 (4) 传菜过程中检查菜肴质量、温度、分量及容器的盛装标准 (5) 及时与点心房联系，准备好各类点心 (6) 上最后一道菜时，通知传菜员告知服务员"菜已上齐" (7) 对已上齐菜的餐桌根据人数，赠送餐后水果盘，并及时送到相关区域 (8) 及时通知传菜员传递时令菜价格和厨房临时缺菜 (9) 按顺序出菜，控制好出菜速度 (10) 督促传菜员及时带回和收回餐厅的餐具	使员工掌握划菜关键服务点
结束工作	(1) 理好划菜台，搞好所管辖区域的卫生 (2) 做好各类调味品的保管工作 (3) 保管好出菜单，并交财务部以备核查 (4) 督促传菜员在餐后做好餐具收台工作 (5) 做好当餐退菜情况的统计工作	做好传菜区域收尾工作

二、传菜工作规范

做什么	怎么做	为什么
餐前准备	(1) 熟知当天的餐厅预订情况、餐位安排、重要宾客和宴会的出菜等注意事项 (2) 负责小毛巾的准备，按规定形状折叠好，放入毛巾车内保温备用 (3) 准备好开餐使用的托盘 (4) 备好垫盘、调料等相关用品	确保做好开餐前的各项准备工作
开餐服务	(1) 根据划菜员要求把菜肴送到指定的餐桌，向服务员报出菜名和桌号 (2) 传菜过程中检查菜肴的质量、温度及分量、对菜肴的形状作最后把关 (3) 根据宾客所点的菜肴跟上相应的汁酱和用具 (4) 托盘要平衡，走路要迅捷，做到汤汁不洒，传菜要及时 (5) 及时向收银员传递时令菜肴价格，厨房如有临时缺菜，及时通知服务员 (6) 协助服务员把使用过的餐具撤回洗碗间 (7) 上最后一道菜时，根据划菜员要求告知服务员"菜已上齐" (8) 及时根据人数，送出相应的水果 (9) 保持餐厅与厨房的联系与协调 (10) 及时把餐厅宾客用餐进度和有关情况告知划菜员，以便掌握好上菜时机，为看台服务员提供方便 (11) 严格按照收餐具的规定，及时收回餐具	使员工掌握传菜服务的标准
结束工作	(1) 清理所属区域卫生，洗净托盘备用 (2) 关闭毛巾箱、开水箱、电灯等电器电源	保证区域的整洁卫生

任务九　中餐厅服务基本环节综合实训

实训目的

　　熟练掌握酒店中餐厅（包厢及大厅）基本对客服务环节及流程规范，并能在实际工作中灵活应变与应用。

实训内容

　　(1) 中餐服务基本环节及操作流程与规范。

　　(2) 中餐厅服务岗位体验。

实训步骤及方法

（1）以固定学习小组为单位，每组设计并展示一个完整的中餐服务情景。

（2）各组进行互评及记录。

（3）以小组为单位，分批进行中餐厅岗位体验，并完成一份体验报告。

实训成果

（1）各组完成一次中餐服务情景展示。

（2）各组完成一份情景展示互评记录。

（3）各组汇总整理一份中餐厅岗位体验报告。

拓展与提高

你们刚才点的就是这道菜

一天，赵先生在酒店的中餐厅请客户吃饭。点菜时，有一位客户点了一道"白灼基围虾"，但记菜名的服务员没注意听，把它误写为"美极基围虾"。

当菜端上来后，赵先生感到很奇怪，立即把服务员叫来，清楚地表示："小姐，我们要的是'白灼基围虾'，这道菜你上错了，请你赶快给我们换一下。"服务员一听不乐意了，辩解说："刚才这位先生点的就是美极基围虾，肯定没错。不信把菜单拿来核对一下。"她的话把刚才点这道菜的客人弄得很不高兴，赵先生的脸也沉下来了说："请小姐把点菜单拿来给我们看一下吧。要是你错了，得赶快给我们换。"服务员过去拿来点菜单，赵先生等人一看，上面果然写的"美极基围虾"。这一下，大家都感到奇怪了，刚才那位客人明明说的是"白灼基围虾"，大家都听得很清楚，但现在怎么成了"美极基围虾"了？那位服务员心里知道，自己当时一定是走神了，根本没听清楚到底是"白灼"是"美极"，但想到"美极基围虾"这道菜点的人多，想当然就记成"美极"了。可是，她害怕赔偿，怎么也不肯主动承认是自己记错了，还是指着菜单硬说客人当时点的就是"美极基围虾"，菜根本没上错，这时候，赵先生请的那位客人实在坐不住了，他有些气愤地说："把你经理叫来，我有话对他（她）说。"

服务员极不情愿地去叫来了经理。这位经理大概已经听服务员汇报了情况，他走过来后便说："不好意思，你们刚才点的就是这道菜，我们的服务员都是经过严格考核和培训的，记忆力都很好，在客人点菜时会如实地记下每一道菜名……"大家本以为这位经理会过来赔礼道歉，把菜给换了，但没想到他居然会说出这种话！经理这番话的意思很明显：不是店方错了，而是赵先生等客人错了。事情到这种地步，完全没有回旋的余地了。客人愤怒地拂袖而起，说道："好吧，请你赶快给我们结账吧!"赵先生见此情景,也觉得很是尴尬,劝也不是,不劝也不是。愣了一会之后,他才赶忙对那位客人赔不是说:"真对不起,请原谅!以后再也不到这种餐厅来吃饭了!"

思考:

本案例中服务员和餐厅有哪些错误?该如何防止类似案例再发生。

课后习题

1.(多选题)领班召开餐前例会,主要内容包括(　　)。

A. 检查员工仪容仪表和精神状态

B. 传达任务,明确分工

C. 通报当天的客情和菜肴情况

D. 总结前日上餐服务情况,进行简短专题培训、VIP 服务注意事项等

2.(多选题)下列情况,哪些需要更换骨碟?(　　)

A. 骨碟内有超过 1/3 的骨头残渣

B. 装过鱼腥味和膻味、带骨、带壳食物

C. 食用特殊风味、调味特别、汤汁各异、味道有别的菜肴

D. 骨碟中洒落酒水、饮料

3.(填空题)餐前服务工作主要包括_____、_____、_____。

4.(填空题)原则上每餐至少需为宾客上_____道毛巾,分别是_____。

5.(填空题)菜肴点单的顺序为:_____

6.(填空题)顾客签单结账的流程主要包括:_____、_____、_____。

7.(填空题)规范台面整理工作,使之标准化,从而提高_____和_____。

8.(简答题)为何要做好餐前卫生清洁工作?

(习题答案)

学习目标

知识目标：掌握西餐厅自助早餐、自助午晚餐服务工作流程与操作规范；熟悉西餐宴会服务流程与规范；熟悉西餐服务礼仪。

能力目标：能结合酒店实际营运情况做好西餐厅各项接待工作。

素质目标：具有积极主动的职业劳动意识；具有良好的服务意识和端正的职业态度，对客服务中能体现良好的职业荣誉感。

任务要求

以情景模拟的形式，熟练展示咖啡厅自助早、午（晚）餐的服务流程和操作规范。

以情景模拟的形式，熟练展示西餐厅零点服务的流程与操作规范。

通过岗位体验，能独立胜任咖啡厅基本对客服务、送餐服务工作。

案例导入

宾 至 如 归

对于西餐厅服务员小田来说，这是一个平常的早餐。

早上 7 点 10 分，小田准时出现在早餐厅等待着为每一位来到早餐厅用餐的客人提供优质的服务。

早餐时间已然过半，一位特殊的客人出现在了餐厅的门口，看到客人一步一步艰难地走了进来，小田当即快步上前说道："早上好，请问我可以帮您一下吗？"原来这位客人的右脚受了伤，走路不太方便。"好的，谢谢！"得到客人的允许后小田搀扶着客人的手步入了餐厅，考虑到客人行动不太方便，细心的小田为客人安排了一个相对安静的位置坐下。

考虑到客人取餐不太方便，用餐的客人也比较多，小田在与搭档交接好对其他客人的服务后，再次走到了这位特殊的客人面前，为客人送上了一杯红茶。然后她询问道："请告诉我您想吃点什么，让我为您去取餐可以吗?"小田的话让客人有点吃惊，但更多的是感谢："好的，太感谢你了，小姑娘。"就这样小田询问了客人想吃的东西和一些饮食上的爱好，然后就一趟一趟地去为客人取来食物，方便客人用餐。在客人不需要时就守候在一旁准备随时为客人提供服务。

待客人用餐结束后，在之前的交流中已经得知客人当天都会在酒店有会议后，细心的小田又告知客人如果有用餐的需求了，可以考虑直接拨打"77"在客房点餐，我们会有服务员将餐点直接送到客人的房间。当将准备回房间的客人送进了电梯里后，小田又回到她的工作岗位上认真地为仍前来用餐的客人提供着真诚的服务。

于细微服务中体现服务品质，体现真诚关怀!

任务一　咖啡厅自助早餐服务

一、自助早餐备餐管理

做什么	怎么做	为什么
预订管理	(1) 宴会销售主要负责客房预计出租率的统计和预报 (2) 宴会销售应与客房预订保持联系，提前一天（大型团队、节假日的接待需提前多天）了解并对散客预订情况，各团队客房预订和使用情况进行统计，确定早餐消费人数的预计数，并将整理好的后两日客房预计出租率报表发送至各相关班组 (3) 宴会销售应做好住店 VIP 客户信息的收集和整理，并及时通报餐饮总监和餐饮部相关班组，以确保 VIP 客户的早餐用餐安排并提供有针对性的服务 (4) 咖啡厅管理人员应根据消费人数情况做好接待准备工作。一般餐位数与用餐人数比在 1∶2 以下时，餐厅可正常接待，当比例介于 1∶3 到 1∶2 之间时，需视情况对餐厅进行加桌以保证接待。当比例达到 1∶3 以上时，需及时汇报至餐饮总监，考虑是否增加开设早餐餐厅 (5) 当出现大型团队早餐或团队数量较多且预计用餐时间较集中时，也需考虑是否增加开设早餐餐厅，以分流宾客保证食品和服务	做到早餐用餐人数预报的准确性与及时性，以确保人员和物品的合理配备

(续表)

做什么	怎么做	为什么
预订管理	(6) 当确定增加开设早餐餐厅时，宴会销售及时根据 EO 单相关信息做好沟通协调，统筹考虑做出团队分线用餐的合理安排，并及时将信息通知至相关部门和餐饮部各班组。餐饮总监在酒店早会和部门早会时对次日早餐分线团队进行通报，以确保各部门和餐饮部各班组提前做好准备 (7) 咖啡厅管理人员在当天下午需再次与客房预订确认当天的客房预住率，并对人员和备货安排进行合理调整。必要的情况下在当天下班前（20:00 左右）第三次与客房预订确认次日早餐用餐人数	
早餐备餐管理	(1) 餐厅、厨房管理人员需及时根据宴会销售发布的客房预计出租率报表做好早餐接待人员的排班和食品、物品的备货 (2) 厨房、餐厅的食品备货量一般按照酒店客房日平均出租率下宾客消费量的 2—3 天准备（酒店可根据采购与库存等原因适当进行调整） (3) 餐厅物品（包含餐具）的备货应充足，特别是宾客使用的主要餐具如餐盘、杯具等需达到用餐人数的 2 倍左右 (4) 厨房应提前将早餐菜肴菜单和备菜单通知餐厅，以便餐厅提前备好相应菜牌；当大型团队逗留天数大于 1 天时，厨房需对每日自助早餐的品种进行合理调整 (5) 在餐位数与用餐人数比例为 1:3 以下时，由西餐厨师长全权负责早餐所有食品原料的备货和制作，而餐位数和用餐人数的比例达到 1:3 以上时，则建议由西餐厨师长上报行政总厨，由行政总厨统筹安排，以确保菜肴质量和及时供应 (6) 自助早餐必须安排合理的人员以确保食品和服务质量。在餐位数和宾客比为 1:3 以下时，由咖啡厅经理和西餐厨师长负责餐厅和厨房人员的安排，而上述比例达到 1:3 以上时，则由咖啡厅经理和西餐厨师长分别上报餐厅经理和行政总厨，并由他们协调各餐厅和厨房人员协助咖啡厅的接待，确保接待和服务品质，包括增派管事组人员，保证餐具的及时清洗和提供 (7) 同时部门需做好分线早餐时的温馨提示和指示牌指引，并做好接待现场引导工作	确保人员排班的动态管理以及物品、食品的充分准备，保证产品和服务质量

二、自助早餐服务

1. 常规服务流程

做什么	怎么做	为什么
准备工作	(1) 提前 15 分钟到达岗位，做好早餐开餐前的一切准备工作，并提前至总台提取早餐报表，做好 VIP 宾客早餐用餐信息的整理	为宾客提供专业的自助早餐服务，从而提高宾客满意度和餐饮服务总体品质

做什么	怎么做	为什么
准备工作	(2) 依据早餐人流量准备现煮咖啡，若人数估约 100 人或以上可以先煮一桶咖啡（使用一包咖啡粉），若人流量估约 50 人，可以先煮半桶咖啡（使用半包咖啡粉） (3) 依照餐厅的餐台数准备好糖盅和奶盅，并按照规定的位置摆放在餐桌上，盐瓶和胡椒瓶洁净并装有适量的盐与胡椒（不少于容器的三分之一） (4) 在餐桌上铺上洁净的台垫，自助早餐餐具摆放：刀叉、面包碟，咖啡用具（咖啡杯、底碟、咖啡匙）、口布，胡椒瓶，盐瓶，鲜花，可根据酒店的客源情况摆放筷子和筷架 (5) 餐具、盐、胡椒、餐巾纸等是否足够并方便宾客取用 (6) 检查桌椅状态是否完好，桌椅之间的空隙是否足够 (7) 检查操作台里的餐具是否齐全，如果不够要及时补充，并按不同餐具的类型分类，整齐地摆放 (8) 检查自助餐台整体是否美观协调，干净整洁 (9) 在保证一切安全的情况下开通使用设备的电源 (10) 结合餐厅布局，早餐摆放设计尽可能考虑宾客取用流线的合理性，并在每种食物前放上正确的菜品名牌，菜牌应有中英文对照，建议有主辅料信息，必要时有简单的口味描述 (11) 热食温度保持在 60℃ 以上，冷食温度保持在 5℃ 以下；及时关注食品保温器的使用状态 (12) 在每一个品种的食物前摆放相应的食品夹、食品勺等，并将其放在餐夹底托中 (13) 按照自助餐台的设置，在合理的位置摆上果汁桶及足够的饮料杯 (14) 按照自助餐台的设置，在合理的位置摆放好足够数量的自助餐盘、碗及筷子和汤匙 (15) 将咖啡加热器放在工作操作台上，插上电源，用咖啡壶取出煮好的咖啡和红茶放在咖啡加热器上保温 (16) 保持工作操作台上的整洁，并在旁边准备好托盘和服务巾 (17) 咖啡厅经理对员工的仪容仪表、精神状态、用餐环境的舒适性进行检查，准备投入早餐服务。如餐台布置、灯光设置、温度调节、背景音乐等	
餐中服务	(1) 宾客到达餐厅门口的 30 秒之内向宾客问候，面带微笑，亲切地向宾客问候并与宾客有目光交流："先生/小姐，早上好"，如为熟悉的宾客应说："××先生/小姐，早上好"；若为外国宾客能用英语问候 (2) 礼貌地询问房号，了解核对宾客信息，根据宾客情况跟进服务，若是非免费早餐宾客，需说明早餐的收费标准；如宾客出示的房卡为白金会员专属房卡，则直接将宾客引领入餐厅，在引领过程中礼貌地询问宾客的房间号码，并将白金会员宾客相关信息及时告知区域服务员和餐厅管理人	为宾客提供专业的自助早餐服务，从而提高宾客满意度和餐饮服务总体品质

133

做什么	怎么做	为什么
餐中服务	员，做好对白金会员宾客服务的特别关注。同时将宾客房号录入早餐刷卡系统（备注：如遇就餐高峰需要排队等候时，应体现对白金会员宾客的特别关怀，在宾客出示白金会员专属房卡后即引领宾客入餐厅并及时安排餐位就餐） (3) 在引领宾客进餐厅时，询问吸烟区或非吸烟区，注意走在宾客前方或者右方1～1.5米，并随时回头招呼宾客 (4) 遇到拐弯或台阶时，要打手势向宾客示意，动作连续自然，与语言相协调 (5) 带领宾客至其满意的座位，如果是熟客就直接引领其到老位置并主动为宾客拉椅让座，并与服务员做好交接工作 (6) 服务员在宾客入座后1分钟内提供咖啡或红茶服务，若遇宾客不需要，则及时撤走咖啡用具；若遇宾客需要用完餐后再享用，则把咖啡杯倒扣在底碟上 (7) 倒咖啡/红茶时，把咖啡底碟同杯子一起拿起，侧身服务，避免将咖啡/红茶倾倒在宾客身上或者餐桌上 (8) 若遇宾客需要绿茶，一般普通绿茶是免费的，如宾客需要特殊的绿茶，应告知宾客需单独收费，宾客同意后，走到工作操作台用玻璃直身杯，放入5克左右绿茶，加上80℃左右的开水冲泡即可 (9) 认真做好区域看台工作，在宾客允许情况下，及时撤走桌上多余的物品和餐盘，并及时更换面包碟和烟缸等，杯内咖啡/红茶少于四分之一时主动及时询问是否添加；在能力范围内尽量满足宾客的需要 (10) 服务期间观察宾客的需要，能及时做出反应提供服务 (11) 员工能够详细地向宾客介绍菜单上的所有菜肴，包括配料与特殊饮食推荐 (12) 跟进自助餐餐台的清洁、整理工作（2分钟内），随时观察餐台状态，如菜肴少于1/3时，及时通知厨房添加新鲜的菜肴，所有自助餐食品及时补充，注意适温、适量 (13) 及时补充自助餐台的各式餐具用品，确保宾客能随时取用，耐心指引宾客熟悉餐台布局，积极协助宾客取餐 (14) 随时关注食品保温器是否闭合，保温设备运行情况是否正常 (15) 宾客用餐完毕后，要拉椅送客，询问宾客用餐的情况，微笑着向宾客表示感谢并道别，若为外国宾客能用英语致意 (16) 宾客离开后，使用托盘及时（3分钟内）整理台面，时刻保持餐厅的整洁，并随时关注其他宾客的需求，及时提供服务 (17) 及时提醒厨师添加食品，经常检查并保持自助餐台和工作操作台上的整洁与卫生	
结束工作	(1) 自助早餐时间结束后，如仍有宾客在用餐，应先询问宾客是否需要其他食品或服务，在确定宾客没有其他需要后，再开始准备收餐工作。如果宾客迟来用餐，应给予合理的安排，询问需求并提供服务	

（续表）

做什么	怎么做	为什么
结束工作	(2) 待所有宾客用餐完毕后，协助厨师整理自助餐台和收尾工作，做好餐厅设施设备的维护保养和区域的清洁卫生 (3) 早餐营业结束，做好早餐宾客接待报表的统计工作，并与总台做好人数的审核确定，交收银入账 (4) 在服务的全过程中，宾客的服务需求要能够及时得到满足。要求服务人员服务态度端正，热情大方，注重仪容仪表和形体语言，动作连续自然，始终保持微笑服务，并具有强烈的服务意识	

2. VIP 早餐服务

做什么	怎么做	为什么
准备工作	(1) 餐厅根据 VIP 宾客用餐通知单的相关要求，按接待规格认真做好餐前服务的一切准备工作 (2) 餐厅经理对员工的仪容仪表、精神状态和用餐环境的舒适性进行检查，如餐厅的清洁卫生、餐台布置、灯光设置、温度调节、背景音乐等	
迎领服务	(1) 根据宾客的接待规格与标准，酒店总经理及餐饮总监、餐厅经理在咖啡厅门口提前等候 (2) VIP 宾客过来时，酒店总经理及餐饮总监、餐厅经理立即上前致意并问候，陪同宾客进入用餐区域 (3) 迎宾主动上前并亲切问候，并与宾客有目光交流，走在宾客前方 1～1.5 米处，引领到预留的餐位或指定区域，对餐厅特色进行简单介绍，并辅助宾客入座用餐 (4) 若为外宾能使用英语作简单交流	为宾客提供专业的 VIP 早餐服务，从而提高宾客满意度和餐饮服务总体品质
接挂衣帽	(1) 应主动接拿宾客的衣帽妥善挂放 (2) 接挂衣服时应提衣领，切勿倒提以免袋中物品掉出，同时提醒宾客贵重物品应随身携带，应努力记住贵宾及其衣帽的特征，且挂放在较显眼的位置，以便准确取递，若无衣帽柜可提供客衣套服务	
餐中服务	(1) 在 VIP 宾客入座后，服务员及时为宾客提供口布服务，征询宾客是否需要咖啡或者红茶，并递上早餐菜单供宾客选择（或由酒店根据宾客信息提前做好安排）。如宾客不需要咖啡红茶，则及时撤走咖啡用具；如果要求用完餐后再享用，则把咖啡杯倒扣在底碟上 (2) 服务员按照 VIP 宾客所点的餐点及时告知厨房，厨房应在 10 分钟内为宾客提供首道食品 (3) 若是酒店已提前做好菜品的安排，咖啡/茶水服务后，应立即为宾客送上首道食品 (4) 餐中服务礼仪可根据《西餐服务礼节顺序指导标准》执行	

做什么	怎么做	为什么
餐中服务	(5) 在宾客用餐过程中，服务员按照西餐的餐桌礼仪为宾客提供服务，如面包应放在宾客伸手可及的地方，并跟配黄油、果酱 (6) 在宾客用餐时，部门相关管理人员若无陪同用餐任务，可在餐厅门口等候送客 (7) 宾客用餐后，服务员及时征询宾客对早餐的意见或建议	
送客服务	宾客用餐结束时，服务员应根据《西餐送客服务指导标准》操作，酒店管理人员在咖啡厅门口送客	
宾客档案整理	开餐结束后，相关服务人员将 VIP 宾客的喜好和特殊要求等个性信息反馈至指定人员处进行整理归档，以便为下次的接待做参考	

三、西餐服务礼节顺序指导标准

做什么	怎么做	为什么
服务礼节	(1) 主人总是最后服务（除非是主人生日或其他特殊情况） (2) 先女士，后男士 (3) 先老人，后青年 (4) 先上司，后下属（特殊情况除外） (5) 遵循主人安排 (6) 先小孩，后大人（如果是 12 岁以上的小孩，则应先询问大人）	确保员工掌握西餐服务礼节
服务顺序及标准	(1) 打开口布：宾客右侧/顺时针方向/根据以上服务礼节 (2) 呈递菜单：宾客右侧/顺时针方向/根据以上服务礼节 (3) 呈递酒单：宾客右侧/顺时针方向/根据以上服务礼节 (4) 面包服务：宾客左侧/逆时针方向/根据以上服务礼节 (5) 上头盘：宾客右侧/顺时针方向/根据以上服务礼节 (6) 撤头道菜餐具：宾客右侧/顺时针方向/无服务礼节 (7) 上主菜：宾客右侧/顺时针方向/根据以上服务礼节 (8) 撤主菜餐具：宾客右侧/顺时针方向/无服务礼节 (9) 酒水饮料服务：宾客右侧/顺时针方向/根据以上服务礼节 (10) 撤面包碟：宾客左侧/逆时针方向/无服务礼节 (11) 摆甜点餐具：在宾客左侧摆甜点叉，右侧摆甜点匙/顺时针方向/根据以上服务礼节 (12) 上甜点：宾客右侧/顺时针方向/根据以上服务礼节 (13) 撤甜点餐具：宾客右侧/顺时针方向 (14) 服务茶或咖啡：宾客右侧/顺时针方向/根据以上服务礼节 (15) 呈递账单：使用账单夹从宾客右侧递给主人	确保员工掌握西餐服务顺序及标准

任务二　咖啡厅自助（午晚）餐服务

做什么	怎么做	为什么
准备工作	（1）自助餐台服务员负责把开水加至布菲炉标准位置，并点燃酒精膏或打开电磁炉开关 （2）保证安全的情况下，连接各类设备的电源 （3）协助厨房按照自助餐台的设置和食品的分类摆放 （4）按照自助餐台的设置，在合理的位置摆放足够的饮料杯、餐盘、碗、筷子、瓷勺等 （5）检查操作台里的餐具是否备用齐全，如果不够需要及时补充，并按餐具的不同类型分类整齐地摆放 （6）在每一品种的食物前摆放相应的食品夹、食品勺等，并将其放在餐夹底托中，放置于布菲炉或食品前 （7）在每个品种的食物前摆放菜牌，菜牌需有中英文对照，建议有主辅料说明 （8）保持工作操作台的整洁，准备好托盘和服务巾；打开自助餐台和餐厅灯光 （9）咖啡厅经理对员工的仪容仪表、精神状态和用餐环境的舒适性进行检查，如餐厅的清洁卫生、餐台布置、灯光设置、温度调节、背景音乐等	为宾客提供专业的自助餐服务，从而提高宾客满意度和餐饮服务总体品质
迎接宾客	（1）宾客到达餐厅门口的 30 秒之内向宾客问候，站在咖啡厅门口微笑迎接、问候宾客并有目光交流，同时引领宾客入座；对常客需带姓称呼，若为外国宾客能用英语问候 （2）协助宾客拉椅入座并征询宾客对餐位是否满意 （3）与区域服务员做好交接 （4）回到迎宾台后马上登记自助餐人数、台号等相关信息	
餐中服务	（1）服务员向宾客介绍咖啡厅的自助餐，告知宾客大致菜式品种，如需要可以指引宾客熟悉餐台布局，积极协助宾客取餐 （2）服务员及时问宾客饮品，随时关注宾客的用餐情况，必要时帮助宾客取食品，并且从右侧递给宾客 （3）当宾客杯中的饮品剩下 1/3 时应主动询问宾客是否需要添加或更换其他饮品 （4）从宾客右手边及时撤下空餐盘，勤换宾客台面的面包碟、烟缸 （5）看见宾客用甜品时应主动询问宾客是否可以收走台面的其他餐具 （6）清洁宾客的台面，如有需要，更换宾客的桌垫 （7）询问宾客是否需要热饮或冰水，并根据宾客的要求提供相应的服务 （8）布菲餐台服务员要及时添加酒精膏，及时清洁自助餐台，保持自助餐台的整洁并随时添加餐具，保证餐具足够使用	

（自助餐取餐台）

（续表）

做什么	怎么做	为什么
餐中服务	(9) 如菜肴少于1/3时，及时通知厨房添加 (10) 煎煮档区域宾客较多时，服务员应主动询问宾客需求，并问清宾客台号，提供送至餐位服务，避免宾客长时间等待造成餐台拥挤现象	
结账服务	结账服务要求参见《结账工作指导标准》	
送别宾客	(1) 宾客起身时，服务员应主动为宾客拉开餐椅 (2) 按照女士优先，先宾后主的原则为宾客服务 (3) 检查台面上、下是否有宾客遗忘及损坏的物品 (4) 帮助宾客整理衣物 (5) 提醒宾客带好随身物品 (6) 礼貌地向宾客道别，使用敬语："谢谢光临，请慢走。"并主动把宾客送至餐厅门口 (7) 任何一位服务员遇到宾客离去时都必须礼貌地向宾客道别	

任务三　咖啡厅西餐零点服务

一、准备工作

做什么	怎么做	为什么
准备工作	(1) 依据餐台的数量准备相应台垫、台布、口布、展示盘、面包碟、黄油刀、主餐刀叉、汤勺、杯具、胡椒瓶、盐瓶、鲜花（或装饰品）等 (2) 准备圆托盘并铺上干净的托盘垫布 (3) 所有摆在圆托盘上的用具应分类摆放有序	规范摆台工作，使其标准化、规范化，从而提高工作效率和工作质量
摆台操作	(1) 铺台布 　具体操作详见文件《铺台布工作指导标准》 　注：若餐桌无台布设置，应摆放台垫，台垫置于该餐位的中心位置，底边与餐桌边缘平齐 (2) 餐椅定位 　摆设操作从席椅正后方进行，从主人位开始按顺时针方向摆设，席椅之间距离基本相等，相对席椅的椅背中心对准，席椅边沿与下垂台布相距1厘米 (3) 展示盘定位 　从主人位开始顺时针方向摆设，盘边距离桌边1厘米，装饰盘中心与餐位中心对准，盘与盘之间距离均等，使用服务巾或托盘手持盘沿右侧操作	

（续表）

做什么	怎么做	为什么
摆台操作	（4）刀勺叉摆放 刀勺叉由内向外摆放，距桌边距离及与其他餐具间距离符合标准（标准见"注意事项"中"备注"内容） （5）面包盘、黄油刀、黄油碟摆放 摆放顺序：面包盘、黄油刀、黄油碟；面包盘盘边距开胃品叉1厘米；面包盘中心与装饰盘中心对齐；黄油刀置于面包盘右侧边沿1/3处；黄油碟摆放在黄油刀尖正上方，相距3厘米；黄油碟左侧边沿与面包盘中心成直线 （6）杯具 摆放顺序：白葡萄酒杯、红葡萄酒杯、水杯（白葡萄酒杯摆在开胃品刀的正上方，杯底中心在开胃品刀的中心线上，杯底距开胃品刀尖2厘米）；三杯成斜直线，向右与水平线呈45°角；各杯身之间相距约1厘米；操作时手持杯中下部或颈部操作 （7）花瓶（花坛或其他装饰物） 花瓶（花坛或其他装饰物）置于餐桌中央和台布中线上，高度不超过30厘米为宜 （8）牙签盅、椒盐瓶 牙签盅中心与压在台布中凸线上；椒盐瓶与牙签盅相距2厘米，椒盐瓶两瓶间距1厘米，左椒右盐，椒盐瓶间距中心对准台布中凸线 （9）餐巾盘花 在装饰盘上褶，在盘中摆放一致，左右成一条线，造型美观、大小一致，突出正副主人 （10）若宾客有预订，需根据预订人数摆放餐具 （11）若宾客有提前安排菜单和预订酒饮，则应根据相关菜肴和酒饮进行摆台的调整，提前准备好相应的餐具和用品	
检查工作	（1）检查餐桌、餐椅是否对齐 （2）检查桌上的盐盅、胡椒盅是否干净，检查盅口是否堵塞 （3）检查糖盅的清洁，依照标准补充三种不同种类的糖包 （4）检查花瓶的摆放和清洁 （5）检查桌面餐具是否齐全及清洁	
注意事项	（1）面包碟需干净、无水迹，无破损 （2）不锈钢餐具需洁净、无弯曲 （3）水杯需洁净、无水迹、无破损 （4）口布需上浆，无破损、无污渍 （5）托盘上需有干净的盘垫，以保持餐具的洁净 （6）开餐前半小时准备就绪 备注： 1—装饰盘；2—主菜刀（肉排刀）；3—鱼刀；4—汤勺；5—开胃品刀；6—主菜叉（肉叉）；7—鱼叉；8—开胃品叉；9—黄油刀；10—面包盘；11—黄油碟；12—甜品叉；13—甜品勺；14—白葡萄酒杯；15—红葡萄酒杯；16—水杯。	

(续表)

做什么	怎么做	为什么
注意事项	各餐具之间的距离标准： ① 1、2、4、5、6、8与桌边沿距离为1厘米 ② 1与2，1与6，8与10，1与12之间的距离为1厘米 ③ 9与11之间的距离为3厘米 ④ 3、7与桌边的距离为5厘米 ⑤ 6、7、8之间，2、3、4、5之间，12与13之间的距离为0.5厘米 ⑥ 14、15、16杯肚之间的距离为1厘米	

二、迎宾服务

做什么	怎么做	为什么
准备工作	(1) 提前5—10分钟到达岗位，检查仪容仪表是否规范，精神状态是否饱满 (2) 做好迎宾台的一切准备工作：要求物品摆放整齐，工作区域内整洁卫生 (3) 开餐前，了解今日预订及VIP接待信息（早餐接待需知晓客房入住情况），清楚了解当日用餐的预订宾客的桌号，并牢记宾客的姓氏	使西餐迎领服务标准化、规范化，从而提高宾客满意度和餐饮服务总体品质
问候宾客	(1) 宾客到达餐厅门口的30秒之内向宾客问候，面带微笑亲切地向宾客问候并与宾客有目光交流："先生/小姐，早上/中午/晚上好"，若为熟悉的宾客应说："××先生/小姐，早上/中午/晚上好"，外宾能使用英语问候 (2) 身体微向前倾，点头示意 (3) 微笑问候宾客，遵循女士优先原则 (4) 语言清晰悦耳	
确认餐位	(1) 使用敬语询问宾客："请问您是否预订过餐位？" (2) 如果宾客没有预订过餐位，应根据宾客人数的多少、宾客喜好、年龄、身份合理安排餐位，并将宾客信息如人数、姓名、联系方式等予以登记 (3) 如餐厅中没有空位，向宾客致歉并帮助宾客联系其他餐厅或请宾客到大堂吧或回客房稍候，如果是住房宾客的话，可以询问其是否愿意提供送房服务，并登记等候宾客信息后予以尽快安排，使用敬语"对不起，现在餐位已满，请您到××稍候。"注意不要让宾客久等 (4) 如果宾客有预订，应查阅核对信息后将宾客引领到其所订餐桌	

（续表）

做什么	怎么做	为什么
迎领宾客	(1) 在引领宾客进餐厅时，询问需吸烟区或非吸烟区，走在宾客前方或右方1～1.5米左右，随时回头招呼宾客，并简要地为宾客介绍餐厅特色 (2) 遇到拐弯，要打手势向宾客示意，动作连续自然，与语言相协调 (3) 宾客带到餐桌前，征询宾客意见，使用敬语："您这边请，这里的餐位您满意吗？" (4) 站在椅背的正后方，双手握住椅背的两侧，后退半步，同时将椅子拉后半步，用右手做一个"请"的手势，示意宾客入座，待宾客落座前轻轻送回 (5) 宾客入座的顺序为年长的女士优先，并帮助其入座，需要时再帮助其他女士入座 (6) 合理安排座位，尽量做到让宾客满意，在条件许可范围内，尊重宾客选择，有必要时进行适当调整，不可强行安排宾客坐其不愿意坐的地方 (7) 尽量避免让宾客自行在餐厅内寻找座位 (8) 将宾客平均分配到不同的服务区域，以平衡各位服务员的工作量 (9) 如有小孩，应主动送上儿童椅、儿童餐具和儿童菜单 (10) 把餐桌上折好的口布放到一边的面包碟上以示意服务员这里已经有宾客，避免重复带位的情况发生 (11) 询问宾客是否需要咖啡/红茶的服务，然后把信息准确无误地传达给本区域的服务员 (12) 提醒宾客在去餐台取食品时注意保管好随身的物品，并对餐台分布作简单介绍 (13) 在引领宾客的所有过程，使用礼貌、规范的语言并保持微笑	
接挂衣帽	(1) 应主动接拿宾客的衣帽妥善挂放 (2) 接挂衣服时应提衣领，切勿倒提以免袋中物品掉出，同时提醒宾客贵重物品应随身携带，应努力记住贵宾及其衣帽的特征，且挂放在较显眼的位置，以便准确取递，若无衣帽柜可提供客衣套服务	
与服务员之间交接	(1) 迎宾员将就餐人数，主人的姓氏、职务等相关信息告知服务员，以便服务员能够称呼和后续有针对性地提供服务 (2) 主动呈递菜单与酒水单给宾客过目 (3) 衔接紧密，无疏漏	
送别宾客	宾客用餐完毕，离开餐厅时迎宾应主动向宾客致谢道别，并期待再次光临	

三、零点服务

1. 基本服务流程

做什么	怎么做	为什么
零点服务	(1) 宾客到达餐厅门口的 30 秒之内向宾客问候。站在咖啡厅门口微笑迎接、问候宾客，对常客需带姓称呼，若为外宾能用英语问候，并引领宾客入座 (2) 服务员向宾客问候，并协助迎宾员为宾客拉椅让座 (3) 站在宾客的右手边拆开餐巾，左手提起餐巾的一角，使餐巾的背面朝向自己 (4) 用右手拇指和食指捏住餐巾的另一角采用反手铺法，即右手在前，左手在后，轻快地为宾客铺上餐巾，这样可避免右手碰撞到宾客身体且不影响客人视线。餐巾应对角折叠成三角形平铺于宾客的双腿上 (5) 宾客入座后 2 分钟内为宾客提供冰水服务，具体操作详见文件《西餐冰水服务指导标准》 (6) 询问宾客喜欢何种餐前酒或饮料，具体操作详见文件《西餐酒水饮料服务指导标准》 (7) 接受宾客点菜，具体操作详见文件《西餐零点点菜服务指导标准》 (8) 酒水饮料服务，具体操作详见文件《西餐酒水饮料服务指导标准》 (9) 根据宾客所点菜品撤掉多余餐具，并及时添补上所需的餐具 (10) 将餐具按用餐顺序从客人左侧依次摆放，更换前向宾客礼貌示意 (11) 同一宾客的不锈钢餐具不超过七件 (12) 上菜服务，具体操作详见文件《西餐上菜服务指导标准》 (13) 结账服务时不能索要或暗示宾客给小费；具体操作详见文件《结账工作指导标准》 (14) 宾客离开后收拾餐台并检查宾客有无遗留物品 (15) 更换台布（或餐垫）重新摆台 (16) 收台时注意操作要轻，保持良好的就餐环境，不影响其他宾客	使西餐服务标准化，细节化，从而提高宾客满意度和西餐服务总体品质

2. 冰水服务

做什么	怎么做	为什么
准备工作	(1) 将适量柠檬片放入冰水壶中 (2) 冰水壶中加满冰块 (3) 加入热开水至冰水壶的八分满 (4) 冰水壶摆放应垫上服务口布	为宾客提供专业的西式冰水服务，从而提高宾客满意度和西餐服务总体品质

（续表）

做什么	怎么做	为什么
服务标准	(1) 站在宾客的右侧为宾客服务 (2) 左手拿着冰水壶，右手拿起宾客面前的水杯，手指只能拿着杯身下面 (3) 身体稍微向外侧移动45°角左右，以免冰水溅到宾客身上 (4) 冰水倒入水杯约八成满，并放回宾客桌垫的右上方 (5) 使用敬语："请慢用！"	
注意事项	(1) 宾客入座后2分钟内为宾客提供冰水服务，并主动问候宾客 (2) 水杯中冰水少于1/3时，应马上为宾客添加，服务于宾客开口之前 (3) 根据宾客个人喜好确定冰水是否够冰，或者夏天可以多加些冰在冰水壶里，其他季节则视情况适当加些冰	

3. 呈递菜单服务

做什么	怎么做	为什么
检查菜单	(1) 准备好菜单和酒水单 (2) 打开菜单，检查菜单上是否有污渍、破损等，如有应及时更换	保证菜单的干净、整洁
呈递菜单	(1) 由女士开始呈递菜单 (2) 从宾客右手边上，并打开菜单第一页双手呈递给宾客 (3) 顺时针方向传递 (4) 递菜单时应微笑地说："您好，这是菜单。" (5) 如有特别菜肴推出时，积极推荐介绍	按西餐礼仪做好菜单呈递服务
注意事项	(1) 确保点菜的每位宾客都有一本菜单 (2) 菜单要打开递给宾客 (3) 每桌应有一本酒水单，以便于更好地介绍酒水 (4) 给宾客足够时间去了解菜单 (5) 准备好入厨单和笔 (6) 画好台型图 (7) 在落单上备注每位宾客对菜肴的特殊需求，如成熟度、配汁等 (8) 时刻留意宾客的反应，主动上前询问可否点菜	为点菜做好准备

4. 酒水饮料服务

做什么	怎么做	为什么
点酒水/饮料	(1) 宾客点菜之前，应先询问宾客是否需要餐前酒，点主菜后再次询问配餐酒，使用敬语："先生/小姐，请问您来点什么酒水饮料？" (2) 向宾客介绍酒水饮料："我们这儿有×××" (3) 服务员要全面了解酒水知识，如：价格、品种、酒精度、产地等，对小孩、女士使用积极语言并进行饮品的推销 (4) 询问宾客是否有特殊要求，如冰镇、加温、醒酒服务等 (5) 对宾客所点的酒水饮料要复述一遍，得到宾客的确认	为宾客提供专业的酒水饮料服务，从而提高宾客满意度和西餐服务总体品质
填写就餐单	(1) 写清服务员姓名、宾客人数、台号、日期 (2) 酒水按顺序填写 (3) 不能将就餐单放在餐桌上填写 (4) 盖有收银专用章后及时将就餐单分送给收银员与划菜员、酒水员	
酒水准备	(1) 确认宾客的点单后，使用托盘为宾客摆放相应的杯具，如白葡萄酒用白葡萄酒杯，红葡萄酒用红葡萄酒杯 (2) 填写完就餐单后，服务员去吧台取酒水饮料 (3) 确保品种无误，瓶身干净无破损 (4) 用托盘摆放酒饮，应根据宾客座次顺序摆放，第一位宾客的酒饮放在托盘的远离身体侧，最后宾客的酒饮放在托盘的里侧 (5) 取酒水饮料时间不得超过3分钟，现榨果汁等特殊饮品除外	
斟酒水/饮料	(1) 根据文件《西餐服务礼节/顺序指导标准》从宾客的右侧为宾客服务，使用敬语："您好！这是您的××" (2) 提供酒饮的同时需报出酒饮名称 (3) 在宾客面前将酒水饮料打开，斟倒时速度不宜过快，避免含气体的饮料溢出 (4) 对同一桌宾客要在同一时段内按顺序提供酒水/饮料服务 (5) 斟酒时，注意手臂伸直，酒瓶呈45°角，瓶口不要碰到酒杯，也不宜离杯过高，以免酒水溢出 (6) 酒水饮料商标自始至终应面向宾客，每斟完一杯酒须将酒瓶按顺时针方向轻轻转一下，避免瓶口的酒落在台面上，酒和饮料要求在杯中有八分满，（红葡萄酒1/3、白葡萄酒2/3） (7) 服务过程中，动作要轻缓，避免酒中的沉淀物浮起，影响酒的质量	
添加酒水饮料	(1) 随时观察宾客的酒杯，当发现宾客杯中仅剩下1/3酒饮时，立即主动询问是否添加，使用敬语："请问是否需再加×××？"如宾客同意添加，则立即为宾客添加	

（续表）

做什么	怎么做	为什么
添加酒水饮料	（2）若瓶中的酒饮只剩下 1/3 时，须及时征求主人的意见，是否再加一瓶，若主人不再加酒，即观察宾客，待其喝完酒后，立即将空杯撤掉 （3）抓住时机向宾客询问是否愿意续杯或者推荐其他饮品给宾客，注意推销技巧，尽量使用选择疑问句向宾客推销 （4）如宾客不需再添加饮品，等宾客喝完饮品后，从宾客右侧撤走空杯	

5. 点单服务

做什么	怎么做	为什么
点菜	（1）待宾客点好餐前酒水后，主动询问宾客是否可以点菜，并且准备好就餐单和笔，做好记录 （2）如果该宾客一时无法确定菜式，应根据宾客的需求做好建议性销售 （3）根据宾客的个人喜好和口味适时推荐厨师长特选及本店的特色菜肴，帮助宾客掌握菜肴分量控制、口味和品种合理搭配 （4）在就餐单上明确地标明宾客所点的每一道菜，并画好台型图（或编写宾客位置代码） （5）书写时，将就餐单放在左手掌心，不能放在宾客的餐桌上 （6）记录每位宾客对菜肴的特殊需求，如牛排成熟度、菜肴配汁等 （7）重复点菜内容，请宾客确认	为宾客提供专业的点菜服务，从而提高宾客满意度和西餐服务总体品质
填写"就餐单"	（1）就餐单的字迹应清晰，并清楚标明台号、日期、人数和服务员姓名；写清数量、规格单位和品名 （2）对于宾客的特殊要求应写清楚，有必要时需将宾客的特殊要求重复口述给厨房 （3）开单应按照出菜的先后次序开，头盘、汤、主菜和甜品 （4）就餐单上的每一道菜一般应用分隔符号隔开，以方便厨房看清楚 （5）开单时可用菜式的缩写，节约开单的时间 （6）开完单后应再检查一次，避免出错 （7）就餐单开好后应注明开单时间，并在收银处盖章 （8）第一联交给收银员，第二联交给厨房，第三联交给备餐间出菜，第四联则留在服务员工作操作台上方便员工更换宾客台面上的餐具和了解每位宾客出菜的情况	

6. 面包黄油服务

做什么	怎么做	为什么
取面包、黄油	(1) 备餐间员工依据入厨单上的菜式和人数准备面包 (2) 每位宾客给两个不同品种以上的面包(可以是餐包、土司、蒜蓉包等) (3) 所有面包都应是温热的 (4) 如一张餐桌时,面包应放入一个面包篮内,如两张餐桌拼用时应准备两个面包篮;每位宾客配置两块黄油,并放在黄油碟里	为宾客提供专业的西式面包黄油服务,从而提高宾客满意度和西餐服务总体品质
服务标准	(1) 将面包篮放在圆托盘上,依据"点菜单"上所写的台号送到宾客的餐桌上 (2) 礼貌问候宾客,面包篮摆放应方便宾客取用且不影响菜肴摆放为宜(一般放在宾客的左边) (3) 面包应从宾客左侧送上 (4) 对于 VIP 接待,应为宾客提供分面包服务:准备面包篮、面包夹放在托盘上,站在宾客的左边,按照《西餐服务礼节/顺序指导标准》,依次为宾客服务	
注意事项	(1) 面包应保存在面包保温箱内,保温箱应保持在适当温度 (2) 面包箱内应放一条餐巾盖住面包 (3) 面包须保持新鲜 (4) 每餐结束时应由饼房更换新鲜的面包	

(西餐服务礼节/顺序指导标准)

7. 上菜服务

做什么	怎么做	为什么
上菜	(1) 上菜前须仔细核对入厨单和台型图,根据文件《西餐服务礼节/顺序指导标准》,确定上菜顺序 (2) 宾客人数超过 4 位时,由两个服务员同时为客人上头盘菜 (3) 等所有的宾客用完头盘后,一并撤下,再依次上汤或主菜,具体操作详见文件《西餐服务礼节/顺序指导标准》 (4) 宾客所点的菜要注意是否配有调味品或是否有特殊要求,如果有,及时为客人提供相应的服务 (5) 上菜时报菜名,并使用敬语:"请慢用。" (6) 上菜时盘中蔬菜类摆放在上方,主要的菜式应面向客人 (7) 上完菜后不要立即离开,应关注宾客有无其他服务需求	使宾客不仅享受到西餐服务的浓厚的环境氛围,更能体会到西餐服务的艺术价值,从而提升西餐服务的总体品质
撤盘	(1) 时刻关注宾客用餐情况 (2) 得到宾客允许后迅速将餐台上用过的餐具、餐盘撤下 (3) 撤完盘后,整理一下台面,以便上下一道菜	
注意要点	(1) 注意及时与厨房沟通,控制上菜节奏 (2) 严格要求上菜标准及菜品出品质量 (3) 依照台型图确定上菜顺序,确保每道菜式正确无误地上给宾客 (4) 上菜前,观察是否有合适位置上菜 (5) 撤台时需得到宾客的确认 (6) 上热菜必须用热的餐盘,并用干净的服务口布协助上菜	

8. 甜点服务

做什么	怎么做	为什么
撤台	(1) 确定宾客用完最后一道菜后，即可撤台 (2) 撤台前应询问宾客是否可以收走 (3) 从宾客右侧进行撤台服务，顺时针方向进行 (4) 将宾客台面所有餐具收干净，只保留口布和客人未用完的饮品 (5) 如有脏的食物垃圾，可用服务口布将垃圾扫进面包碟里，确保台面清洁	为宾客提供专业的甜品服务，提高宾客满意度和西餐服务品质
点甜品	(1) 到宾客餐桌前询问是否要甜品 (2) 适时为宾客推荐甜品 (3) 在点菜单上明确地标明宾客所点的每一道菜，并画好台型图（或编写宾客位置代码） (4) 就餐单开好后应注明时间，并在收银处盖章 (5) 将就餐单第一联交给厨房，第二联交给收银，第三联交给备餐间出菜，第四联则留在工作操作台上方便员工更换客人台面上的餐具和了解每位客人出菜的情况	
上甜品	(1) 准备一块干净的口布，把口布折叠成正方形，并根据宾客点的甜点类型，在口布上放好甜品刀叉或甜品匙 (2) 将准备好的用具放在托盘上，送到客人面前，根据《西餐服务礼节/顺序指导标准》，在客人左边摆放甜品餐具 (3) 摆台时注意餐具距离，确保不同甜品碟有足够的摆放空间 (4) 根据画好的台型图，确定上甜品的顺序 (5) 宾客用完甜品后，从宾客右侧顺时针方向撤台	

9. 咖啡、茶服务

做什么	怎么做	为什么
用具准备	(1) 咖啡用具须配套使用：咖啡杯、咖啡碟、咖啡匙、奶盅、糖盅 (2) 咖啡用具须干净无污、无破损、无水迹 (3) 咖啡杯须加热	为宾客提供专业的西餐咖啡服务，从而提高宾客满意度和餐饮服务总体品质
准备咖啡	(1) 根据宾客人数从咖啡机中提取新鲜咖啡 (2) 咖啡温度在 85℃ 左右 (3) 在奶盅中装入 2/3 鲜奶并加热，根据餐桌数确定奶盅数量 (4) 依据餐桌数量准备糖盅，糖盅内放置白糖、黄糖、低卡路里糖	
咖啡服务	(1) 先将奶盅与糖盅一起放入托盘托送至餐桌上，注意摆放在餐桌合理及宾客可以接触到的位置上 (2) 咖啡及咖啡用具摆放标准：咖啡杯柄朝右并呈 3 点钟方向；咖啡匙置于咖啡碟内右部 (3) 服务顺序：先女士、后男士，先宾客、后主人，先老人、后晚辈，按顺时针方向进行 (4) 做好区域看台服务，及时询问宾客是否需要续杯 (5) 若宾客需要续杯，按照以上服务操作程序为宾客续杯	
茶水服务	具体操作详见文件《茶水服务指导标准》	

10. 送客服务

做什么	怎么做	为什么
欢送宾客	(1) 宾客结账后，示意将离开而起身时，服务员应立即上前将椅子轻轻往后移一点，并将宾客的外套拿起协助宾客穿上 (2) 按照女士优先、先宾后主的原则为宾客拉椅 (3) 提醒宾客带好随身物品，向宾客致谢 (4) 检查台面上、下是否有宾客遗忘及损坏的物品 (5) 迎宾员见宾客离开时，要快步走到餐厅门口给宾客按好电梯，等宾客出来后微笑着说："谢谢，欢迎下次光临！" (6) 每位员工见宾客离开时都应向宾客微笑致谢道别，并主动协助宾客拉椅和按电梯	确保送客服务的标准

任务四　西餐厅服务综合实训

实训目的

熟悉酒店西餐厅（咖啡厅）日常工作业务；掌握西餐厅自助早餐、午（晚）餐服务及零点服务流程规范。

实训内容

(1) 西餐厅（咖啡厅）自助早餐、午（晚）餐服务流程及操作规范。

(2) 西餐厅（咖啡厅）零点服务流程及操作规范。

(3) 西餐厅服务岗位体验。

实训步骤及方法

(1) 以固定学习小组为单位，每组分别设计自助早餐、午（晚）餐、零点服务情景模拟并展示。

(2) 各组进行互评及记录。

(3) 以小组为单位，分批进行西餐厅岗位体验，并完成一份体验报告。

实训成果

(1) 各组完成一次西餐（自助、零点）服务情景展示。

(2) 各组完成一份情景展示互评记录。

(3) 各组汇总整理一份西餐厅岗位体验报告。

拓展与提高

案例思考：不吃蛋黄的客人

在某一西餐厅的早餐营业时间，服务员小芳注意到一位年老的顾客先用餐巾纸将鸡蛋上面的油擦掉，又把蛋黄和蛋白用餐刀切开，再就着白面包把蛋白吃掉，而且在吃鸡蛋时没有像其他客人那样在鸡蛋上撒盐。小芳猜想着客人可能是患有某种疾病，才会有这样特殊的饮食习惯。

第二天早晨，当这位客人又来到餐桌落座后，未等其开口，小芳便主动上前询问客人"您是否还享用和昨天一样的早餐?"待客人应允后，服务员便将昨天一样的早餐摆在餐桌上。与昨天不同的是煎鸡蛋只有蛋白而没有蛋黄，客人见状非常高兴。边用餐边与小芳谈起，之所以有这样的饮食习惯，是因为他患有顽固的高血压症，遵从医嘱的结果。以前在别的酒店餐厅用餐时，他的要求往往被服务员忽视，这次在这家酒店住宿用餐，他感到非常满意。

思考：

如何提供令顾客满意的服务？结合日常工作和酒店实际，谈谈西餐厅可以关注哪些顾客的需求?

课后习题

1.（单选题）当餐位数与用餐人数比例达到（　　）时，需要考虑是否增加开设早餐餐厅。

A. 1：1以下　　　B. 1：1—1：2　　　C. 1：2—1：3　　　D. 1：3以上

2.（单选题）宾客到达餐厅门口的（　　）秒内，要微笑迎接、问候宾客。

A. 5　　　　　B. 10　　　　　C. 20　　　　　D. 30

3.（多选题）下列关于咖啡厅自助午晚餐餐中服务的说法，正确的有（　　）。

A. 从宾客右手边及时撤下空餐盘，勤换宾客台面的面包碟、烟缸

B. 要随时关注布菲台酒精膏的余量及取餐台的卫生状况

C. 如菜肴少于1/2时，及时通知厨房添加

D. 自助餐中服务员的工作职责主要是保证餐桌的卫生整洁，取餐台卫生以及餐具、菜肴数量，其余均以宾客自助为主。

4.（多选题）餐厅迎宾员需要将以下信息与餐厅服务员进行交接（　　）。

A. 就餐人数　　　B. 主人姓氏　　　C. 主人职务　　　D. 宾客姓名

5.（多选题）西餐酒水饮料服务中，点单时需要和客人询问的信息包括（　　）。

A. 是否需要冰镇　　　　　　　　　B. 是否需要加热

C. 是否需要醒酒　　　　　　　　　D. 是否需要开瓶

6.（多选题）西餐正餐点单时，需要记录的信息有（　　）。

A. 台型图　　　　　　　　　　　　B. 牛排生熟度

C. 菜肴配汁　　　　　　　　　　　D. 其他特殊要求

项目七
客房送餐服务

学习目标

知识目标：明确客房送餐的基本服务内容与注意事项；熟知客房送餐预订、准备及送餐与收餐等环节的细节操作规范和服务流程。

能力目标：能独立熟练完成客房送餐服务。

素质目标：具有良好的服务意识和细致、严谨的工作态度。

任务要求

通过案例分析，掌握客房送餐的标准流程及注意事项。

通过情景模拟，掌握客房送餐流程注意事项。

案例导入

暖男大白

今天对于小宁来讲是平常而又平凡的一天，随着 a 班的同事下班我们 b 班也要开始一天的收尾工作了。

就在我们收尾工作快结束的时候，"叮叮叮"送餐房里的"77"响了。"Good evening, room service. 您好，送餐服务。请问有什么需要吗？"小宁说着每天都会挂在嘴边的开头语，只听见"她"向客人推荐了一份少油的青菜肉丝汤面，我们都在纳闷为什么只推荐这个呢？平常向客人推荐的可都是中西式菜肴呀！"她"通完电话后如一阵风似地从我身边经过，去送餐房找厨师叮嘱他做一碗少油的青菜肉丝汤面后才来到吧台找收银打单，这时我正想着过去说"她"呢！"她"转过头来说"今天这位客人喝醉了，我得赶紧送去，不然待会她睡着了。"随后又问我要了杯润口茶就去送餐了。回来后"她"又问我要了杯热牛奶，我问"她"拿来干嘛，"她"说喝点牛奶可能客人睡觉要好受一点。听到这我心间一股暖流，原来和我共事的

151

这位"姑娘"是这样的一位大暖男，之前我还错怪了他。顿时我感觉拥有这样一位有心的员工很荣幸。

任务一　送餐预订服务

做什么	怎么做	为什么
接受送餐预订	(1) 由咖啡厅负责送餐工作 (2) 根据电话礼仪，接听电话 (3) 使用正确规范的语言："Good morning/afternoon/ evening, room service. 您好，送餐服务！" (4) 左手接听电话，右手把客人所需的菜肴、酒水饮料、房号、宾客姓名、订餐时间以及预订员姓名记录下来 (5) 主动向宾客推荐或说明客房送餐服务的项目，介绍当天推荐的食品，解答客人的提问，并告知客人大致等候时间 (6) 具备良好的沟通能力，应能主动促销食品和饮品 (7) 点餐完毕后需重复客人的点单内容、房号、人数以及客人的特殊要求，确认后向宾客致谢："感谢您的来电！"	准确无误地接受宾客送餐预订，使客房送餐预订标准化
开具就餐单并准备	(1) 根据宾客要求填写就餐单：就餐单一式四联（划菜、收银、配菜、留存各一联），并在上面注明开单时间 (2) 将配菜联递交厨房，由厨房根据订单内容制作菜肴 (3) 由收银员提前打印好账单，交给当班领班或送餐服务员 (4) 将账单号记录在《客房送餐预订记录册》上 (5) 根据要求准备相应的餐具	规范开具就餐单并做好准备
注意事项	(1) 注意不要先于宾客挂断电话 (2) 若宾客有特殊要求，要准确无误地记录在就餐单上，必要时可以再和厨师口述一遍 (3) 须告知宾客大致等候时间，以免宾客对等候时间有疑义。正常情况下，送餐时限为：如果是事先填写好的早餐卡，预订时间5分钟内；如果是临时订早餐，25分钟内；如果是小吃，25分钟内；如果是中餐或晚餐，40分钟内；如果宾客定制的菜肴制作时间较长，需主动告知宾客 (4) 所有订单内容及房号须重复一遍，避免差错 (5) 询问宾客以何种方式付款，是否需要发票，并做好相应准备 (6) 送房菜单以外的食品需询问厨房有无原料，能否制作，充分沟通后给予宾客确切回复	知晓注意事项，避免差错

任务二　客房送餐车准备

做什么	怎么做	为什么
送餐车准备	(1) 根据客人订单的内容和数量准备送餐车 (2) 检查餐车台面及车轮有无故障，如有故障应及时更换 (3) 送餐车保持清洁，保养良好 (4) 送餐保温箱通上电源	
铺台	(1) 在餐车上铺台布，两边对角应对齐，台布清洁、熨烫平整 (2) 装饰餐车时，台布应能遮盖车脚，并只露出车轮	使客房送餐工作顺利进行，提高工作效率和质量
摆放	(1) 根据客人所点食品数量及人数，准备足够使用的餐具摆放在送餐车上，餐具必须预先裹放在干净的餐巾纸或口布中 (2) 送餐车上摆放鲜花，撤桌卡，口布要求清洁、熨烫平整、无污渍；盐瓶、胡椒瓶及其他调味品盛器清洁（不少于容器容量的三分之一） (3) 加温后的保温箱摆放在送餐车的脚架上 (4) 将客人点的冷食品摆放在送餐车上，热食品放进保温箱内 (5) 将摆放好的食品用专用的保温盖盖住，杯装饮料需使用杯盖盖好，以防灰尘保证卫生 (6) 在给客人送餐时，冷食应为 5℃ 以下，热食应为 60℃ 以上，或者如果处于危险温度范围，不得超过 1 个小时 (7) 提前核对账单上的内容是否正确，准备找零、一支有酒店标志的圆珠笔和账单一起夹入收银夹内，并将其放置于送餐车上的合理位置	

任务三　客房送餐服务

做什么	怎么做	为什么
准备	(1) 准备送餐用品，包括托盘、送餐车、保温箱、餐具、口布、开瓶器、花瓶、面包篮、胡椒/盐瓶及其他调味品 (2) 在送餐车上铺上干净的台布 (3) 根据宾客订餐种类和数量，合理布置托盘或送餐车 (4) 在厨房取出菜肴，检查菜肴的质量、温度，确定无误后，盖上保温盖或放在送餐车的保温箱中，如冷菜要用保温盖盖住放在送餐车上 (5) 从吧台提取宾客所点的酒水，根据宾客所点的酒水准备相应的酒杯和用具	为提供专业的客房送餐服务做好充分的准备工作

（客房送餐车）

（续表）

做什么	怎么做	为什么
准备	（6）送餐车摆台标准应根据宾客人数和食物品种合理安排 （7）根据餐具使用情况填好餐具清单，送餐前交由客房服务员签字 （8）向领班或收银员领取打印好的账单并准备收银夹和带有酒店标志的圆珠笔 （9）查看找零袋中的数目是否正确	
检查	（1）检查送餐车是否干净，要求干净无污迹 （2）检查餐具、口布以及调味品是否清洁、齐全、无破损 （3）整理台面，检查餐具摆放是否合理 （4）检查送餐车是否可以顺利进房 （5）检查送餐服务员的仪表仪容是否符合标准	检查确认准备工作是否正确无误
送餐到客房	（1）送餐途中，保持送餐用具的平稳、避免菜品的汤汁或饮品溢出，杯装饮料需使用杯盖盖好 （2）使用酒店规定的通道或电梯送餐，通道内遇宾客需避让并问候，垃圾和食物不得同时搭乘一部电梯 （3）核对房号，查看"请勿打扰"指示灯是否亮启，如果没有，按门铃后说："Room Service 您好，送餐服务！"语音语调适中，然后离房门约一步站立，等候宾客开门；如果"请勿打扰"指示灯亮起，则使用楼层电话询问宾客是否可以提供送餐。得到宾客同意后按以上方法操作 （4）如果宾客没有听到电铃声，则在等待几秒钟之后，用右手的中指和食指的关节骨敲门，一次敲3下，节奏如同心跳频率，不可过快，不宜过慢，声音适中，不可过大，不宜过轻。一边敲门，一边说："Room service. 您好，送餐服务"，然后离房门约一步站立，等候宾客开门 （5）如果按照以上标准敲了两次门以后，仍然没有宾客开门，再等候5分钟左右后将送餐车推回餐厅，依照不同情况进行处理	严格操作流程，提供专业化客房送餐服务
房内用餐服务	（1）微笑着向宾客问好，并以宾客姓氏称呼宾客，使用敬语："××先生/小姐，您好，现在可以为您送餐进来吗?" （2）征得宾客允许后方可进入房间，并向宾客致谢 （3）使用托盘将菜品与饮料送入房间时，征求宾客的意见，把托盘放在合适的位置 （4）如果要将送餐车推入客房内，在征求宾客的意见后，将送餐车放在客房内的合适位置，然后把送餐车两边打开并固定车轮，布置好送餐车的台面，并从保温箱中取出食品按用餐的规格摆放 （5）将以上一切办妥后，及时向宾客介绍菜名 （6）若客人点了酒水饮料，主动询问宾客是否需要开启 （7）根据各类酒水的不同服务方式为宾客服务 （8）询问宾客是否还有其他要求，如果有，在能力范围内尽量满足宾客的需要	严格操作流程，提供专业化客房送餐服务

做什么	怎么做	为什么
结账	(1) 打开收银夹将笔呈递给宾客，提醒客人在姓名一栏用正楷字填写，并核对房间号码有无错误或遗漏，待宾客签完字后，核对宾客姓名并向宾客致谢 (2) 若宾客用现金或其他方式结账，则按照相应程序和标准替宾客迅速结账 (3) 再次询问宾客是否有其他要求并尽量满足宾客需求 (4) 离开时告知宾客餐具回收程序，提供撤桌卡。语言"请慢用，如您用餐完毕，需要我们收回餐具，请致电×××，谢谢！祝您用餐愉快！" (5) 送餐人员回到咖啡厅后，将宾客签过字的账单或现金交至收银台，在"客房送餐预订记录册"上准确登记房号、出发时间、返回时间，并签上自己的名字，这一方面可以查核每个员工的工作情况，另一方面预防宾客在房间内发生事情，如失窃、打架等，公安人员需要调查时，作为保障自己的一项有力证据。如有电子记录机应在账单前后将出发和返回时间打上	准确无误做好结账工作
收餐	(1) 接到宾客的收取餐具电话后，送餐服务员到房间里收取餐具，具体要求与进房送餐程序相同 (2) 收取餐具时，若宾客在房间，动作要轻，速度要快，并且迅速检查餐具有否遗失；当宾客不在客房内时，请楼层管家部开门，及时将送餐车、托盘、餐盘等用具撤出，注意合理摆放撤出的物品 (3) 保持客房内的清洁卫生 (4) 清点餐具，检查有无破损 (5) 送餐后，如果在早餐 30 分钟、午餐和晚餐 60 分钟超过时仍然没有接到客人的电话，则可以打电话询问宾客的用餐情况，确认是否可以收取餐具，但需合理把控时间，如当天太晚则第二天收取 (6) 同时巡视楼层中是否有餐具，以便及时收回	提高收餐规范性
结束工作	(1) 登记收回餐具的数量，将带回的脏餐具送回洗碗间清洗 (2) 就餐单要做好记录，逐本领用，逐本登记，领用者在领用时要写清楚领用日期、数量（由第几号到第几号）、领用人签名。如需更改或作废由领班以上人员签名证实，并详细写明原因。错菜必须退回厨房，由当值管理人员签字证实 (3) 清洁送餐车、保温箱、托盘等用品用具 (4) 做好下一次送餐服务的准备	做好客房送餐结束工作，为下一次送餐做好准备

任务四 客房送餐服务综合实训

实训目的

掌握客房送餐服务的标准流程及注意事项。

实训内容

（1）客房送餐预订服务。

（2）客房送餐准备工作。

（3）客房送餐服务流程。

实训步骤及方法

（1）以固定学习小组为单位，通过案例讨论分析客房送餐服务注意事项。

（2）各组设计并展示客房送餐服务情景模拟。

（3）各组进行互评及记录。

（4）以小组为单位，通过分批岗位体验，并完成一份体验报告。

实训成果

（1）各组完成一次客房送餐服务情景展示。

（2）各组完成一份情景展示互评记录。

（3）各组汇总整理一份客房送餐岗位体验报告。

拓展与提高

思考：

哪些客人会要求客房送餐服务？结合他们的需求，讨论客房送餐服务菜单的内容与零点餐厅菜单内容有何区别？

课后习题

1.（单选题）酒店的客房送餐由下列哪个部门承担送餐工作？（　　）

A. 咖啡厅　　　　B. 大堂吧　　　　C. 中餐厅　　　　D. 宴会厅

2.（多选题）在"客房送餐预订记录册"上需要登记的信息内容有（　　）。

A. 客人房号　　　B. 出发时间　　　C. 返回时间　　　D. 送餐人姓名

E. 宾客姓名

3.（填空题）正常情况下，送餐时限为：如果是事先填写好的早餐卡，预订时间_____分钟内；如果是临时订早餐，_____分钟内；如果是小吃，_____分钟内；如果是中餐或晚餐，_____分钟内。

4.（填空题）一般情况下，送餐后，如果在早餐_____分钟、午餐和晚餐_____分钟超过时仍然没有接到客人的电话，则可以打电话询问宾客的用餐情况，确认是否可以收取餐具。

5.（判断题）使用托盘将菜品与饮料送入房间时，征求宾客的意见，把托盘放在合适的位置。　　　　　　　　　　　　　　　　　　（　　）

（习题答案）

学习目标

知识目标：掌握大堂吧的服务流程与规范；熟知大堂吧服务员岗位职责。

能力目标：能独立完成大堂吧常规对客服务工作。

素质目标：具有良好的服务意识和积极主动的职业劳动意识，对客服务中能体现良好的职业荣誉感。

任务要求

通过情景模拟、岗位体验等掌握酒店大堂吧主要业务及服务流程。

案例导入

一杯橙汁

大堂吧不像餐饮部的其他岗点，繁杂琐碎，小赵习惯称其为"餐饮部的一方净土"。来大堂吧消费的客人，大多都是常客。对他们来说，与其说这里是一个酒店里的消费区，倒不如说是他们茶余饭后朋友闲聊、洽谈生意的场所来得更恰当。

已经是晚上十一点四十分左右了，在这个往常酒店最安静的时刻，只见一支庞大的队伍浩浩荡荡地从大门向前台赶来，客人涌入了大堂吧。于是，原本十二点下班的同事们又纷纷忙碌了起来。有一桌客人，是两位女士，要点一份水果盘，小赵按照往常那样给西餐厅打电话，可电话并没有人接。吧员只好跑到西餐厅去找厨师，可值班厨师被叫到四楼协助了，暂时下不来。小赵也只好如实跟客人说，现在做不了水果盘了，并询问她们要不要点杯鲜榨果汁。可客人却说道："没关系，不用厨师做，我们只是现在特别想吃水果，这么晚了，外面也买不到，你们随便切一下就好了。"听到这，小赵很为难地回答道："真不好意思，我们是不允许这么做的，水果只有厨师才能拿到，我们不能……"小赵还没有说完，客人又说道："要不你直接洗一下给我们就好了。"小赵感觉很为难，但不知怎地想到了吧台里有备用的橙子，就灵机一动："要不您点一杯鲜榨橙汁吧，我把橙子切开来给您，可以吗？""嗯嗯，好的，太谢谢你了。"她们齐声说。当小赵把切好的三个橙子（一杯鲜榨橙汁的量）端给她们的时候，她们还一直地跟小赵表示感谢。虽然延误了下班的时间，但小赵依然很开心。

任务一　大堂吧准备工作

一、大堂吧用具准备工作

做什么	怎么做	为什么
准备工作	(1) 每日上班时，准备吧台的基本用具，如吸管、杯垫、果签、拌酒棒、花纸、杯盖、单插以及其他专门用具 (2) 检查用具：主要检查其卫生状况、完好状况、数量等 (3) 检查吧台各类小吃数量及质量是否符合标准 (4) 吧台要保持清洁、无灰尘、无酒水痕迹、用具摆放整齐有序 (5) 酒吧内要准备好砧板、水果刀、长匙、量酒器、调酒壶、滤冰器、雕花刀、开瓶器、红酒开瓶器等其他专门用具 (6) 检查搅拌机、咖啡机及榨汁机性能 (7) 所有用具在使用前和使用后需清洗并消毒	为大堂吧服务做好充分的准备工作，从而提高大堂吧工作效率和工作质量

二、大堂吧酒水摆放工作

做什么	怎么做	为什么
摆放	(1) 每日上班需清洁酒架，保证无灰尘，无酒水痕迹，酒架无破损 (2) 抹净酒瓶及饮料瓶，保证瓶体干净、无灰尘、无酒水液体痕迹，标志干净、完整、瓶口无锈迹，酒水品种齐全 (3) 酒瓶的商标面向操作人员摆放，名贵酒要放在酒柜的突出位置上，各类酒要分类摆放，保持美观的顺序 (4) 客人存酒要进行清点核对并作记录 (5) 按杯卖的酒水需检查酒瓶的密封性及酒水质量	使大堂吧酒水摆放工作标准化，给宾客留下美好的印象

（续表）

做什么	怎么做	为什么
准备	（1）酒吧台要预备足够的酒水单，并按 VI 要求设计，用中文、英文及相应外文印制，有独立酒水单，装帧精美；酒水单文字无误、设置规范，无污迹、涂改或破损 （2）大堂吧服务员在每日上班前要将酒架上的酒水与"酒水进销存日报表"进行核对，对于缺项或领取的酒水要做好记录 （3）定期核对酒水价格，对于市场价格变动较大的酒饮，应向区域管理人员提交调整建议	

三、大堂吧杯具擦拭工作

做什么	怎么做	为什么
用品准备	（1）准备好专用的干净服务口布 （2）准备好热开水 （3）准备好托盘并铺上干净的服务口布	使杯具擦拭工作标准化、规范化，从而提高大堂吧工作效率和工作质量
擦杯方法	（1）将清洗消毒后的玻璃杯放在热水上方，以使蒸汽进入玻璃杯中间 （2）左手拿一块服务口布包住杯肚，并用服务口布包住右手的食指、中指和无名指，并将其伸入杯口旋转擦拭，然后擦拭杯端，使其光亮、干净、无水迹 （3）对照光亮处检查玻璃是否干净，同时检查玻璃杯是否有缺口或裂痕，如发现上述情况应立即更换 （4）将干净的玻璃杯倒放在托盘上或插入干净的杯架中	

任务二　大堂吧服务

一、大堂吧常规服务工作

做什么	怎么做	为什么
准备工作	（1）做好区域的清洁卫生工作，检查设施设备的完好程度 （2）按规定摆放花瓶，确保鲜花的新鲜、无异味 （3）准备好营业所需的物品和服务用品，如酒水单、托盘、杯垫、服务口布等 （4）地毯整齐卫生，植物应无枯叶及积灰，装饰品协调美观并摆放整齐	为宾客提供高品质的大堂吧服务，从而提高宾客满意度和餐饮服务总体品质

（续表）

做什么	怎么做	为什么
准备工作	（5）灯光、空调设备完好正常，温度适宜，空气清新 （6）有背景音乐，音乐曲目、音量适宜，音质良好 （7）动作敏捷快速，准备要充分 （8）检查个人仪容仪表是否符合标准，营业开始前 10 分钟按照标准站在规定区域，站姿仪态优美大方，准备投入服务	
迎领工作	（1）宾客到达服务区 30 秒内向宾客问候，带上酒水单和就餐单，主动上前问候宾客并与宾客有目光交流 （2）提供微笑服务，常客要带姓氏称呼 （3）左手持酒水单，右手示意方向 （4）略超过宾客引领（与宾客保持 1～1.5 米的距离），询问吸烟区与非吸烟区 （5）尽量给宾客安排满意的座位，如遇客满，向宾客道歉，请宾客到公共休息区等候 （6）商祺会会员应迎领至会员专区，并询问需要的赠饮或是另点饮品	
点酒水饮料	（1）宾客入座后，服务员为宾客打开酒单，左手打开酒单第一页，右手拿着酒单的上端，左手拿着酒单的下端递送给宾客，示意宾客看酒水单，从宾客右边服务 （2）向宾客推荐酒水饮料 （3）左手拿就餐单，右手记录 （4）向宾客重复所点酒水饮料名称及数量，询问宾客是否有特殊要求，并告知大致等候时间；正常或营业低峰时，客人点酒水饮料，吧台接单后 3 分钟内送上（鲜榨汁、鸡尾酒、特色咖啡除外），营业高峰期间酒水饮料不超过 6 分钟 （5）服务员为宾客点酒水时应耐心回答宾客的问题，并向宾客介绍酒品特点、口味、价格等 （6）如果同一桌的多位宾客所点酒水不同，应对每位宾客点的酒水做记号 （7）开单时写清开单人姓名、酒水品种、数量、宾客台号和位置以及宾客的特殊要求 （8）重复叙述所点酒水名称、数量，避免出差错 （9）礼貌地收回酒水单 （10）收银员输入系统 （11）注意推销技巧，尽量推销低成本、高价格的酒水饮料，注意递酒水单的时机 （12）"点单"一联交收银员，一联作出单据留存，并告知酒水员宾客的特殊要求 （13）如使用点菜系统则直接进行系统输单，宾客特殊要求需要备注说明 （14）准备好托盘、杯垫、餐巾纸等 （15）交接要清楚无遗漏	

（续表）

做什么	怎么做	为什么
酒水服务	(1) 检查杯具是否符合要求 (2) 用托盘把酒水以及相关物品送至宾客桌前，并采用半蹲式为宾客服务，保持托盘平稳 (3) 按照女士优先、先宾后主的服务顺序为宾客服务 (4) 先在台面摆放杯垫，用右手拿杯子的底部置于其上，辅以手势，并介绍饮品的名称 (5) 打扰宾客要致歉 (6) 随时关注宾客，看到宾客的酒饮快喝完时要主动询问宾客是否需要添加 (7) 及时更换烟缸，保持桌面清洁 (8) 随时掌握座位的剩余状况	
结账服务	(1) 宾客要求结账时，应立即上前服务 (2) 仔细核查账单，确保品种数量正确后再将账单拿给宾客 (3) 宾客认可后，收取账单上的现金或按照规定提供刷卡服务 (4) 交收银员结账后将账单的副本和零钱放入找零袋交给宾客 (5) 如果是签账单，则要求宾客清晰地填写房号、签名 (6) 询问宾客对酒水饮料及服务是否满意 (7) 向宾客致谢并送宾客离开 (8) 注意提醒宾客带好随身物品	
后续工作	(1) 整理座椅及靠垫，把杯具等物品清理干净，擦净桌面，回收干净杯垫、火柴等物，重复使用以节约成本 (2) 重新放上花瓶 (3) 撤物品时要使用托盘 (4) 动作需敏捷、迅速	

二、大堂吧出品操作工作

做什么	怎么做	为什么
准备工作	(1) 准备好调酒工具和酒杯 (2) 准备冰块、辅料、配料和装饰物 (3) 特殊酒水如有需要应提前制定"物料食品供应申请单"，分别列出品名、规格、产地、数量、价格清单，经相关人员审批后，交采购人员办理；把各类酒水及原料放于适当位置 (4) 做好吧台内及器具的卫生，各类物品原料准备充分，放置合理 (5) 要仔细检查，避免遗漏	为宾客提供高品质的酒水服务，从而提高宾客满意度和餐饮服务总体品质
交接	(1) 查看落单，仔细阅读相关内容 (2) 交接清楚宾客的特殊要求	

（续表）

做什么	怎么做	为什么
出品	（1）根据点单或宾客要求按标准出品酒水饮料、果盘及点心等产品 （2）按先到先出品的原则 （3）动作迅速：正常营业时宾客点酒水、小吃，吧台接单后3分钟内送上（鲜榨汁、鸡尾酒、特色咖啡除外）；营业高峰期间酒水、小吃不超过6分钟 （4）调酒时姿势端正，动作潇洒自然。注意操作卫生，尽量使用各种工具，拿杯时要握底部，不能碰杯口 （5）装饰饮品和制作新鲜果汁时，应使用夹子或一次性手套，注意操作卫生 （6）遵循一次调制一杯的原则 （7）酒水饮料一般应倒八分满 （8）及时清洗和消毒各类调酒用具 （9）将各类用品放回原处 （10）及时清洁吧台及工作台	

三、大堂吧服务方式

做什么	怎么做	为什么
半蹲式服务	（1）当桌面低于60厘米时，适用于半蹲式服务 （2）走近宾客，下蹲时肩部与宾客肩部的距离约为30厘米，服务员的裤缝/裙缝与宾客的裤缝/裙缝间形成约25°夹角 （3）脚的姿势：左脚在前，右脚在后，右脚、脚掌着地，脚后跟抬起，离地面约一拳，身体的重心落在左脚上，右脚尖与左脚跟之间的垂直距离约10厘米（注意不可两脚交叉） （4）保持头正，肩平，腰直。目光关注宾客，身体微微向前倾。下蹲时，左脚弯曲。重心则由左脚转移到右脚上，右臀部坐在右脚后跟上，右大腿、小腿紧贴，用右脚支撑上身，此时右脚脚跟离地面垂直距离约10厘米（注意，下蹲时动作要轻缓，不可突然下蹲） （5）手：如果手上无任何物品时，女服务员则要右手搭着左手，放在两大腿之间与裤兜底缝线平行的位置，男服务员要左手扣搭在膝盖上，右手自然地平放在右膝盖上方的大腿上 （6）当完成服务环节，须要站起时，身体微微前倾，保持头正、肩平、腰直。站起时动作要轻缓，身体重心则落在左脚上。收左脚，两脚并拢，恢复到正确的站姿。此时女服务员应该把左大腿靠在右大腿上 （7）离开时，微笑、欠身、并用相应的服务语言（如："请您稍候"等）之后，右脚向后迈一步，右脚掌先着地，脚跟后着地，身体重心也随之落到右脚上，收左脚，呈站立姿势。目光关注宾客，如宾客无需求时，方可轻缓转身离开	为宾客提供专业的酒吧半蹲式服务

任务三　大堂吧饮品制作

一、鸡尾酒调制

做什么	怎么做	为什么
鸡尾酒调制	(1) 准备好调酒用具、制备冰块、准备配料（糖、盐、牛奶、淡奶等） (2) 按规定选择杯具，准备调酒材料，按标准配方准备基酒 (3) 按标准配方准确调制酒品，基酒和辅料都需用量杯度量，滤冰后装杯 (4) 标准装饰鸡尾酒，高杯饮料配搅棒和吸管	使鸡尾酒调制工作标准化、专业化，从而提高宾客满意度和餐饮服务总体品质
注意事项	(1) 严格按照规定配方调制鸡尾酒 (2) 器皿使用正确，搭配合理，调酒器具保持干净，整齐 (3) 操作时只能拿杯脚或酒杯下部 (4) 将所有材料和酒杯等物品预先准备好；不要把有气饮料与其他成分一块搅拌或在调酒壶里摇混，以免发生意外 (5) 酒水使用完毕，旋紧瓶盖，复归原位 (6) 自信、优美、卫生、迅速的姿势取信于宾客，操作干净利落	

二、调酒饰物要求

做什么	怎么做	为什么
饰物准备	(1) 按照酒店的规定程序，领出做装饰物的水果或其他用品 (2) 所有自制和已开封食品应存放在初始容器或洁净容器中且加盖，并标注用于控制二次存放时间的日期 (3) 所有潜在危害性食物（奶油、牛奶、鸡蛋、果汁、水果片）均应在5℃以下保存或放在冰箱中 (4) 果汁、奶油、牛奶和所有对温度敏感的物品不应放在吧台上或置于室温下 (5) 柠檬切成3毫米厚的圆片，切去部分柠檬皮 (6) 柠檬切成1厘米厚的月形角，去核切小角 (7) 所有切过的剩余原材料需用保鲜膜包好后，用独立密封盒盛装冷藏 (8) 所有装饰物，必须清洗干净，并保持新鲜 (9) 将所有装饰物放入盒中，将保鲜纸封装后置于冰格上 (10) 装饰物的品种和色泽要与载杯协调 (11) 特定鸡尾酒款用特定的装饰物 (12) 所有新榨果汁和装饰物应每天制作新的且在营业结束后丢弃 (13) 吸管应由批准的供应商预先单独包装	为鸡尾酒调试做好充分的准备，从而提高工作效率和工作质量

三、茶水服务

做什么	怎么做	为什么
用品准备	(1) 备好茶具，如茶杯、茶壶、杯垫等，使用玻璃杯泡茶须配备茶杯托 (2) 备好加温用的无烟蜡烛和加热底座 (3) 茶具用品必须符合卫生标准：干净无污、无破损、无水迹 (4) 准备白糖、黄糖、低卡路糖和淡奶，并配备糖缸、奶盅、餐巾纸等物品	
茶水冲泡	(1) 绿茶 　a. "上投法"：先将开水注入杯中约七分满的程度，待水温凉至75℃左右时，将茶叶投入杯中，稍后即可品茶。细嫩名优绿茶一般用上投法，如碧螺春、信阳毛尖等 　b. "中投法"：先将开水注入杯中约1/3处，待水温凉至80℃左右时，将茶叶投入杯中少顷，再将约80℃的开水徐徐加入杯的七分满处，稍后即可品茶。一般如龙井、太湖绿、六安瓜片、绿阳春等用中投法 　c. "下投法"：先将茶叶投入杯中，再用85℃左右的开水加入其中约1/3处，约15秒后再向杯中注入85℃的开水至七分满处，稍后即可品茶 (2) 红茶 　a. 袋装红茶：一般每小袋为2 g，一袋供一人饮用；再将95℃左右的开水注入茶杯至八成满，接着放入红茶包，静置2~3分钟后，取出茶包用咖啡勺将茶汤搅拌均匀即可；一个茶包可冲泡2~3次，每泡一次需增加浸泡时间15秒左右 　b. 散装红茶：取5 g左右散装茶叶放入茶壶过滤器内；在茶壶内注入95℃左右的开水至八成满，将装有茶叶的过滤器放入茶壶内，加盖静置3~5分钟，然后开盖将用咖啡勺将茶壶内茶汤搅拌均匀后加盖即可；每份茶叶可冲泡2~3次，每泡一次需增加浸泡时间15秒左右 (3) 花茶 　将适量花茶放入茶壶过滤器内；在茶壶内注入95℃左右的开水至八成满，将装有花茶的过滤器放入壶内，加盖静置5~10分钟，然后将茶壶置于加热底座上，上至宾客桌面	为宾客提供高品质的酒吧茶水服务，从而提高宾客满意度和餐饮服务总体品质
茶水服务	(1) 使用托盘在宾客右侧服务，按需要情况摆上杯垫，茶杯摆放位置应方便宾客使用 (2) 上红茶的同时，需及时跟上奶盅、糖缸放置，以满足宾客的特殊需求 (3) 上花茶的同时，需及时跟上糖缸，以满足宾客的特殊需求	

做什么	怎么做	为什么
茶水服务	（4）递送茶杯时，不得将手触碰杯口 （5）提供茶壶服务时，应及时添加开水 （6）服务顺序：先女士、后男士，先宾客、后主人，先老人、后青年，按顺时针方向进行 （7）注意手势、语言，并提醒宾客小心烫着 （8）在服务时注意不要将茶水溅出以免烫伤宾客或污染台面	

四、咖啡服务

做什么	怎么做	为什么
用品准备	（1）咖啡用具必须配套使用：咖啡杯、咖啡底碟、咖啡匙、奶盅、糖盅 （2）咖啡用具必须符合卫生标准：干净无污、无破损、无水迹 （3）咖啡杯必须加热 （4）根据宾客人数从咖啡机中提取新鲜咖啡 （5）咖啡温度在 85° 以上 （6）奶盅内装 2/3 鲜奶并加热 （7）准备糖盅：白糖、黄糖、低卡路糖 （8）准备冰水及曲奇饼干	为宾客提供高品质的酒吧咖啡服务，从而提高宾客满意度和餐饮服务总体品质
咖啡服务	（1）咖啡制作完成需尽快上至宾客面前，避免咖啡冷却 （2）在宾客右侧提供半蹲式服务，托盘与桌面高度一致，将咖啡放至宾客面前，手拿咖啡底碟边缘位置；咖啡杯柄朝右并呈 3 点钟方向；咖啡匙置于咖啡底碟内右部方向，匙柄呈 4 点钟方向 （3）奶盅与糖缸摆放应方便宾客取用 （4）做好区域巡视服务，及时询问宾客是否需要续杯	

五、烈酒服务

做什么	怎么做	为什么
用具准备	（1）宾客加冰或直饮烈酒时，准备用厚底酒杯 （2）宾客喝混合烈酒时，准备古典杯，同时使用吧匙和搅棒 （3）酒杯保持干净、无水迹、无破损 （4）杯垫保持平整、完好，无水迹 （5）搅棒干净，完好 （6）托盘干净，无破损	为宾客提供高品质的酒吧烈酒服务，从而提高宾客满意度和餐饮服务总体品质

（续表）

做什么	怎么做	为什么
烈酒服务	(1) 若宾客点混合烈酒，则应先询问其是否需要加冰 (2) 需加冰饮用的烈酒，需先冰镇酒杯，再在酒杯内加入冰块，最后加入酒液 (3) 若宾客加冰喝烈酒，则在杯中加 1～3 块冰块 (4) 若宾客点金酒，伏特加，朗姆酒等，使用半片柠檬片当调酒饰物 (5) 若宾客点威士忌，白兰地，则不加柠檬 (6) 若宾客有特殊要求时，则按宾客的要求进行服务 (7) 烈酒由酒水员在吧台上用量杯将酒倒入杯中 (8) 附加饮料倒入调酒杯中 (9) 服务混合烈酒时，搅棒要提前放入高脚杯中 (10) 在服务混合烈酒时，附加饮料要根据宾客的喜好添加 (11) 添加附加饮料后，要用搅棒为宾客将混合饮料搅匀 (12) 使用托盘从宾客右侧半蹲式服务，随即附上餐巾纸	

六、啤酒服务

做什么	怎么做	为什么
啤酒服务	(1) 宾客点啤酒后，询问是否需要冰镇，确定后去酒吧拿酒 (2) 根据所点啤酒数量准备好相应的啤酒杯，未开启的啤酒、餐巾纸、杯垫放在托盘中，注意托送时啤酒放在托盘的靠身体一侧，啤酒杯则放在外侧 (3) 在宾客的右边半蹲式提供服务 (4) 先放杯垫在宾客右上方，然后握住杯子底部将啤酒杯放在杯垫上，随即附上纸巾 (5) 在宾客的允许下将放在托盘内的啤酒开启，用餐巾纸擦拭瓶口，右手拿起啤酒，酒瓶标签朝向宾客的方向 (6) 倒啤酒时应沿杯壁倒入杯中，不要太快，以免泡沫过多，泡沫过多时分两次完成 (7) 倒至八分满为止，杯子上部带一圈泡沫 (8) 如果瓶中啤酒未倒完，将啤酒瓶/罐放在茶几上杯子的右边，酒瓶标签朝向宾客 (9) 啤酒一般最佳饮用温度为 8～10℃	为宾客提供高品质的酒吧啤酒服务，从而提高宾客满意度和餐饮服务总体品质

任务四　大堂吧服务综合实训

实训目的

熟悉酒店大堂吧日常工作业务；掌握大堂吧服务流程及规范；能够制作简单的大堂吧酒水单饮品并完成相应服务。

实训内容

（1）大堂吧服务流程及规范。

（2）大堂吧饮品制作。

（3）大堂吧服务岗位体验。

实训步骤及方法

（1）以固定学习小组为单位，每组设计酒店大堂吧服务情景模拟并展示。

（2）各组进行互评及记录。

（3）以小组为单位，分批进行大堂吧服务岗位体验，并完成一份体验报告。

实训成果

（1）各组完成一次大堂吧服务情景展示。

（2）各组完成一份情景展示互评记录。

（3）各组汇总整理一份大堂吧服务岗位体验报告。

拓展与提高

1. 思考

结合酒店实际情况，讨论大堂吧服务如何做好细致服务？

2. 情景分析

大堂酒吧服务员在服务的过程中，误将 GINGER ALE 听成 GIN AND TONIC，造成出品出错，一方面让客人等得太久，另一方面直接导致酒水损失。

课后习题

1.（单选题）啤酒一般最佳饮用温度为（　　　）。

A. 0～4℃　　　　　B. 5～8℃　　　　　C. 8～10℃　　　　　D. 10～12℃

2.（多选题）大堂吧准备工作包含（　　　）。

A. 吧台基本用具准备　　　　　B. 酒水摆放

C. 酒水单准备　　　　　　　　　D. 酒水价格核对

E. 杯具擦拭

3. （多选题）大堂吧点单服务中，需要告知客人的信息包含（　　　）。

A. 酒水特点　　　　　　　　　　B. 口味

C. 价格　　　　　　　　　　　　D. 大致等候时间

4. （填空题）正常或营业低峰时，客人点酒水饮料，吧台接单后_____分钟内送上（鲜榨汁、鸡尾酒、特色咖啡除外），营业高峰期间酒水饮料不超过_____分钟。

5. （填空题）若宾客点了需加冰饮用的烈酒，正确的服务流程应该是先_____，再_____，最后_____。

（习题答案）

项目九
会 议 服 务

学习目标

知识目标： 熟知酒店各宴会厅面积及不同台型的最大容纳人数；熟知会议摆设标准与服务流程规范；熟知酒店茶歇摆设基本要求与茶歇服务内容和规范。

能力目标： 能够根据宾客需求，进行会议台型布置；能够熟练完成会议接待及茶歇服务。

素质目标： 具有积极主动的职业劳动意识；具有认真、严谨的职业态度。

任务要求

根据会议预订信息，制订会议台型设计图并分工。

通过岗位体验，全面了解酒店会议接待服务流程及服务要点。

案例导入

用心的会议服务

一天晚上，客人急匆匆带着会议资料来到国会厅，想找宴会厅服务员。这时我们的工作人员小秦过来："您好，请问有什么需要帮忙的吗？"客人说："服务员，你来得正好，我们想试一下 LED 屏可以吗？"小秦说："好的女士，请您稍等。"

LED 开启之后，客人说："服务员，你们这里有会操作电脑的人吗？明天可不可以让他帮我们操作一下电脑。"小秦说："女士，我先问一下上级，回头回复您。"客人说："好的，麻烦你问一下。"

小秦经过询问并得到领导同意之后，到客人面前说："您好女士，明天将由我为您操作电脑。"客人说："是吗？太好了，谢谢您。"小秦说："我能先看一下你们的资料吗，这样方便于明天会议的正常操作。"客人打开电脑并让小秦进行观看。小秦看过之后发现资料有一些乱，并给客人提供了些许建议。客人听过之后开心地笑了，说："有你在，我们就放心了。"小秦说："这是我们应该做的。"

　　第二天，参加会议的客人也陆续拿来了他们的资料，小秦不断地提出建议并被客人接纳。会议过程中，小秦冷静地指挥着工作人员，最终会议顺利结束。客人感激地说："这一次非常感谢你，没想到一个员工竟然帮助我们解决这么多事情。"小秦说："这是我们应该做的，不客气。"

　　为客人提供更高效，更方便的服务是我们每个酒店人都应该做到的。高效便捷的服务，才是我们给客人最好的保障。

任务一　会议接待服务

一、会议摆设工作

（会议桌摆放）

做什么	怎么做	为什么
准备工作	(1) 按照 EO 单和会议接待计划书的要求，准备所需物品 (2) 按宴会厅的面积和形状及会务组的要求设计好台型图，排列整齐、间隔适当、方便宾客入座、便于服务员会议间的操作 (3) 桌面铺设指定台布、台呢或桌套，下垂部分要匀称、对齐，台呢平整清洁无污渍 (4) 会议室布置要求美观、雅致、庄重，桌椅摆放主次分明，协调对称，并适当点缀植物花卉 (5) 检查地面、天花板、四周是否达到卫生标准，鲜花、音响设备、横幅、喷绘背景、指示牌、空调等是否到位 (6) 准备好茶杯、饮水杯、杯垫、杯盖，备好鲜花、热水瓶、信笺纸、铅笔、投影仪、投影幕布、激光笔、白板、白板笔、夹纸板等	使会议摆设工作专业化、标准化，从而提高宾客满意度和餐饮服务总体品质
摆放标准	(1) 将茶杯或饮水杯放在客人位置的右上方 (2) 摆台时的茶杯杯柄向右呈 3 点钟方向，在倒好茶水后杯柄向右呈 4 点钟方向 (3) 茶杯、饮水杯的下面须放杯垫 (4) 将会议信笺纸放入会议文件夹（会议皮垫）中，根据不同档次的要求，将其工整地摆放在每一席位的中间，边缘与桌面齐平，每个会议文件夹（会议皮垫）中摆放 2 张信笺纸，正面向上摆放在每个座位正前方的桌面上，下端与桌沿距离为 1 厘米 (5) 刨削过的铅笔商标朝上摆在文件夹的对角线的正中间，笔尖朝左上方	

做什么	怎么做	为什么
VIP 会议摆台	(1) 将会议皮垫放在每一席位的中间，边缘与桌面齐平，将装有 2 张信笺纸的会议文件夹放在会议皮垫的正中间，边缘与会议皮垫齐平 (2) 摆放会议杯托，按照左高右低的原则，依次放置茶杯、矿泉水、饮水杯，铅笔放入会议杯托侧槽内，茶杯摆放方向同普通会议摆放标准 (3) 重要会议接待，会议席卡可进行专门设计 (4) 重要会议接待，会场需做无烟处理 (5) 为 VIP 会议提供薄荷糖、水果等服务	

二、会议服务流程

做什么	怎么做	为什么
准备工作	(1) 接到会议通知单后，了解会议名称、性质、开会时间、与会人数及布置要求：比如同声翻译会议室，需报设备部检查各项仪器设备 (2) 根据订单的要求先将所需的各种用具和设备准备好（会议桌、椅、台布、台裙、台尼、桌套、盖杯、开水、茶叶、小毛巾、火柴、纸、铅笔、白板、白板笔、横幅、鲜花、绿植等） (3) 按订单要求将所需设备摆放就位，并调试好相关设备，如麦克风、电视机、投影仪等 (4) 据订单上的人数和要求，确定会议的台形，也可根据宾客要求摆放，特别要了解主要领导的习惯 (5) 会议桌、会议椅摆放要整齐，在一条直线上 (6) 会议开始前半小时，各项准备工作到位，上小毛巾（根据需要），备好充足开水、调试音响、开启灯、空调，根据会议性质选择合适的背景音乐 (7) 工作落台上准备好会议百宝箱 (8) 将会议室门打开，检查台型是否符合要求，台面要整洁，各种用具干净、齐全，摆放符合标准 (9) 根据宾客要求，将指示牌放在特定位置；有电子显示屏的需检查显示内容是否正确 (10) 服务员在开会前 20 分钟，精神饱满地在门口等候 (11) VIP 会议服务在会前 30 分钟到岗，精神饱满地在门口等候	使会议服务工作专业化、标准化，从而提高宾客满意度和餐饮服务总体品质
服务工作	(1) 宾客到达会议室时，服务员应礼貌热情地向宾客问好："您好，欢迎光临！"或"各位早上/下午/晚上好，欢迎光临！"并以手势示意，请宾客进入会议室就座 (2) 待宾客入座后，服务员从宾客右侧提供茶水服务，从主席台或领导开始，左手拿水壶，右手拿杯，为宾客添加茶水至八分满	

（续表）

做什么	怎么做	为什么
服务工作	（3）主席台贵宾的茶叶可根据其个人喜好，事先予以准备 （4）若宾客自带茶杯，只需为宾客添加开水即可，并将酒店提前准备的茶杯撤下 （5）事先得知宾客有服药的情况下，主动提供温开水服务 （6）通常每 20 分钟左右为宾客添加茶水，但尽量不打扰宾客开会，特殊情况可按宾客要求服务 （7）会议期间服务员始终在会议室内直至会议结束 （8）会议中间休息时，要尽快整理会场，补充和更换各种用品，整理台面物品时需注意保留宾客资料，宾客写过的纸张不可以轻易收走 （9）所有会场内禁止吸烟，如有宾客吸烟，服务员应及时礼貌规劝，并引领宾客至吸烟区吸烟	
结束工作	（1）会议结束时，服务员应站在门口，微笑地向宾客道别："您慢走（各位慢走），再见!"区域管理人员及迎宾应将主要领导送至电梯口或会议区域出口 （2）请会务组人员签单确认，并征询会议服务接待意见和建议 （3）会议结束后，要仔细地检查一遍会场，看是否有宾客遗忘的东西和文件等，设备设施是否有损坏，并认真做好记录 （4）重要会议接待，宾客写过的废纸回收保留一周，以防宾客索要 （5）关掉一部分灯光，包括走道的灯，保留可操作的光线即可，整理好干净的杯垫、未使用的信笺纸等 （6）将会议室用具、设备整理好，关闭空调、风机、电灯，做好充分的节能工作，安全部做歇业检查后关好门及窗户，把会议室钥匙寄放到安全部 （7）若产品订货会结束后，服务员协助宾客清理会场，保证酒店设备设施不被损坏 （8）建立宾客档案，重要会议接待，记录会议时间、地点，参会主要领导，会议主题联系人及其电话，主要领导人的特殊要求等	

任务二　会议茶歇服务

一、茶歇摆设工作

做什么	怎么做	为什么
准备工作	（1）通过预订单了解茶歇使用时间 （2）将茶歇台或铺好台布、围好台裙的桌子设置于合理的位置 （3）茶歇台必须大小合适，并适当予以装饰 （4）安排好煮咖啡时间，咖啡/茶至少提前 20 分钟准备好	使会议茶歇摆设工作专业化、标准化，从而

（续表）

做什么	怎么做	为什么
咖啡台摆设	(1) 将清洁的咖啡杯、底碟摆在桌子的左面按次序排列整齐，离餐台的沿边约一个茶碟的距离 (2) 咖啡杯杯口向上放在咖啡底碟上，杯柄向右呈 3 点钟方向 (3) 将咖啡匙放在咖啡底碟上，匙柄向右呈 4 点钟方向 (4) 备好奶盅、糖盅、餐巾纸、甜品叉等物品 (5) 咖啡用具必须符合卫生标准：经过高温消毒、干净无污、无破损磨痕、无水迹 (6) 将餐盘放在桌子的右边，和咖啡底碟一样，距离餐台的沿边 3/4 寸，呈一排整齐摆放 (7) 将咖啡加热炉接好电源	提高宾客满意度和餐饮服务总体品质
食品台摆设	(1) 准备干净的口布将甜品叉整齐地包裹好排放在盘中，并放置于餐盘旁边 (2) 将餐巾纸整齐排列摆放在纸巾架上 (3) 食品类供应时应跟上服务用具和调料、食品夹、餐碟等 (4) 食品类应分区摆放，并关注宾客取用流线的合理性	
服务台摆放	服务操作台摆放位置合理，托盘、服务口布等用具整齐摆放	

二、茶歇服务流程

做什么	怎么做	为什么
准备工作	准备好茶歇台的餐具以及各种服务用品	
服务工作	(1) 服务员托托盘自始至终在宾客之间巡回，随时收回宾客放在桌上的空杯，看到宾客手中拿着的杯子已经没有咖啡或茶水时，使用敬语询问其是否需要续杯 (2) 如果宾客需要则应该立即为宾客添加咖啡或茶水 (3) 如有贵宾至休息室，应主动提供茶饮及点心服务，一般情况下尽量少取高糖分的点心，咖啡、红茶加糖时询问是否需要加低卡糖 (4) 保持咖啡和茶的温度	使会议茶歇服务工作专业化、标准化，从而提高宾客满意度和餐饮服务的品质
结束工作	(1) 清理茶歇场地 (2) 将所有的物品放回原存放处 (3) 通知相关厨房收走剩余的食品	

任务三　会议服务综合实训

实训目的

掌握酒店会议基本服务流程及规范。

实训内容

(1) 会议场地布置及服务。

(2) 会议茶歇摆设及服务。

实训步骤及方法

(1) 以固定学习小组为单位，每组根据会议预订信息，设计会议台型设计并布置。

(2) 各组通过查阅资料、调研，设计合理的茶歇台摆设。

(3) 以小组为单位，分批进行会议接待岗位体验，并完成一份体验报告。

实训成果

(1) 各组完成一份会议台型设计图。

(2) 各组完成一份会议茶歇台设计图。

(3) 各组汇总整理一份会议接待岗位体验报告。

拓展与提高

常见 6 种会议台型

1. 剧院式

会议厅内面向讲台摆放一排排座椅，中间留有较宽的过道。特点是可以在留有过道的情况下，最大程度地摆放座椅，最大限度地将空间利用起来，在有限的空间里可以最大限度容纳人数；但参会者没有地方放资料，也没有桌子可用来记笔记。剧院式适用于新闻发布会、论坛、辩论会、启动仪式等等。

2. 课桌式

会议室内将桌椅安排端正摆放或成"V"形摆放，按教室式布置会议室，每个座位的空间将根据桌子的大小而有所不同。此种桌型摆设可针对会议室面积和观众人数在安排布置上有一定的灵活性；参会者可以有放置资料及记笔记的桌子，还可以最大限度容纳人数。这种方式适用于论坛、新闻发布会、研讨会、培训等，便于听众作记录。

3. 圆桌式

圆桌式适用于公司年会、中式宴会晚宴，如答谢会、招待会、茶话会等等。

4. 长方形

将会议室里的桌子摆成方形中空，前后不留缺口，椅子摆在桌子外围，通常桌子都会围上围裙，中间通常会放置较矮的绿色植物，投影仪会有一个专用的小桌子放置在最前端。此种类型的摆桌常用于学术研讨会类型的会议，前方设置主持人的位置，可分别在各个位置上摆放上麦克风，以方便不同位置的参会者发言；此种台型容纳人数较少，对会议室空间有一定的要求。

5. U 形

将桌子连接着摆放成长方形，在长方形的前方开口，椅子摆在桌子外围，通常开口处会摆放放置投影仪的桌子，中间通常会放置绿色植物以做装饰；不设会议主持人的位置以营造比较轻松的氛围；多摆设几个麦克风以便自由发言；椅子套上椅套会显示出较高的档次。

6. 鸡尾酒会式

以酒会式摆桌，只摆放供应酒水、饮料及餐点的桌子，不摆设椅子，以自由交流为主的一种会议摆桌形式，自由的活动空间可以让参会者自由交流，形成轻松自由的氛围。

📖 课后习题

1. （单选题）重要会议接待，宾客写过的废纸回收保留（　　　），以防宾客索要。

A. 一天　　　　　B. 三天　　　　　C. 一周　　　　　D. 二周

2. （单选题）同等面积场地，容纳人数最多的是下列哪种台型？（　　　）

A. 剧场式　　　　B. 课桌式　　　　C. 圆桌式　　　　D. 回字形

3. （单选题）下列哪种台型适用于公司年会？（　　　）

A. 剧场式　　　　B. 课桌式　　　　C. 圆桌式　　　　D. 回字形

4. （填空题）会议各项准备工作需在会议开始前_____分钟到位；在开会前_____分钟（VIP 会议服务在会前_____分钟），服务员需精神饱满地在门口等候。

5. （填空题）鸡尾酒会中，饮品的结账方式有_____和_____。

（习题答案）

项目十
宴 会 服 务

🍴 学习目标

知识目标：掌握大型宴会准备工作操作规范；掌握中式宴会服务流程与操作规范；熟悉西式宴会服务流程与操作规范；熟悉自助式宴会服务流程与操作规范；了解酒会摆设要求与服务工作流程和规范。

能力目标：能熟练完成各式宴会接待服务工作，并能提供细致服务。

素质目标：具有良好的服务意识和积极主动的职业劳动意识；具有阳光正面的职业心态和吃苦耐劳的职业精神。

🍲 任务要求

通过情景模拟，掌握中西式宴会接待服务流程。

通过岗位体验，感受宴会厅中西式宴会服务工作。

☕ 案例导入

传 递 温 暖

天气微凉，街上的人们裹着大衣，行色匆匆。

十月份好日子多，自然办喜酒的也多，四楼宴会厅几乎每天都在忙。这一天，像往常一样，大家在自己的岗位忙忙碌碌。宴会厅服务员陆梓萍今天负责在国会厅外围看茶歇，可能是因为天气转凉，客人们刚坐下，就开始不断要白开水、红茶、咖啡，陆梓萍有点忙不过来了。

这时，有个六十多岁的爷爷领着个小男孩匆匆忙忙走了过来，陆梓萍看到爷爷似乎有什么需要帮助的，就急忙迎了上去，问道："您好，请问您有什么需要帮助的吗？"爷爷说："我家小孙子调皮，在洗手间玩水，不小心泼到了衣服上，你们这里有吹风机吗?"陆梓萍看了看旁边的小孩,摸了摸他的衣服,确实湿了,还有些凉,这样的天气孩子会感冒的,可是自己这边又没有吹风机。不行,必须去借! 她便立刻将爷孙俩带到了电话间,那里环境封闭些,能让孩子少吹些冷风。陆梓萍一边去往客房中心,一边给同事打电话帮忙看茶歇。到了以后,客房中心说她们的吹风机都在客房里,这边没有,但是她们工作人员正在十八楼做卫生,让陆梓萍去那里取。陆梓萍不敢耽搁一刻,立刻乘电梯到十八楼,终于拿到了吹风机,心也安定下来了。

　　回到四楼后,陆梓萍把吹风机插上电源,细心地把衣服完全吹干,孩子穿上暖风吹过的衣服,又开心起来了,爷爷则是不停地说着谢谢。

　　将爷孙俩送进厅里后,陆梓萍继续看着茶歇,但是心境完全跟之前不同了。冬天里,温暖是会互相传递的。吹风机的暖风温暖了湿了衣服的孩童,爷爷感谢的话语温暖了辛勤工作的员工。

任务一　宴会接待准备

一、宴会前准备工作

做什么	怎么做	为什么
熟悉客情	(1) 会前通报宾客情况:宴会的名称、所需设备、要求提供服务的项目、主办单位或房号、重要宾客到达信息、收费方法、桌数、宴会标准、开餐时间、菜肴品种、出菜顺序、邀请对象;了解风俗习惯、特殊需求、生活忌讳 (2) 如果是外宾,应了解国籍、宗教、信仰、禁忌和口味特点,规格较高的宴会,同时应掌握宴会的目的和性质、宴会的正式名称、有无席位表、席卡、有无主办单位的要求等 (3) 根据宴会要求,对迎宾、看台、传菜、酒水、衣帽间及贵宾厅等岗位人员都要明确分工,落实具体任务 (4) 指定各岗位的主要环节责任检查人	充分熟悉客情,提前做好准备
台型和场地布置	(1) 按宴会厅的面积和形状及宴会要求,设计好餐桌排列图,在布置中做到突出主桌、排列整齐、间隔适当、方便就餐、便于服务 (2) 视桌数及厅内空间搭放合适的操作台,以保证餐厅的整体美观程度	根据要求做好台型、场地布置,保证宴会顺利进行

（续表）

做什么	怎么做	为什么
台型和场地布置	（3）布置完毕后清理所有摆台所用物品 （4）检查餐厅的地面、天花板等环境要求是否达标，主桌上鲜花、婚宴使用的背景、香槟桶、香槟、香槟塔、蛋糕等是否到位，指示牌、音控等是否到位	
熟悉菜单	（1）与行政总厨沟通，熟悉宴会菜单和主要菜肴的风味特色 （2）特殊菜肴准备介绍词 （3）了解出菜顺序 （4）了解点心的名称和制作 （5）菜单须由宾客确认后提前做好打印	提前熟悉菜单，便于做好介绍
准备工作	（1）布置好宴会所需的台型，台面布置要体现宴会气氛 （2）落台的备餐要求：摆放骨碟，开瓶器，分餐餐具，服务口布，毛巾，备用餐具两套，要求物品摆放整齐，统一方向 （3）根据菜单的服务要求，准备好足够的各类用具，分类摆放在固定地方备用 （4）根据菜肴的特色，准备好跟菜肴相匹配的调料 （5）根据宴会通知单要求备好鲜花、酒水、香烟等 （6）按宴会厅布局摆放绿色植物、鲜花 （7）根据用餐人数多备几套餐具 （8）如有外宾，根据要求放好刀叉并根据宾客需要放上席位卡 （9）在主人、副主人位各放一本菜单 （10）宴会开始前30分钟按照每桌的数量拿取酒品饮料，并将瓶罐擦干净摆放在操作台上 （11）开餐前15分钟摆放冷菜：取冷菜时使用托盘，注意卫生操作，并且轻拿轻放，避免破坏冷菜造型；根据规定数量拿取，不要多拿、错拿 （12）摆放冷菜时要荤素、颜色搭配摆放，装饰花朝转盘中间，冷菜盘之间的摆放距离相等，距离桌边的距离相等 （13）根据宾客人数，使用托盘按顺时针方向依次将小毛巾摆放在宾客的左边，毛巾边一律朝下，毛巾开口朝里 （14）大型宴会开餐前10分钟，征询宾客意见是否需提前斟倒红酒，如宾客同意斟倒，则在红酒杯内倒1/5的红酒，每倒一次需将酒瓶按顺时针方向轻转一下，并用干净的服务口布擦拭瓶口，若宴请主人未同意事先开启红酒，则应根据宾客要求办理	做好充分准备工作，保证宴会顺利进行
检查内容	（1）检查宴会厅门口的电子显示屏及指示牌的内容是否与宴会的内容相符 （2）宴会指示牌、宴会厅名称、宴会场地示意图是否准确无误 （3）接待桌的位置及所需物品是否备妥 （4）会场上所需物品及使用器材是否准备齐全并维持在良好的状况下；会议时所需的器材是否备妥、功能是否完善	认真逐项检查到位，做好充分准备接待宴会

做什么	怎么做	为什么
检查内容	(5) 检查宴会厅内的门窗及窗帘是否整洁美观 (6) 检查绿色植物是否美观协调 (7) 检查台布和口布是否有破损的状况，应确保其干净卫生 (8) 维护服务区域与工作操作台的整洁 (9) 餐厅温度夏季保持在在 24～28℃，冬季保持在 16～22℃ 之间；餐厅湿度冬季保持在 50～55％rh，夏季保持在 45～50％rh (10) 检查背景音乐，音乐曲目、音量适宜，音质良好 (11) 检查电器、灯具是否完好 (12) 检查台面、摆台是否符合规格，菜单是否到位 (13) 检查玻璃器皿、银器是否擦拭光亮 (14) 检查地毯是否干净 (15) 检查服务人员仪容仪表是否符合要求；是否携带笔、打火机及开瓶器等必备物品 (16) 检查各种餐用具有无破损，调料、酒饮是否备齐并略有盈余	

二、宴会备餐服务台摆放工作

做什么	怎么做	为什么
备餐服务台准备工作	(1) 根据宴会的形式、标准、性质、参加宴会的宾客身份等情况布置操作台 (2) 根据铺台标准在宴会厅工作操作台上铺好台布，并围好台裙 (3) 把围好台裙的工作操作台放置在宴会厅内合理的位置 (4) 切勿将工作操作台与墙面和软包装靠得太近 (5) 根据宴会菜肴的数量、宴会人数，列出所需的餐具、用具的种类、名称和数量，并且分类进行准备 (6) 准备备用餐具，数量是所需餐具总数的 20％左右 (7) 将餐具、用具、酒水类、托盘整齐地分类摆放在工作操作台上	为宴会开始做好充分的准备，从而提高工作效率和工作质量

任务二　中式宴会服务

一、中式宴会摆台工作

做什么	怎么做	为什么
整理桌椅	(1) 餐桌呈排列有序状态摆放，同时需注意摆正桌腿 (2) 餐椅可以分散或均匀摆放	使摆台工作标准化，专业化，从而提高工作效率和中式宴会服务总体服务品质
摆台操作	(1) 铺台布时服务员站在主位右侧拉开椅子 (2) 抖开台布后进行台布定位，注意要抚平台布 (3) 可采用抖铺式、推拉式或撒网式铺设，做到用力均匀，动作熟练，干净利落，一次到位 (4) 圆桌台布正面向上，定位准确，十字居中，凸缝朝向主副主人位，下垂均等，台面平整 (5) 放转盘：转盘摆放在台面中间并检查转动是否灵活 (6) 餐椅定位：座位中心与骨碟中心对齐，餐椅之间距离均等，餐椅座面边缘距台布下垂部分1.5厘米 (7) 骨碟或展示盘定位：骨碟或展示盘距桌沿约1.5厘米，中心线与餐椅的中心线相对应；骨碟或展示盘之间摆放距离相等 (8) 摆放口汤碗、小瓷匙：在骨碟或展示盘左上方11点钟方向摆放口汤碗，与骨碟或展示盘相距1厘米；口汤碗内摆放小瓷匙，匙柄指向9点钟方向，匙柄朝左，与骨碟或展示盘平行 (9) 摆放味碟：味碟摆放于展示盘右上方1点钟方向，位于骨碟或展示盘1厘米并与其相切之处；位于口汤碗1厘米并与其相切之处 注：可以倒好酱醋征询宾客是否需要后再摆放 (10) 摆放筷子、筷架、牙签：筷架摆放于展示盘或骨碟右侧，筷子垂直摆放于筷架的中心，筷子底部距离桌边一指，约1.5厘米，牙签底部与筷子底部平齐 (11) 摆放公共用品：在转盘的正中间放上花瓶（或其他装饰物）；烟缸摆在转盘的四周，对角两只烟缸摆放的边线互相垂直 (12) 摆放酒杯：将红葡萄酒杯放在筷子的正上方，杯底与筷子距离1厘米；高脚水杯摆在葡萄酒杯左边呈45°角，两个杯子的中心要在同一水平线上，杯壁间距为1厘米 (13) 摆放口布花：按照规范折叠口布花；立式摆放在骨碟上 (14) 正、副主人右侧各放一份菜单 (15) 最后检查：步骤到位，整体协调；餐具清洁、完好；餐椅摆放正确，无倾斜；餐具摆放过程中不应有二次污染	

（续表）

做什么	怎么做	为什么
摆台操作	(16) 摆放要求：摆放时姿势规范，侧身站在椅子右侧，左手托托盘，右手摆放餐具；摆餐具要求：摆放餐具均须拿边缘操作；按餐桌人数每套餐具之间的距离相等，按顺时针方向等距离定位摆放 注：①中餐宴会（常规接待）台面基础物品配置建议：展示盘和展示盘垫布的配置可根据实际需求由酒店自定；②中餐婚宴台面基础物品配置（常规接待）建议：不配置展示盘和长柄分更	

二、中式宴会服务流程

做什么	怎么做	为什么
迎宾工作	(1) 宴会开场前 20 分钟，宴会厅管理人员和迎宾员在宴会厅门口准备迎候宾客 (2) 检查个人仪容仪表是否符合标准，以最好的精神状态准备投入工作 (3) 宴会厅服务员提前 15 分钟站在各自负责的区域内准备服务 (4) 宾客到达时，主动上前迎接，微笑问好，有目光交流，常客尽量带姓称呼 (5) 回答宾客问题和引领宾客时使用敬语，态度和蔼，语言亲切 (6) 在引领宾客进入场内的途中，根据宾客之间的交谈，言行举止对主人、宾客关系做出正确的判断，与看台服务员做好沟通	使迎宾工作专业化、标准化
接挂衣帽	(1) 应主动接拿宾客的衣帽妥善挂放 (2) 接挂衣服时应提衣领，切勿倒提以免袋中物品掉出，同时提醒宾客贵重物品应随身携带，应努力记住贵宾及其衣帽的特征，且挂放在较显眼的位置，以便准确取递，若无衣帽柜可提供客衣套服务	
入席服务	(1) 服务员应主动上前为宾客拉椅让座，站在椅背的正后方，双手握住椅背的两侧后退半步，同时将椅子拉后半步，用右手做一个"请"的手势，示意宾客入座，在宾客即将坐下的时候，双手扶住椅背两侧，用右膝盖顶住，拉椅、送椅动作要迅速、敏捷、力度要适中，不可用力过猛，以免撞倒宾客 (2) 按照先宾后主，女士优先的原则进行 (3) 宾客需要将外套脱去时，主动帮助宾客接过衣服，握住衣领，小心谨慎地挂在椅背上，立即拿来客衣套将椅背平整地套好，并告知宾客保管好自己的随身物品	

（续表）

做什么	怎么做	为什么
入席服务	（4）一般形式的婚宴在开场前 10 分钟将毛巾叠放在宾客的餐位上 （5）高档宴会则在宾客坐定后，立即为宾客上小毛巾，具体操作参照文件 （6）宾客入座后，按先女士后男士，先宾客后主人的次序顺时针方向依次进行，站在宾客的右手边用右手拿起口布，拆开餐巾，左手提起餐巾的一角，使餐巾的背面朝向自己，用右手拇指和食指捏住餐巾的另一角，采用反手铺法，即右手在前，左手在后，轻快地为宾客铺上餐巾，这样可避免右手碰撞到宾客身体	
展示酒水、斟酒	（1）为宾客斟酒水时，应先征求宾客的意见，根据宾客的要求斟各自喜欢的酒水饮料 （2）从主宾开始先斟葡萄酒，再斟烈性酒，最后斟饮料 （3）根据文件《白葡萄酒服务指导标准》，为宾客展示酒水及斟酒，斟白葡萄酒杯的 2/3 即可 （4）根据文件《红葡萄酒服务指导标准》，为宾客展示酒水及斟酒，斟红葡萄酒杯 1/3 即可 （5）烈酒和软饮各斟 8 分满 （6）宾客干杯或互相敬酒时，迅速拿酒瓶到餐台前准备添酒 （7）主人和宾客讲话前，观察每位宾客杯中的酒水是否准备好 （8）在宾客离席讲话时，准备好酒杯、斟好酒水供宾客祝酒	使员工掌握展示和斟倒酒水的流程
席间服务	（1）倒酱醋：站在宾客右边，左手托托盘，右手将宾客桌上的双味碟拿到托盘内斟倒，倒至 1/4 满即可，使用敬语："左酱右醋请慢用！"倒好后，将双味碟轻轻放回原处 注：若摆台时未放置味碟，应按宾客需求及时提供酱醋服务 （2）撤鲜花：上第一道热菜时先询问宾客是否可以撤下鲜花，待宾客允许后再撤下鲜花，注意台面上如果有遗留下来的绿色叶子，要及时清理 （3）换骨碟：高级宴会中，每上一道菜就为宾客换一次骨碟；其他形式的宴会则在骨碟中的残渣达到 1/2 时或者在上一些特殊菜（例如螃蟹）后为宾客撤换骨碟 （4）根据宾客人数，从工作操作台上取来干净的骨碟放在托盘内侧，站在宾客的右侧，左手托托盘，右手将脏碟撤下，再换上干净的骨碟，使用敬语："对不起，给您换一下骨碟好吗？" （5）将撤下的骨碟放入托盘内，注意摆放标准：装有垃圾的骨碟放在最上面，其余的骨碟将垃圾倒在最上面的骨碟后，再整齐地将骨碟放在托盘的一侧 （6）换烟缸：烟缸内有 2 个烟蒂须换，若有半截烟需要先征询宾客；具体操作参照文件《烟缸撤换指导标准》 （7）换小毛巾：掌握合适的时机为宾客更换，如食用湖蟹、手抓羊肉等菜肴后更换，上水果前应更换	为宾客提供规范而细致周到的服务

183

做什么	怎么做	为什么
席间服务	（8）上鹅掌等带骨菜肴，则将小毛巾放在宾客左侧，统一所有菜肴的方向，跟上一次性手套，不要放在骨碟上 （9）更换小毛巾前应准备托盘和相应数量的毛巾碟，将干净的小毛巾用毛巾夹夹入毛巾碟 （10）左手托托盘，右手从宾客左侧递上毛巾碟，放在宾客的左手边（毛巾边一律朝下，毛巾折口处一律朝右摆放） （11）顺时针绕台进行或者根据女士优先，先宾后主的服务原则为宾客更换毛巾，使用敬语："对不起，给您换下小毛巾好吗？"摆放毛巾碟时，手指不可触碰小毛巾 （12）撤换餐盘：就餐进行到一半时，观察台面，撤去不需要的碗、碟，保持台面整齐 （13）宾客长久不动的菜肴需征求宾客同意后，撤掉或者将大盘菜肴撤换为小菜盘 （14）上水果：上水果时，根据餐桌的人数，准备好水果叉放在干净的骨碟中为宾客送上 （15）撤台：征得宾客同意后，先撤去宾客面前的小件餐具，然后再撤台面上的餐具 （16）宴会结束，若宾客在聊天应主动提供茶水服务	
结账服务	（1）宴会即将结束时，宴会厅经理可以预先将宾客的账单审单清楚，待宾客用完餐后，向宴会组织者结账 （2）结账时应将宾客所用的酒水，菜单以外的各种消费计算清楚，及时请宾客确认	提供准确规范的结账服务
征询宾客意见	主动征询宾客对菜肴、服务的意见，使用敬语："请问您对我们今天的菜肴、服务是否满意？请提出宝贵的意见，以便下次能更好地为您服务。"	
结束工作	（1）在宾客离席时，服务员要帮助宾客整理衣物；检查台面上下是否有宾客遗忘及损坏的物品；提醒宾客带好随身物品；礼貌地向宾客道别 （2）及时关闭高能耗设备，如吊灯、空调等，做好节能工作 （3）收台时，先收起所有银器，再按小毛巾、口布、酒杯、筷子、小件餐具、台面餐具的顺序分类收拾 （4）将桌椅摆放整齐，地面、地毯打扫干净，关闭电源，关好门窗 （5）由宴会厅领班通知安全部进行歇业检查，并将区域钥匙交到安全部	规范收尾整理工作

任务三 西式宴会服务

一、西式宴会准备工作

做什么	怎么做	为什么
准备餐具	(1) 按照宴会规格备足干净餐具和用具，包括台布、口布、主餐刀叉、汤勺、色拉刀叉、黄油刀、甜品叉勺、咖啡勺、咖啡碟、奶盅、蜡烛台、菜单、火柴、鲜花（装饰物）等 (2) 根据宴会通知单上的酒水要求摆放酒水杯	充分做好宴会前准备工作，保证宴会进行期间的各项工作顺利进行
摆台	(1) 铺台布要平整，中缝向上，方向一致 (2) 摆口布花，位置、方向要一致，间距相等 (3) 根据文件《西餐零点摆台指导标准》进行摆台 (4) 在餐桌中央摆放鲜花（装饰物）、蜡烛台、胡椒瓶、盐瓶、牙签盅	
准备工作台	(1) 根据宴请人数，菜单准备宴会临时工作操作台 (2) 在操作台上摆放咖啡用具、茶具、冰水壶、托盘、服务用具、刀叉、勺、酒水等 (3) 在备餐间内准备面包篮、黄油、各种调味品	

二、西式宴会服务流程

做什么	怎么做	为什么
准备工作	(1) 将水杯注入 4/5 的冰水 (2) 面包放在面包篮里摆在餐桌上，黄油要放在黄油碟里 (3) 将餐厅门打开，迎宾员站在门口迎接宾客 (4) 服务员站在餐台前，面向门口	使西式宴会服务专业化，标准化，从而提高宾客满意度和餐饮服务总体品质
接挂衣帽	(1) 应主动接拿宾客的衣帽妥善挂放 (2) 接挂衣服时应提衣领，切勿倒提以免袋中物品掉出，同时提醒宾客贵重物品应随身携带，应努力记住贵宾及其衣帽的特征，且挂放在较显眼的位置，以便准确取递，若无衣帽柜可提供客衣套服务	
餐前服务	(1) 餐前酒会服务 (a) 准备工作参照文件《鸡尾酒会摆设工作标准》 (b) 在宴会厅门口为先到的宾客提供鸡尾酒会式的酒水服务 (c) 由服务员托着托盘端送饮料、鸡尾酒，巡回请宾客饮用	

（续表）

做什么	怎么做	为什么
餐前服务	（2）宴会开始前请宾客入宴会厅就座，按照文件《西餐服务礼节/顺序指导标准》为宾客拉椅让座、铺口布	
席间服务	（1）在为宾客斟酒前，打开瓶盖把酒倒出少许，请主人品评酒质（视宾客情况），经许可后再为宾客斟酒，不同种类的酒根据相应服务标准为宾客服务 （2）根据文件《西餐服务礼节/顺序指导标准》为宾客上菜 （3）上菜顺序为：头盘、汤、主菜、甜品、咖啡或红茶 （4）宾客全部放下餐具后，询问宾客是否可撤盘，得到宾客允许后，方可从宾客右侧将餐具撤下 （5）经常巡视台面，做好区域看台工作，为宾客添加酒水及整理台面 （6）宾客席间离席，帮助拉椅、重新整理口布 （7）宾客回座时，协助宾客拉椅、落口布 （8）询问宾客是否添加面包与黄油，如果需要，立即为宾客添加 （9）使用托盘将装有面包的面包篮和黄油碟摆放在餐桌上，然后再将空的面包篮与黄油碟收回	
餐后服务	（1）用托盘将面包、黄油刀、黄油碟、面包篮、椒盐瓶全部撤下 （2）从宾客的右侧为宾客上甜食 （3）待宾客全部放下餐具后，询问宾客是否可以撤下，得到允许后将餐具撤下 （4）站在宾客右边用左手拿一只干净的面包碟，右手用服务口布清理台面上的面包屑 （5）使用热的咖啡杯制作咖啡 （6）使用托盘将糖盅、奶盅摆放在餐桌中央，圆桌放两份，对称摆放；参见《西餐咖啡、茶服务指导标准》为宾客服务	

任务四 宴会自助餐服务

一、宴会自助餐台布置工作

做什么	怎么做	为什么
餐台布置	（1）必须按照食物数量及预计用餐人数来安排自助餐台的合理利用 （2）摆放前需要和西餐厨师长沟通自助餐台摆放位置和大小，以及所需自助餐炉的数量 （3）除专业茶歇台和展示台外，其他由各种规格和形状的桌子接拼而成的餐台都应用台裙围边，台裙要清洁烫平，使用围裙夹，台裙要遮住台脚，台子正中需用鲜花或装饰物装饰	为宴会自助餐服务做好充分的准备，从而提高工作质量和工作效率

（续表）

做什么	怎么做	为什么
餐台布置	（4）使用不同的装饰点缀台面，使自助餐台显得有生气和层次感 （5）按照食物的出品均匀放置自助餐炉 （6）按照自助餐台的设置，在合理的位置摆放好足够数量的自助餐盘、碗、筷子和汤匙 （7）协助厨房按照食物的分类有规律地摆好各类食品，并在每种食物前放上正确的菜品名牌（需有中英文对照、主辅料描述，建议有简单的口味描述） （8）将酒精罐放在每个布菲炉下面 （9）在每一个品种的食物前摆放分勺、分叉、食品夹，并将其放在垫盘（餐夹底托）中，置放于每个布菲炉或盘装食品前 （10）保持工作操作台上的整洁，并在旁边准备好托盘和服务巾	

二、宴会自助餐服务流程

做什么	怎么做	为什么
宴前准备	（1）从宴会通知单上了解预订主办单位、参加人数、就餐标准、用餐地点、用餐形式、VIP宾客信息、台型设计、菜肴品种及布置主题的有关事项 （2）按要求摆放好自助餐食品台、桌椅及操作台，突出主桌、预留通道，摆放餐桌椅规范一致 （3）按照设计要求，做好自助餐食品台的布置工作，用围裙围边，台面上放置好各类装饰的鲜花、黄油雕、冰雕、果蔬雕等，准备好各种盛放热菜的布菲炉、酒精、分餐夹 （4）按照宴会人数、菜单、菜品特点准备好各类餐具、用具，用量充足，并仔细检查确保完好无损，符合规定要求，分类整齐摆放在自助餐台合适的位置 （5）准备所用的酒水饮料及各种服务用具，如开瓶器、酒篮、冰桶、冰夹及各类酒杯 （6）按照方便宾客取菜的原则，将菜肴分类摆放，摆放时，需留一定的位置放餐具及分餐夹 （7）按照相应的菜摆放中英文、主辅料说明的菜牌 （8）设施完好，用品清洁，备量充足，准备到位 （9）各种菜肴在宴会开始前15分钟左右按照划分的位置摆放好并加热 （10）领班对餐前准备工作及员工仪表仪容进行认真检查，并做好餐前例会，对各项工作要做到明确分工 （11）服务员精神饱满地站在指定区域里迎接宾客	使宴会自助餐服务专业化、标准化，从而提高宾客满意度和餐饮服务总体品质

做什么	怎么做	为什么
迎领服务	(1) 迎领员严格按规范站立在工作区域，不得擅自离岗 (2) 宾客到达时应礼貌上前问好表示欢迎，面带微笑指引方向，注意需与宾客有目光交流 (3) 引领宾客入座 (4) 问候及时，语言亲切	
接挂衣帽	(1) 应主动接拿宾客的衣帽妥善挂放 (2) 接挂衣服时应提衣领，切勿倒提以免袋中物品掉出，同时提醒宾客贵重物品应随身携带，应努力记住贵宾及其衣帽的特征，且挂放在较显眼的位置，以便准确取递，若无衣帽柜可提供客衣套服务	
席间服务	(1) 宾客入座后，立即为宾客铺口布 (2) 主动征询宾客要求，及时为宾客续酒水和饮料，如宾客前来拿酒水、饮料时要有礼貌地请宾客挑选，并主动介绍所供应的品种 (3) 宴会进行中，根据宾客的需求补充各种酒水和冰块 (4) 及时更换餐盘及整理台面 (5) 巡视台面，发现食物剩余1/3时，及时与厨房联系，以便补充食品 (6) 布菲台服务员要及时更换酒精及清洁自助餐台，保持自助餐台的整洁并随时添加餐具，保证餐具足够使用 (7) 耐心指引宾客熟悉餐台布局，积极协助宾客取餐 (8) 适时整理自助餐食品台及菜肴，保证自助餐台的整洁、整齐、美观、丰盛 (9) 服务员要勤巡视，多观察，主动为客人服务并随时保持收餐台和餐桌的整洁卫生，巡视过程中不得从正在交谈的客人中间穿过，更不能打断或打扰客人的交谈，若客人互相祝酒，要主动上前等待斟酒 (10) 主人致辞祝酒时，要专门安排一名服务员为其送酒，其他服务人员则分散在宾客之间为宾客送酒饮，动作要迅速敏捷 (11) 在宾客的允许下及时撤走台面上已经用过的餐盘及杯子，但是至少为每位用餐的宾客留下一个杯子在台面 (12) 员工之间需要相互协作配合 (13) 在服务的全过程中，宾客的服务需求要能够及时得到满足。要求服务人员服务态度端正，热情大方，注重仪容仪表和形体语言，动作连续自然，始终保持微笑服务，并具有强烈的服务意识	
送客服务	(1) 主动上前为宾客拉椅 (2) 微笑向宾客致谢 (3) 检查有无宾客遗留物品，提醒宾客带好随身物品	

（续表）

做什么	怎么做	为什么
收尾工作	(1) 宾客用餐结束后，及时关闭高能耗设备，如吊灯、空调等，做好节能工作 (2) 撤走餐台及桌面上的餐具及酒杯等，并送至指定位置（先撤口布，接着撤玻璃器皿，然后撤不锈钢餐具，最后撤瓷餐具） (3) 做好区域卫生清洁的工作 (4) 做好酒水的清点保存工作 (5) 做好设施设备的清洁保养工作	

任务五 酒会服务

一、酒会摆设工作

做什么	怎么做	为什么
准备工作	(1) 根据酒会通知，了解出席宾客的国籍、人数、用餐标准、举行时间、有何禁忌等信息，设计好台型 (2) 一般 200 人以下的酒会，需要摆放主餐台，点心台，水果台，酒水台等区域；食品台和酒水台设置于理想的位置，布置酒会台型、桌椅，准备酒会所需的各种设备，如音响、立式麦克风、喷绘背景等，现场设以合适的鲜花、绿植装饰 (3) 根据宴会通知单要求备好充足的酒水、冰块、调酒用具，并备齐、备足各类杯具 (4) 各种服务用品和布草准备齐全，如餐具、台布、口布、分酒壶、醒酒器、开瓶器、打火机等 (5) 准备好干净的服务托盘	为酒会做好充分的准备，从而提高工作效率和工作质量
铺台	(1) 除专业茶歇台和展示台外，其他由各种规格和形状的桌子接拼而成的餐台都应用台裙围边，台裙要清洁烫平，使用围裙夹，台裙要遮住台脚，主餐台上需用鲜花或装饰物装饰 (2) 将餐巾纸叠成三角状放置在干净的纸巾架上 (3) 主餐台菜肴品种一般按照从素到荤、从淡到浓的原则将菜肴分类摆放，并放置中英文对照的菜牌 (4) 水果台、点心台要色彩搭配，高低错落有致 (5) 将足够的餐碟、甜品叉、甜品勺等摆放在餐台上的一端或两端，中间则陈列足够的小吃、菜肴，在每一品种的食物前摆放公用食品夹、食品勺等，并将其放在餐夹底托中	

（续表）

做什么	怎么做	为什么
铺台	(6) 酒水台备好酒杯、冰块，摆放造型要美观 (7) 另外为了便于供应主菜，也可以设置独立的明档 (8) 检查菜单食品是否正确，并在旁摆上菜点的中英文标识牌 (9) 如果是高级酒会，应该备有餐台为宾客切割肉类食物，如牛柳、火腿等	
其他	(1) 地毯整齐卫生，植物应无枯叶及积灰，装饰品协调美观并摆放整齐 (2) 灯光、空调设备完好正常，温度适宜，空气清新 (3) 有背景音乐，音乐曲目、音量适宜，音质良好 (4) 在宾客抵达前1小时，将一切准备工作做好	

二、酒会服务流程

做什么	怎么做	为什么
酒会前准备	(1) 根据接待相关信息做好酒会服务计划书 (2) 根据酒会规模配备服务员，一般以1人服务10～15位宾客的比例配备人员 (3) 开好酒会前例会，落实具体任务 (4) 调酒员提前到达吧台，根据酒会人数调制所需的鸡尾酒以及准备各种饮料 (5) 在酒会开始前10分钟将调制完成的鸡尾酒和饮料放入托盘内，并配置适量纸巾 (6) 将装满酒水的托盘整齐地陈列在吧台上，等待服务员的领取	使酒会服务工作专业化、标准化，从而提高宾客满意度和餐饮服务总体品质
迎接宾客	(1) 安排服务员提前二十分钟在宴会厅入口处准备以最好的精神状态迎接宾客的到来，站姿正确，面带微笑 (2) 宾客到达后，立即上前迎接，为宾客引路，使用敬语："欢迎光临！这边请。" (3) 做好宾客人数统计，准确无差错	
巡台服务	(1) 开场前15分钟服务员到吧台领取酒水 (2) 服务员自始至终在宾客之间巡回，由宾客自己选择托盘上的酒水，若宾客单点酒饮应及时送上 (3) 主人致辞祝酒时，要专门安排一名服务员为其送酒，其他服务人员则分散在宾客之间为宾客送酒饮，动作要迅速敏捷，保证每位宾客有酒饮在手 (4) 如主人去各处轮流敬酒，应专人用托盘备好酒饮随行斟倒 (5) 及时收回宾客放在桌上的空杯子或者看到宾客手中拿着空杯子时，礼貌询问宾客是否需要添加	

做什么	怎么做	为什么
巡台服务	(6) 示意宾客将空杯放入托盘内，若宾客需要续杯，则让其自主选择托盘内的酒水 (7) 从宾客右手边及时撤下空餐盘，勤换宾客台面的烟缸 (8) 帮助老年人或小孩取食 (9) 用托盘托送特色的点心，巡走在宾客中间，让宾客自行领取 (10) 及时收回桌上的空盘等，并送往洗碗间 (11) 如地上有食物或酒水打翻在地时，立即清理，随时保持整个会场的整洁 (12) 耐心指引宾客熟悉餐台布局，积极协助宾客取餐或递送酒水 (13) 服务员要勤巡视，多观察，主动为宾客服务，及时收拾餐盘并随时保持收餐台和餐桌的整洁卫生，巡视过程中不得从正在交谈的宾客中间穿过，更不能打断或打扰宾客的交谈，若宾客互相祝酒，要主动上前等待斟酒	
餐台服务	(1) 关注宾客进餐情况，添加菜肴，整理菜盆和取菜餐具，当大餐盘内食品剩余 1/3 时即应添加 (2) 布菲台服务员要及时更换酒精膏，及时清洁自助餐台，保持自助餐台的整洁并随时添加餐具，保证餐具足够使用 (3) 宾客取用食品时，服务人员要主动送碟、盘，帮助客人取食品和分送食品，同时要注意菜食的数量，不足时及时补充，但要注意适量，随时保持食品装饰的形态美观、整洁 (4) 保证有足够量的餐具、餐盘，保持自助餐台的卫生 (5) 员工之间需要相互协作配合	
吧台服务	(1) 负责斟倒酒水、调配宾客所点的鸡尾酒 (2) 做好和服务员之间的协调工作，保证快速准确地将酒水饮料交至服务员 (3) 所有的鸡尾酒调制及酒水的供应都应在收费标准内进行	
结束工作	(1) 宾客离开时，替宾客引路，使用敬语"谢谢光临，请慢走"，区域管理人员及迎宾应将主要领导送至电梯口或会议区域出口 (2) 检查有无宾客遗留物品，提醒宾客携带好随身物品 (3) 宾客全部离去后，方可撤掉所有的物品 (4) 将剩余的酒水收回酒吧存放 (5) 及时清理现场，清理工作要做到专人分类进行，瓷器、银器、酒具等洗净后及时回归原位专人保管 (6) 撤下台布，收起桌椅，为下一餐做好准备 (7) 结账 　(a) 包价结账：按酒会前的协议价格付账 　(b) 零杯零卖：由服务人员及时开单 　(c) 不得向宾客索取小费	

（续表）

做什么	怎么做	为什么
结束工作	（d）宴会即将结束时，宴会厅经理/领班可以预先将宾客的账单审单清楚，待宾客用完餐后，向宴会组织者结账 （e）结账时应将宾客所用的酒水等各种消费计算清楚，请宾客确认 （f）结账后向宾客表示感谢并征求意见 （8）建立宾客档案，记录酒会相关信息，主要领导人的特殊要求等	

任务六　宴会接待服务综合实训

实训目的

掌握中西餐宴会服务及自助式宴会服务接待流程和操作规范。

实训内容

（1）中式宴会服务接待。

（2）西式宴会服务接待。

（3）自助式宴会服务接待。

实训步骤及方法

（1）以固定学习小组为单位，分组分批设计并展示中西式宴会服务情景。

（2）各组进行互评及记录。

（3）根据酒店实际经营情况，各组分批进行宴会服务接待岗位体验，并完成一份体验报告。

实训成果

（1）各组完成一次（中西式）宴会服务情景展示。

（2）各组完成一份情景展示互评记录。

（3）各组汇总整理一份宴会服务接待岗位体验报告。

拓展与提高

新形势下酒店都非常注重餐饮宴会市场，大家都在抢占宴会市场这份大蛋糕。可如何来赢得客户的心？其实我们除了常规服务以外，更要注重餐饮宴会市场的定制服务，我们要能针对不同类型的宴会设计不同的服务方式，如：生日宴、婚宴、寿宴、宝宝宴、商务宴、家庭宴等，不同的宴会都要能量身定制设计不同服务方式。

结合酒店实际情况，选择一个主题宴会，尝试设计一份体现主题的宴会服务方式。

课后习题

1.（单选题）西餐宴会服务中，宾客桌上的面包屑可用（　　）清洁。

A. 服务口布　　　　B. 抹布　　　　　　C. 吸尘器　　　　　D. 刷子

2.（单选题）宴会备用餐具应准备所需餐具总数的（　　）。

A. 5%　　　　　　B. 10%　　　　　　C. 15%　　　　　　D. 20%

3.（多选题）关于中式宴会服务中，骨碟撤换服务标准，说法正确的有（　　）。

A. 站在宾客右侧进行撤换，并用敬语提醒

B. 撤换骨碟时，每一位宾客的脏骨碟都码放一起

C. 高级宴会中，每上一道菜就为宾客换一次骨碟

D. 骨碟中的残渣达到1/2时为宾客撤换骨碟

4.（填空题）宴会接待前，服务人员需掌握的宾客情况包括：宴会的名称、所需设备、_____、主办单位或房号、重要宾客到达信息、收费方法、_____、_____、_____、菜肴品种、出菜顺序、_____；了解_____、_____、生活忌讳。

5.（填空题）大型宴会开餐前_____分钟，征询宾客意见是否需提前斟倒红酒。

（习题答案）

项目十一
宴会销售预订

学习目标

知识目标： 了解宴会会议销售的基本服务流程与注意事项；掌握不同类型宴会预订的服务流程。

能力目标： 能独立为客人进行宴会预订；具有良好的销售能力。

素质目标： 具有敏锐的观察力，具有良好的服务意识。

任务要求

通过调研，了解客史档案整理的意义及记录要求。

通过情景展示，掌握不同形式宴会预订服务流程。

案例导入

重复预订惹风波

某日，经理询问11月8日晚上多功能厅客情，原本8日已经客满，群芳厅有一婚宴（已预付），华芳厅有一会议（未预付）。但是预订员漏报了华芳厅会议，使在客满的情况下接了一档婚宴（40桌），并且已经预付，后经经理和销售部协调，把华芳厅的会议取消。

该案例中导致重复预订的根源有哪些方面？酒店该如何避免类似问题再次发生？

任务一 宴会销售服务

一、客史档案管理

做什么	怎么做	为什么
客史档案收集整理	(1) 宴会销售员做好客户拜访反馈意见和宾客个性档案收集 (2) 将客户资料归类、编号、入档和输入电脑，以便进行检索和资料输出 (3) 建立相应的保管与查阅制度 (4) 将一个月内的宴会客情进行分析：按照不同性质进行分类、分析 (5) 100 人以上的会议及 VIP 接待均需存档管理 (6) 存档内容包括会议名称、主办单位、日期和时间、人数、贵宾名单、菜单、特殊要求等 (7) 会议接待信息的相关反馈意见均需保存，要求接待协议书、内部接待通知单及意见反馈表一起存档	确保宴会销售人员掌握宾客客史档案的收集管理工作

二、宴会会议销售服务流程

做什么	怎么做	为什么
资料准备	(1) 酒店宣传册 (a) 注明酒店的方位、交通状况 (b) 注明各餐厅在酒店中的位置、营业时间、风味风格等内容 (c) 餐饮活动安排册（各酒店自行安排发放），注明在未来的一段时间里，酒店餐饮部所举办的各种餐饮活动、美食节等，并能为宾客进行介绍 (2) 宴会销售资料 (a) 对酒店各宴会/会议场所的面积、层高、通道、功能配置、价格等都做出明确注明，以便使宾客了解 (b) 把以往酒店举办过的宴会资料整理成册，以便推销：主要包括宴会概要、公司名录以及照片等内容 (c) 准备酒店的各款菜单、酒水单 (3) 酒店的文本及印刷品反映了酒店的整体品质，所有的资料均须整洁、无破损折痕，且无语法、标点和文字方面的错误	确保对客销售时资料准备得充分齐全
市场准备	(1) 了解将要争取的客户 (a) 了解这些客户在去年曾举行的宴会、会议概况 (b) 了解客户公司的概况，主要包括：承接的主要商务，周年庆典以及其目标市场主要联系人、特别爱好等	确保对市场的充分了解，做好针对性的销售

做什么	怎么做	为什么
市场准备	（2）了解竞争对手： 了解竞争对手的价格、形式、其宴会场所的功能、面积、举办过的宴会名称、主要客户等情况 （3）准备工作 （a）检查个人的仪容仪表是否符合标准，职业装是否大方得体 （b）检查随身携带的资料是否完备 （c）个人名片是否携带，放置地方是否合适	
登门拜访	（1）认真修饰仪容仪表，穿职业装，颜色得体，保持职业形象，女士化淡妆 （2）不管客户办公室门是开是关，都必须敲门，一次敲三下，节奏如同心跳频率，着力中等，在得到客户允许后方可进入 （3）如果客户正在洽谈公事，应礼貌退出并约定过一段时间再来或等候 （4）见面时应主动向客户致以问候，带姓或者以官衔称呼客户，不要主动和客户握手，只有待客户向你示意握手后方可，握手的力量不宜过轻，应适中用力 （5）进一步说明来意，语言简洁扼要，突出能为客户提供的价值和利益 （6）善于倾听，不要轻易打断客户的话题，并不断表示赞同和理解 （7）介绍酒店销售及相关餐饮动态信息，善于引导客户的关注 （8）仔细记录客户的相关信息和意见，避免固执己见 （9）不得轻易接受客户的宴请和礼物 （10）以邀请客户光临酒店作为道别，并适当提供酒店的礼品或礼券 （11）宴会销售员须填写"对外销售活动汇报表"，填好上交给宴会销售经理，内容包括：公司名称、销售内容、销售时间、销售人员签名、联系人、联系电话、联系地址	使员工掌握登门拜访客户的关注要点
电话促销	（1）通话后应带姓氏以职位尊称对方，致以问候，作自我介绍并说明来意，了解对方是否愿意接听电话 （2）如果对方表示没有时间接听电话，或对此不感兴趣，应立即致歉，并礼貌地停止通话 （3）慎重选择打电话时间，语言简明扼要，态度柔和，讲究语言的技巧和艺术 （4）仔细聆听客户的意见和要求，并做好记录，对重要的信息要求进行复述以核实其准确性 （5）如果客户表现出明显的兴趣，应在通话中表明采取下一步行动的措施，比如约定时间登门拜访，向客户寄送资料或邀请客户来酒店参观等 （6）在适当的时机结束通话，向客户致谢或道别，等对方挂断电话后再挂电话	使员工掌握电话促销的技巧

任务二　宴会预订接待

一、宴会预订服务流程

（宴会预订表）

做什么	怎么做	为什么
接受预订	（1）宴会销售员在确定宾客的预订要求能够得到安排后，方可接受预订，并填写"宴会/中餐厅预订册"，宴会销售员根据每餐段下单给餐厅并填写"订餐单" （2）接受预订包括接受预留性下单与保证性下单	掌握宴会预订操作标准
保证性下单	（1）宾客在预订宴会/会议的同时，预付规定额度的定金，可当场给予确认 （2）将定金交至财务部，由财务部填写定金单，并把定金单的"宾客联"给予宾客以作确认 （3）提前填写"会议/宴会安排通知单"发送至各有关部门，并将"会议/宴会安排通知单"及"定金单"留存联一起按日期存放 （4）将宾客预订的信息准确无误地输入电脑	掌握保证性下单的操作标准
预留性下单	（1）宾客以不同的方式向酒店预订宴会/会议，没有预付定金，应先填写"工作联系单"，并提醒宾客场地给予三天的保留期 （2）若宾客与宾客的预订在三天之内起冲突，应先进行评估，根据常客优先；重要宴会/会议优先；成本低、利润高的宴会/会议优先的原则确认优先宾客 （3）对于不能给予安排的宾客，应诚恳地表达出未能提供服务的遗憾，并推荐备选方案以供参考	掌握预留性下单的操作标准
预订关注事项	（1）在"宴会预订册"上按照日期标明宴请单位、宴请地点、时间、人数等事项，并且注明是否需要确认、是否缴纳定金等 （2）一旦宴会得到确认，经认可的菜单、饮料、场地布置等细节资料，应以确认信的方式迅速送交宾客，并附上一、二联宴会合同书，经双方签字后生效 （3）对于提前较长时间预订的宾客，应主动以电话或信函等方式与其保持联系，并进一步确定有关细节 （4）对于暂留的预订三天之后未有答复，应进行密切的跟踪查询 （5）为保证宴会预订的成功率，要求宾客预付一定额度的定金，交财务部填写"定金单" （6）至少在宴会、会议活动前三天与宾客进行联系，进一步确认、谈妥有关事宜	使员工掌握宴会预订的相关关注点

（续表）

做什么	怎么做	为什么
预订关注事项	(7) 经确认后，提前填写"会议/宴会安排通知单"并发送各有关部门签收 (8) 若确认后内容又有所更改或取消预订，应立即填写"宴会变更通知单"并发送有关部门 (9) 宾客取消预订，按照取消时间与预订宴会/会议活动相差的长短来确定退还定金 (10) 输入电脑：确定一切预订事项后，将信息准确无误地输入电脑 (11) 督促检查：宴会销售员在宴会、会议活动举行的当日应督促检查各相关部门的准备工作，一旦发现问题及时纠正 (12) 信息反馈：宴会/会议结束后，宴会销售员应主动向主办单位或个人征求意见；对于出现的问题及时补救并向宾客致谢；与宾客保持联系，争取下次合作机会 (13) 将相关资料存档 　① 将宾客的有关信息或活动资料整理归档，尤其是宾客对菜肴、场地布置等的特殊要求 　② 对常客更要收集详细的资料，以便下次提供针对性服务	

二、不同类型宴会预订服务流程

1. 电话预订服务流程

做什么	怎么做	为什么
电话预订操作	(1) 根据电话礼仪接听电话，礼貌亲切地对宾客说："您好，宴会销售。" (2) 宾客在电话中叙述预订要求时，不得中途打断 (3) 对宾客提出的问题要简短扼要地回答 (4) 根据宾客的预订要求，查看电脑预订和"宴会预订册"，在30秒之内确定宾客所需的预订时间是否能够安排场地进行 (5) 一边接听电话，一边在"宴会预订册"记录细节：包括宴会/会议类型、所需场地的大小、参加人数、时间等详细内容 (6) 重复宾客的预订内容，避免出错 (7) 熟悉世界各地宾客的口味特点与饮食禁忌的知识，善于向不同宾客推荐不同菜肴和酒饮 (8) 若宾客对菜单不满意，可根据宾客的要求在能力范围内请行政总厨另开菜单 (9) 具备一定的销售技巧和沟通能力，不得得罪宾客	确保宴会销售员掌握宴会/会议电话预订的操作程序

（续表）

做什么	怎么做	为什么
电话预订操作	（10）若有场地安排，应在电话中确认所有内容，按照文件《接受预订指导标准》为宾客进行服务 （11）若宾客所预订的时间没有场地安排，在30秒之内回复，向宾客致歉、致谢 （12）询问宾客是否愿意更改时间，并做好建议性销售 （13）若宾客无法更改时间，再次感谢宾客并且致歉 （14）若宾客愿意更改时间，做好相应的记录，向宾客对酒店工作的支持与理解表示感谢并在接待过程中给予加倍的关怀与重视 （15）查看电脑和宴会预订册时，须弄清楚已经预订的场地是保证性下单还是预留性下单，如果此时宾客需要的场地是被预留性地预订而非保证性地预订时，可根据原则在三天之内做出决定，选择有优先权的宾客	

2. 当面预订服务流程

做什么	怎么做	为什么
当面预订操作	（1）宾客主动来酒店进行宴会/会议的预订，应热情友好地欢迎宾客的到来，请宾客就座，并为宾客提供茶水，使用敬语："请您用茶。" （2）根据宾客的预订要求，查看电脑和"宴会预订册"，确定宾客所需的预订时间是否能够安排合适的场地 （3）礼貌地问清主办单位或宾客情况，将宾客联系电话，用餐人数、标准、用餐时间、用餐地点、用餐方式、保留时间，准确、迅速地记录在"宴会预订册"上 （4）重复宾客的预订内容，避免出错 （5）熟悉世界各地宾客的口味特点与饮食禁忌的知识，善于向不同宾客推荐不同菜肴和酒饮 （6）若宾客对菜单不满意，可根据宾客的要求在能力范围内请行政总厨另开"团体用餐单" （7）具备一定的销售技巧和沟通能力，不得得罪宾客 （8）若有场地安排，立即带领宾客前去参观场地，在参观途中，注意走在宾客前方或右方1～1.5米，并随时回头招呼宾客；遇到拐弯，要打手势向宾客示意，需要乘坐电梯时，要主动按电梯按钮，请宾客先进先出，动作连续自然，与语言相协调 （9）若宾客对于场地安排满意，立即确认预订，按照文件《接受预订指导标准》，接受为宾客服务 （10）若宾客对于场地的安排并不很满意，应该立即进行二次推销，注意语言技巧，不得给宾客一种强迫的感觉，或者提供其他场地供宾客选择，待宾客满意后，确认预订事项，为宾客服务 （11）若没有合适的场地进行安排，建议宾客是否可以更改时间，并做好进一步的建议性推销，在能力范围内尽量满足宾客提出的要求	确保宴会销售员掌握宴会/会议当面预订的操作程序

（续表）

做什么	怎么做	为什么
当面预订操作	(12) 若宾客愿意更改时间，则安排宾客对场地进行参观，在参观过程中向宾客对酒店工作的支持与理解表示感谢并在接待过程中应给予加倍的关怀与重视 (13) 向宾客确认宴会会议的预订，并为宾客服务；如果没有和宾客达成此次宴会会议的合作关系，则应向宾客表达出没有为其进行服务的遗憾，并且希望有下次的合作机会 (14) 宾客准备离去时，再次向宾客致谢，并且礼貌送客，欢迎宾客再次光临 (15) 查看电脑和"宴会预订册"时，须弄清楚已经预订的场地是保证性下单还是预留性下单，如果此时宾客需要的场地是被预留性地预订而非保证性地预订时，可根据原则在三天之内做出决定，选择有优先权的宾客	

3. 书面预订服务流程

做什么	怎么做	为什么
书面预订操作	(1) 收到宾客的来信预订，宴会销售员仔细阅读预订内容，清楚了解宾客预订的宴会/会议类型、所需场地的大小、参加人数、预订时间等详细内容 (2) 根据宾客的预订要求，查看电脑和"宴会预订册"，确定宾客所需的预订时间是否能够安排场地 (3) 若有场地安排，应立即根据宾客所留的信函地址起草确认信，并附上建议性菜单 (4) 若宾客信函中附有电话，应立即打电话回复，回复电话时应事先说明身份，使用敬语："您好，请问是××先生/小姐吗？我是××酒店宴会销售员××。" (5) 宾客确认后，再告知宾客酒店的安排，请宾客寄回经签字确认后的副本，另最好约定面谈时间 (6) 若宾客所预订的时间没有场地空缺，立即用信函或者电话给予回复，向宾客致歉、致谢 (7) 询问宾客是否愿意更改时间，并做好建议性销售 (8) 若宾客无法更改日期，再次谢谢宾客并且致上深深的歉意 (9) 若宾客愿意更改时间，立即根据宾客所留的信函地址起草确认信，附上建议性菜单，最好可以约定面谈时间，并且做好记录，在接待过程中应给予加倍的关怀与重视 (10) 传真预订：工作标准同上，核对预订内容后用传真或电话立即给宾客回复 (11) 邮件预订：工作标准同上，核对预订内容后用邮件或电话立即给宾客回复	确保宴会销售员掌握书面预订的操作程序
与宾客面谈	(1) 接到宾客的再次回复后，需要进行面谈的宾客需确定面谈时间，并做好面谈工作的准备 (2) 宾客到酒店进行面谈，应给予热情的接待并带领宾客参观场地，给予一定的讲解，做好建议性销售	

(续表)

做什么	怎么做	为什么
与宾客面谈	（3）如果宾客没有时间抽空面谈，宴会销售员应在能力范围内亲自上门拜访，带上必备的资料和诚意	
接受预订注意事项	（1）根据文件《接受预订指导标准》为宾客服务 （2）查看电脑和宴会预订册时，必须弄清楚已经预订的场地是保证性下单还是预留性下单，如果此时宾客需要的场地是被预留性地预订而非保证性地预订时，可根据原则在三天之内做出决定，选择有优先权的宾客	

任务三　宴会预订综合实训

实训目的

掌握宴会预订销售的服务流程与操作规范。

实训内容

（1）客史档案学习及整理。

（2）宴会销售服务流程。

（3）宴会预订接待服务流程。

实训步骤及方法

（1）以固定学习小组为单位，分组分批展开客史档案学习。

（2）分组分批进行宴会预订与销售体验学习。

实训成果

（1）每组整理至少一份客史档案。

（2）每组完成一份宴会预订销售岗位体验报告。

拓展与提高

思考：宴会预订工作的重要性与意义，在实际工作中如何保障预订工作不出错。

课后习题

1.（单选题）酒店宴会接待过程中，以下哪些规模会议需存档管理。（　　）

A. VIP 接待　　　　B. 30人以上　　　　C. 50人以上　　　　D. 100人以上

2.（单选题）对于暂留的预订（　　）天之后未有答复，应进行密切的跟踪查询。

A. 1　　　　　　　B. 3　　　　　　　C. 5　　　　　　　D. 7

3.（填空题）宴会预订根据宾客是否预付定金，可分为_____和_____。

4.（填空题）酒店宴会预订接待主要有_____、_____和_____三种类型。

（习题答案）

模块三

学习餐饮督导管理

项目十二
基础督导管理

学习目标

知识目标： 掌握餐厅服务管理与安全管理的内容；熟知餐厅落单管理与宾客投诉处理的基本工作流程与注意事项。

能力目标： 能协助餐厅经理和主管，完成基础管理工作。

素质目标： 树立良好的服务意识和品质意识。

任务要求

通过情景模拟，掌握餐饮部服务品质管理及宾客投诉处理要点。

通过调研考察，了解餐厅落单管理及安全管理要点。

案例导入

补偿服务

某酒店里几位客人在就餐，餐厅服务员正在为客人服务。宴请快结束时，服务员为客人上汤。恰巧就餐的张先生突然一回身，将汤碰洒，把张先生的西服弄脏了。张先生非常生气，质问服务员怎么把汤往客人身上洒。服务员没有争辩，连声道歉："实在对不起，先生，是我不小心把汤洒在您身上，把您的西服弄脏了，请您脱下来，我去给您干洗。另外我再重新给您换一份汤，耽误各位用餐了，请原谅。"随后，服务员将西服送洗衣房干洗，其后又对几位先生服务十分周到。当客人用餐完毕后，服务员将洗得干干净净、叠得整整齐齐的衣服双手捧给了张先生。客人们十分满意，张先生也诚恳道歉："是我不小心碰洒了汤，你的服务非常好。"事后，客人主动付了两份汤钱，张先生还给了服务员小费，而且不久又带着一批客人来饭店就餐。

思考： 此案例中服务员的做法体现了餐饮服务质量控制的哪些内容？值得我们借鉴的地方有哪些？

任务一　餐厅服务管理

做什么	怎么做	为什么
服务前准备工作	(1) 仔细研究并熟悉菜单 (2) 操作台需准备好葡萄酒和啤酒开瓶器、打火机、签字笔等服务用品 (3) 清除服务区域内不必要的器皿，但如有需要则需补齐 (4) 确定所有的玻璃器皿与瓷餐具无破损污迹 (5) 上菜确定每道菜需要用的调味酱及佐料正确	掌握餐厅服务准备要求
个人形象	(1) 餐厅中不准提高嗓音，不准用手触摸头、脸或置于口袋中 (2) 不准斜靠墙或服务台，在服务中不准背对客人，不准跑步或行动迟缓，不准突然转身或停顿 (3) 保持服务处所的清洁，避免在客人面前做清洁动作 (4) 保持制服的整洁 (5) 不可在工作区域内抽烟 (6) 不得在宾客面前吃喝东西、嚼口香糖等 (7) 不能在宾客面前照镜子、梳头发、化妆 (8) 工作场所中不得有不雅举动：双手交叉抱胸或搔痒；在宾客面前打哈欠等 (9) 忍不住打喷嚏或咳嗽时要使用手帕或面巾纸，并马上洗手 (10) 不得在宾客面前频繁看手表 (11) 在餐厅中避免与同事说笑打闹 (12) 保持良好仪容仪表及精神状态	确保服务人员严格遵守个人、服务形象要求
服务形象	(1) 客人进入餐厅时，以亲切的微笑迎接客人，根据年龄及阶层按先宾后主、女士优先的原则服务宾客 (2) 客人要入座时，要上前协助拉开椅子并协助宾客入座 (3) 不用手接触任何食物 (4) 需要用手拿的食物，须马上送上洗手盅，使用敬语告知宾客："请用洗手盅。" (5) 烟缸需及时进行更换 (6) 一般除了面包、奶油、沙拉酱和一些特殊的菜式外，其他的食物、饮料均需由右边上	
对客交流	(1) 礼貌地接待客人，如果可能的话以宾客的姓氏加以称呼 (2) 在上菜服务时，先将菜式呈现给宾客过目，然后询问客人要何种配菜 (3) 要预先了解客人的需要，避免聆听宾客的闲聊，在不影响服务的状况下才能与宾客聊天、联络感情，争取客源 (4) 最后一位宾客用餐完毕后，在得到宾客的允许后，撤除餐具与餐盘 (5) 尽量记住常客的习惯与喜好的菜式	掌握对客交流的关注要点

（续表）

做什么	怎么做	为什么
对客交流	（6）在没经宾客招呼之前，不可送上账单 （7）若宾客想从你那儿学习餐饮知识，不要去纠正客人所说的内容，学会以倾听为主 （8）不得与宾客争吵，或批评宾客，或强迫推销 （9）对待儿童必须有耐心，不得抱怨或不理睬他们 （10）当与儿童打交道时，避免用第三人称提到小孩子，如可能的话，应蹲下身子与他们直接进行交流 （11）如果儿童影响到别桌的客人，可通知管理人员对儿童的父母适当加以劝导 （12）在没有得到宾客的允许下，不得随意触碰或抱儿童 （13）对宾客提出的合理要求，毫不犹豫给予提供方便，如果不可能办到，提出合适的变通办法	
注意事项	（1）勿置任何东西在干净的桌布上 （2）溢洒出来的食物、饮料应马上清理 （3）餐厅中有的餐具需要用托盘托送，托盘上可加干净的毛巾避免餐具打滑或碰撞发出声响 （4）不能堆积过多的盘碟在服务台上 （5）所有掉在地上的餐具均需更换，但需先使用托盘为宾客送上清洁的餐具，然后再拿走脏的物品 （6）勿将叉子等叉在肉类上	

任务二　餐厅落单管理

做什么	怎么做	为什么
餐饮落单的种类	（1）餐饮部使用的有"点菜单"和"团队用餐单"： （a）"点菜单"一式四联，其中第一联划菜联，第二联收银联，第三联配菜联，第四联留存联，一般用于大厅或包厢的散客 （b）"团队用餐单"一式四联，其中第一联厨房联，第二联划菜联，第三联收银联，第四联留存联，一般用于会议团队或婚宴	完善落单的印制、领取、使用、保管和核销等日常管理工作，规范落单传递流程
落单的领取	（1）落单由各营业区域领班以上管理人员至财务部统一领取，领用时采取以旧换新的方式 （2）领取时，落单发放人、落单领取人应在票证登记本上，完成落单的发放、领取和结存登记，登记内容包括领取日期、摘要说明、落单起讫号码、数量、领取人签名等	

（续表）

做什么	怎么做	为什么
落单的使用	（1）落单的填写 　①营业区域服务员应根据宾客的实际消费，第一时间填开落单，不允许先消费后开单，一经发现，将参照相关规定严肃处理 　②营业区域服务员开具一式四联的落单，必须联号开具落单，联次一次性填写，做到字迹工整，清晰明了，内容完整，不得涂改。如确因服务员开错金额，必须经领班以上管理人员签字确认 　③服务员填写落单时应逐项准确填写："点菜单"填写时应注明用餐日期、餐次、桌号、用餐人数、服务员姓名全称、菜名（同一菜品分大、中、小盘的，应特别注明）、数量、单价、服务费；"团队用餐单"填写时，应注明用餐日期、餐次、用餐单位、用餐人数、用餐地点、用餐标准、桌数、菜名 　④服务员开具退单，应注明原因，必须经领班以上管理人员签字确认，方可交收银员盖单入账 　⑤服务员不得私自作废落单，如确需作废的，应注明原因，经领班及以上管理人员签字确认后，方可作废。作废落单时，应联次一次性作废并注明"作废"字样，同时，交落单管理员留存 　⑥酒水员、收银员不得开具落单，但有权拒收不符合规范的落单 （2）落单的传递 　①"点菜单"：服务员按冷菜、热菜、面点、酒水等类别，分别开具"点菜单"，一式四联交收银审核盖章后，按联次传递；第一联交厨房划菜员划菜时使用，划菜完毕投入落单箱，第二联交收银员作为入账依据，第三联菜肴落单交各厨房配菜，酒水单交酒水员配发酒水，第四联交落单保管员留存，便于整本落单使用完毕后，以旧换新 　②"团队用餐单"：服务员按团队用餐标准开具落单，一式四联交收银员审核盖章后，按联次传递，具体操作参照"点菜单"的程序 （3）落单使用的其他规定：各吧台落单不得混淆使用	
落单的保管	（1）部门应设立专人负责落单的管理，妥善保管落单，防止发生缺号、遗失，落单保管人必须是领班以上管理人员 （2）落单保管人负责本部门所有落单的领取、发放、回收、整理、上交和保管等工作 （3）落单保管人负责至财务部领取本部门所需落单，认真清点册数，核对起讫号码后，做好领取登记 （4）每日营业前，落单保管人负责将落单发给各营业区域领班以上管理人员	

（续表）

做什么	怎么做	为什么
落单的保管	（5）落单保管人每日营业结束后，开启落单箱，按单据号码顺序，整理落单的划菜联、留存联（整体上交），上交财务部落单保管人 （6）未开启的落单不得放在收银员、酒水员处	
落单的核销	（1）财务部收入稽核员负责落单的核销工作 （2）稽核员对于超过规定期限仍未上交的划菜联，会及时通知该区域落单保管人查明原因 （3）各区域落单保管人对于稽核检查反映的相关问题需及时跟进反馈落实	

任务三　餐厅安全管理

做什么	怎么做	为什么
餐厅安全管理	（1）餐厅在正常营业期间的安全管理由各餐厅经理负责 （2）所有员工都有责任维持好用餐秩序 （3）餐厅客满时，应请宾客在餐厅外面有序等候 （4）宾客入座后，及时关注宾客随身携带的物品，并提醒客人保管随身物品 （5）如果答应帮助宾客保管物品或衣物，则应提醒宾客将贵重物品拿出，然后确认所要保管的物品件数后，再将其放入安全的地方 （6）对正在用餐的宾客，服务员要照看好宾客随身携带的物品，及时提醒宾客保管好，防止他人顺手牵羊偷走财物 （7）服务员与宾客发生矛盾，未达到构成治安案件的，应由餐饮部按照层次管理的原则进行处理 （8）餐厅如有重要宴会或大型宴会、酒会，安全部须派安全员在门口负责维持治安秩序 （9）宾客用餐完毕，服务员应及时检查，防止宾客遗留物品，并提醒宾客带好随身物品 （10）如果服务员在服务过程中发现有可疑人物，则运用智慧解决，千万不可鲁莽行事 （11）如果餐厅发生偷盗行为，及时请安全部配合，情节严重时，需立即报警方处理 （12）餐厅应合理设置安全提示标志	确保员工掌握安全管理的各项要求

任务四　宾客投诉处理

做什么	怎么做	为什么
关于投诉	(1) 投诉的三个层次 　① 宾客向服务人员吐露不满 　② 宾客向他人传播不满 　③ 通过第三方寻求公正，如媒体、执法机构或消费者协会 (2) 正确的处理投诉可以为企业赢得高度忠诚的客户 (3) 投诉产生的原因 　① 产品品质不良：口味、温度、量少、新鲜度、异物等 　② 产品包装或修饰物不正确 　③ 点错单或收银账单不符 　④ 服务态度和方式不正确 　⑤ 服务和出品速度达不到正常要求或顾客要求 　⑥ 环境不良（灯光、细致卫生、空气、餐厅温度、苍蝇蚊子等） 　⑦ 设备设施问题（如电梯太慢） 　⑧ 新商品、新服务使用不习惯 　⑧ 突发事件（其他发生冲突） 　⑩ 其他原因	给予管理人员以及员工处理投诉的方法，提高投诉处理效率，提升宾客满意度
投诉处理三个环节	(1) 处理好客户问题 (2) 进行内部总结分析，找到责任人，培训、教育和奖罚 (3) 举一反三、触类旁通，制定此类问题的改进措施	
投诉处理的心理准备	(1) 保持冷静，考虑大局，勇于面对 (2) 以信为本，以诚动人 (3) 学会克制自己的情绪，时刻提醒自己：我代表酒店而不是个人 (4) 换位思考、将心比心，从客户角度想问题 (5) 把每一次的投诉处理当作自我挑战和提升的机会 (6) 日常的宾客投诉可以看作是酒店的重要财富，它可以使我们发现产品和服务中存在的短板或者瑕疵，能为我们完善和提升产品质量和服务水平指明方向	
投诉处理的基本程序	(1) 根据性质严重程度，分为一般性投诉、严重投诉、恶意投诉 (2) 一般性投诉一般由员工自己、主管或经理进行处理，处理程序 　① 接到投诉的员工须第一时间向宾客口头致歉，并亲切地表示关怀之意 　② 认真倾听，与宾客交谈时要保持目光交流，若知晓宾客姓名、职务等信息，须带姓称呼	

（续表）

做什么	怎么做	为什么

投诉处理的
基本程序
	③ 用适当的肢体语言，表达我们对所发生问题的重视，确认完全了解事实后，要表现出感同身受，并应明确表明解决问题的意愿，在这过程中判断抱怨属何种性质
	④ 耐心解答宾客的提问，对宾客提出的要求，应尽可能地给予通融，若不可能办到应提出合适的变通办法以供宾客参考。投诉的解决尽可能快速，拖得越长越容易把矛盾扩大化
	⑤ 在征得宾客的意见后，及时提供补救服务
	⑥ 若宾客的要求你无法完成，须立即联系其他能解决问题的管理人员，同时要告诉宾客将由谁为他服务及估计等候的时间
	⑦ 感谢宾客提出抱怨，使我们有机会解决问题
	⑧ 再次表达我们对事情的关心，将宾客的抱怨及我们采取的解决方法通知当班管理人员
	⑨ 记录在案，总结分析，责任到人，并制定和落实改进措施，避免同类问题的再度发生
	（3）严重投诉要由餐厅主管、餐厅经理、总监甚至值班总经理出面处理。处理程序：
	① 收集原始资料
	  ➢ 面对面的投诉：将宾客带离人较多的用餐区域，以避免彼此的交谈影响到其他宾客；请宾客就座；立即与上级领导进行联系
	  ➢ 电话投诉：记录信息；立即与上级领导进行联系
	  ➢ 书面投诉：记录信息；立即与上级领导进行联系
	  ➢ 当地卫生机构来访：立即与上级联系
	② 专心倾听，让宾客感受到我们是真诚地了解及处理；目光注视宾客，表示尊重（如是面对面的投诉）
	③ 确保完全了解宾客的问题，表现出感同身受及准备解决问题的良好意愿；判断投诉属于何种性质；如果是电话投诉，请将电话转至安静的地方接听，以免受到宾客区噪声的影响
	④ 表示关心，无论对方的投诉是否合理，都要表达我们对事件的关心，事件未明了前，不要马上承担事件的责任，不要轻易给予任何承诺
	⑤ 食物中毒引起的宾客投诉可根据《食源性事件调查处理指导标准》，能立即解决的就立即解决，不能立即解决的，告诉宾客我们马上对事件进行调查，并在最短时间内给予答复
	⑥ 如果是遇上部门甚至酒店较难解决的投诉，也可以根据实际情况考虑请可能解决或对解决此投诉有帮助的第三方出面进行协助，当然要充分考虑投诉宾客的反应
	⑦ 感谢宾客让我们看到了存在的问题；再次表达我们对事件的关心；立即告知直属上级投诉的具体情况及宾客已接受的解决方案	

（续表）

做什么	怎么做	为什么
投诉处理的基本程序	⑧ 记录在案，总结分析，责任到人，并制定和落实改进措施，避免同类问题的再度发生 （4）恶意投诉：是指宾客故意找麻烦向餐厅投诉，其目的往往是索要较大赔偿 ① 遇到此类投诉，一般由主管及以上人员出面处理，判断投诉是否属实及宾客的真实目的 ② 确认是恶意投诉的，一般采取有礼有节、礼貌应对，不得罪宾客，对其不合理要求也不理会的方式 ③ 如果来闹事或有其他影响我们正常经营行为的，上报上级并根据情况决定是否报警处理	
投诉处理禁忌	（1）急于否定（典型语言：这不可能……），立刻与客户摆道理 （2）急于得出结论 （3）一味地道歉 （4）告诉宾客："这是常有的事""我们公司就这么规定的""我不知道，这不归我管"等 （5）笑话宾客不懂行 （6）言行不一，缺乏诚意 （7）采取过激行为	

任务五　餐饮部基层督导综合实训

实训目的

进一步了解餐饮部基层督导岗位职责；掌握餐饮服务管理基本内容；掌握宾客投诉处理流程及技巧。

实训内容

（1）情景模拟餐厅服务管理、宾客投诉处理。

（2）调研餐厅落单管理和餐厅安全管理。

实训步骤及方法

（1）以固定学习小组为单位，分组分批去酒店实地调研、考察，了解餐厅服务管理、落单管理和安全管理等督导职责细节。

（2）以固定学习小组为单位，分组设计、展示餐厅服务管理、宾客投诉处理情景。

实训成果

（1）每组完成一份调研考察报告。

（2）每组完成一个情景模拟展示。

（3）每组完成互评及记录。

拓展与提高

思考：服务态度是餐饮服务质量内容很重要的一个方面，请结合具体案例，谈谈餐饮人员怎样做才能体现服务质量效果。

课后习题

1.（单选题）餐饮部点菜单一般是一式（　　）联。

A. 二　　　　　　B. 三　　　　　　C. 四　　　　　　D. 五

2.（单选题）如服务员落单金额出错，该由谁签字确认（　　）。

A. 服务员本人　　　　　　　　B. 领班以上管理人员

C. 餐厅经理　　　　　　　　　D. 餐饮总监

3.（简答题）餐厅投诉产生的原因主要有哪些？

（习题答案）

項目十三
餐厅督导管理

 学习目标

知识目标：了解中餐厅督导日常管理工作内容；了解西餐厅督导日常管理工作内容；了解宴会厅督导日常管理工作内容；了解酒水主管日常管理工作内容。

能力目标：能在日常工作中进行有效督查。

素质目标：具备严谨、认真的职业态度；具有敏锐的危机意识。

 任务要求

调研了解中餐厅、西餐厅、酒水等餐饮部门领班主管等督导层岗位职责。

 案例导入

如何管理餐厅

陈女士是 B 城市喜来登饭店出色的餐饮部经理，喜来登向她提供了领导技能、培训员工的技能、沟通与展示、激励下属员工、餐饮管理等方面的培训。经过几年实践，她深知"没有不好的员工，只有不合格的管理者"这个道理。她尊重员工，认为只有为员工提供学习与提高的机会才能调动员工的积极性。同时，她本身也以身作则，关注理解顾客的需求。

后来，陈女士被派往另一城市的 G 饭店协助饭店进行餐饮部的管理。上任的第一天，当她在人事部门经理陪同下走进能容纳 400 人进餐的中餐厅时，惊讶地发现，近 20 个服务员（包括一名领班），在刚刚结束早餐服务的餐厅里尽情享用本该是客人享用的食品，而餐厅开餐后的杯盘狼藉尽收眼底。陈女士没有说什么，在当天的餐厅例会上发表 20 分钟的就职演说时也没有提及早餐的事。在 3 天后的员工第一次培训时，陈女士强调了饭店的纪律，但还是没有对 3 天前的事提出批评。她认为，员工都是有觉悟的，惩罚只会伤害他们的自尊心，她想用管理原饭店的方法

214

来处理问题。但随着时间的推移，员工不断发生违纪问题和服务不规范怠慢客人的问题，陈女士仍以加强培训（由一周一次改为一周三次）来处理，但并没有解决根本问题。

其实，陈女士在新环境中应该意识到，不能套用老饭店的管理方法，单纯地信任和尊重员工不足以建立良好的纪律。在制度管理中，不能忽视"奖优罚劣"，必须做到有功必奖，有过必罚，小过即改，既往不咎，制度面前人人平等。对优秀员工要奖，对犯规员工也要罚。饭店服务需要标准化。而严格是标准化的保证。陈女士经过反思后，在加强培训的同时，加强了现场管理，发现问题及时纠正和帮助，并加强奖罚的力度。不久，G饭店的餐饮服务就发生了很大变化，客人和管理层都对陈女士的管理加以了肯定。

任务一　中餐厅督导管理

做什么	怎么做	为什么
日常检查工作	(1) 区域状态检查：摆台是否符合标准，餐椅摆设是否整齐，操作台摆放是否有序，物品摆设是否符合要求，备用餐具、用品是否摆放规范 (2) 餐具准备应充足、完好、清洁 (3) 操作台摆放有序：托盘、布草等物品放置整齐，餐具摆放规范 (4) 各种调料、酒饮准备充分 (5) 各种服务用具和布草准备齐全 (6) 地毯整洁卫生：无杂物、污渍 (7) 环境舒适、空气清新：灯光、空调等设备完好并正常运行 (8) 有背景音乐，音乐曲目、音量适宜，音质良好 (9) 各项准备需在客人到达前30分钟完成	使中餐厅主管掌握每日工作重点，有条不紊地开展工作
每日业务工作	(1) 参加中餐厅召开的例会，总结前餐工作及服务情况，接受上级指令 (2) 清楚了解当天预订情况及次餐客情，特别是VIP宾客信息 (3) 检查班组员工仪容仪表是否符合标准，精神状态是否饱满 (4) 在例会上告知员工当天的售缺菜肴、时令菜肴及建议推荐的酒饮和菜品 (5) 对员工进行简短的服务知识与技能的培训 (6) 核对并检查开餐前的准备，预订、排班的情况 (7) 开餐时，督导服务员为宾客提供礼貌快捷、高效的服务并维持现场秩序和营造舒适、高雅的用餐环境	确保餐厅服务质量

（续表）

做什么	怎么做	为什么
每日业务工作	(8) 关注宾客，及时跟进各服务环节的补位工作 (9) 保持与厨房良好的沟通，及时传达宾客所需，掌握出菜时间及顺序 (10) 善于与不同宾客进行沟通，了解其需要以及对餐厅的意见及建议，并随时处理各种突发事件 (11) 妥善处理餐厅内的宾客投诉事件，无法解决时，告知中餐厅经理，以求进一步解决问题 (12) 做好宾客客史档案的收集、更新和整理工作 (13) 对每日的质检报表反映问题及时整改并反馈 (14) 用餐结束后，协助服务员一起做好收餐工作并做好歇业检查	

任务二　西餐厅督导管理

一、西餐服务礼节

做什么	怎么做	为什么
服务礼节	(1) 主人总是最后服务（除非是主人生日或其他特殊情况） (2) 先女士，后男士 (3) 先老人，后青年 (4) 先上司，后下属（特殊情况除外） (5) 遵循主人安排 (6) 先小孩，后大人（如果是12岁以上的小孩，则应先询问大人）	确保员工掌握西餐服务礼节
服务顺序及标准	(1) 打开口布：宾客右侧/顺时针方向/根据以上服务礼节 (2) 呈递菜单：宾客右侧/顺时针方向/根据以上服务礼节 (3) 呈递酒单：宾客右侧/顺时针方向/根据以上服务礼节 (4) 面包服务：宾客左侧/逆时针方向/根据以上服务礼节 (5) 上头盘：宾客右侧/顺时针方向/根据以上服务礼节 (6) 撤头道菜餐具：宾客右侧/顺时针方向/无服务礼节 (7) 上主菜：宾客右侧/顺时针方向/根据以上服务礼节 (8) 撤主菜餐具：宾客右侧/顺时针方向/无服务礼节 (9) 酒水服务：宾客右侧/顺时针方向/根据以上服务礼节 (10) 撤面包碟：宾客左侧/逆时针方向 (11) 摆甜点餐具：在宾客左侧摆甜点叉，右侧摆甜点匙/顺时针方向/根据以上服务礼节 (12) 上甜点：宾客右侧/顺时针方向/根据以上服务礼节	确保员工掌握西餐服务顺序及标准

（续表）

做什么	怎么做	为什么
服务顺序及标准	（13）撤甜点餐具：宾客右侧/顺时针方向 （14）服务茶或咖啡：宾客右侧/顺时针方向/根据以上服务礼节 （15）呈递账单：使用账单夹从宾客右侧/递给主人	

二、自助早餐秩序管理

做什么		怎么做	为什么
背景说明		（1）随着休闲度假旅游人气指数不断攀升，各酒店出现用餐高峰客流拥挤现象，给宾客就餐体验带来一定的负面影响 （2）本指导标准规范了客流高峰期宾客就餐环节的服务要求，通过优化的秩序管理，倡导宾客高峰期有序等候用餐，提高宾客就餐体验感	
秩序管理	掌握餐位情况	迎宾员应随时关注餐厅的餐位情况	给宾客提供有序、舒适的就餐环境，提高宾客在店体验感
	问候宾客	宾客到达餐厅门口，迎宾员面带微笑亲切地向宾客问候并与宾客有目光交流	
	排队等候	（1）高峰期如餐厅中已没有空位，为保持良好的餐厅秩序，应向宾客致歉后请宾客在餐厅门口合适位置排队等候就餐，同时登记等候宾客房号、人数等信息后尽快予以安排 （2）迎宾员将等候用餐宾客的信息利用耳麦传递至餐厅相关人员 （3）排队规则应清晰。餐厅不仅是按到达的顺序排号，同时还要考虑每台可接纳的就餐人数 （4）让宾客明白服务人员知道他们在等待。应让服务员与等待的宾客沟通，并不时告知宾客进展情况 （5）如果宾客对排队等候有异议，服务员应耐心做好解释工作	
	信息沟通	（1）服务员应提前备足餐具等各类用品，以提高餐桌翻台率 （2）在有宾客用餐离开后，服务员立刻进行翻台，并将区域空余餐位情况及时通知迎宾员 （3）迎宾员随时关注餐厅的空台翻新情况，并尽快安排等候宾客就餐	
	迎领入座	（1）按照排队规则，有序引导宾客就餐 （2）和迎宾员做好衔接，餐厅管理人员或服务员根据空位情况主动至餐厅门口引领宾客，在引领宾客过程中，使用礼貌、规范的语言并保持微笑	

（续表）

做什么		怎么做	为什么
秩序管理	迎领入座	(3) 服务员把餐桌上折好的餐巾移到合适位置，以示意其他服务员这里已经有宾客，避免重复带位的情况发生；如有小孩，应主动询问是否需要儿童椅、儿童餐具等 (4) 提醒宾客在去餐台取食品时注意保管好随身的物品，并对餐台分布作简单介绍	
	其他	正餐零点秩序管理操作可参考执行	

三、西餐厅主管日常工作

做什么	怎么做	为什么
日常检查工作	(1) 区域状态检查：摆台是否符合标准，餐椅摆设是否整齐，操作台摆放是否有序，物品摆设是否符合要求，备用餐具、用品是否摆放规范 (2) 餐椅摆放符合标准：椅子干净无尘，餐椅对齐无倾斜 (3) 操作台摆放有序：托盘、布草安放整齐，餐具布置规范 (4) 各种调料、酒饮准备充分 (5) 各种服务用具和布草准备齐全 (6) 地毯整洁卫生：做到无任何杂物纸屑 (7) 环境舒适：灯光、空调设备完好并正常运行 (8) 有背景音乐，音乐曲目、音量适宜，音质良好 (9) 各项准备工作需在客人到达前 30 分钟完成	使咖啡厅主管掌握每日工作重点，有条不紊地开展工作
每日业务工作	(1) 参加咖啡厅经理召开的例会，总结前餐工作及服务情况，接受上级指令 (2) 清楚了解当天预订情况及次餐客情，特别是 VIP 宾客信息 (3) 检查本班组员工仪容仪表是否符合标准，精神状态是否饱满 (4) 在例会上告知员工当天的售缺和时令菜肴及建议推荐的酒饮和菜品 (5) 对下属员工进行简短的服务知识与技能的培训 (6) 核对并检查开餐前的准备，预订、排班的情况 (7) 开餐时，督导服务员为宾客提供礼貌、快捷、高效的服务并维持现场秩序和营造舒适、高雅的用餐环境 (8) 关注宾客，及时跟进各服务环节的补位工作 (9) 保持与厨房良好的沟通，及时传达宾客所需，掌握出菜时间及顺序 (10) 善于与不同宾客进行沟通，了解其需要以及对餐厅的意见及建议，并随时处理各种突发事件 (11) 妥善处理餐厅内的宾客投诉事件，无法解决时，告知上级，以求进一步解决问题	确保餐厅服务质量

（续表）

做什么	怎么做	为什么
每日业务工作	（12）做好宾客客史档案的收集、更新、整理工作 （13）做好自助餐票券的整理与消费人数审核工作 （14）对每日的质检报表反映问题及时整改并反馈 （15）用餐结束后，协助服务员一起做好收餐工作并做好歇业检查	

任务三　宴会厅督导管理

做什么	怎么做	为什么
日常检查工作	（1）检查员工出勤情况、仪表仪容；检查主管、员工交班本 （2）检查主管、员工交班本，关注每天营业日报 （3）仔细阅读各类有关文件、宴会/会议预订单（EO单）等，并认真贯彻执行 （4）各区域卫生是否符合标准，各项设备能否正常运行 （5）宴会/会议摆台符合规定：餐具整齐、摆放统一、干净、无破损或磨痕，台布、餐巾平整、无破损、无污渍 （6）餐椅摆放符合标准；椅子干净无灰尘，餐椅对齐无倾斜 （7）工作台摆放有序：服务车摆放符合要求，托盘、布草、餐具摆放整齐规范 （8）各区域准备工作是否已完成，保证在宾客到达时可以提供用餐 （9）用品和餐具准备应按规定比例备足，需完好、清洁，无破损 （10）酒水库房准备工作充分，酒饮存货充足，冰箱达到规定的温度标准 （11）各种服务用品、餐具、布草和会议用品准备齐全 （12）地毯整齐卫生，植物应无枯叶及积灰，装饰品协调美观并摆放整齐 （13）灯光、空调设备完好正常，温度适宜，空气清新 （14）有背景音乐，音乐曲目、音量适宜，音质良好	使宴会厅主管掌握每日工作重点，有条不紊地开展工作
每日业务工作	（1）参加宴会厅召开的例会，总结前餐工作及服务情况，接受上级指令 （2）清楚了解当天宴会/会议预订情况及今后几天内的客情，特别是VIP宾客信息 （3）协助上级做好重要宴会/会议的服务计划书，将具体任务具体落实到个人 （4）检查员工仪容仪表是否符合标准，精神状态是否饱满 （5）对下属员工进行简短的服务知识及技能的培训 （6）开餐时，督导服务员为客人提供礼貌快捷、高效的服务并维持现场秩序和营造舒适、高雅的用餐环境	确保宴会厅服务质量

(续表)

做什么	怎么做	为什么
每日业务工作	（7）关注宾客，及时跟进各服务环节的补位工作 （8）宴会进行期间，与宾客保持良好沟通，妥善处理各种突发事件及宾客投诉 （9）与宴会厨房沟通良好，及时传达宾客所需，掌握出菜时间及顺序 （10）做好宾客客史档案的收集、更新、整理工作 （11）对每日的质检报表反映问题及时整改并反馈 （12）宴会/会议结束后，做好各场地的清理工作及接待总结报告，协助服务员一起做好收餐及歇业检查工作	

任务四　酒水主管工作

做什么	怎么做	为什么
日常检查工作	（1）区域状态检查：酒饮存放是否符合标准，仓库及吧台物品摆放是否整齐、有序，是否符合相关要求 （2）酒饮备货应参照最高和最低库存量要求。对已预订的酒饮按要求提前备货，确保正常供应；酒瓶包装完好、清洁，检查酒饮保质期，对即将过期的酒饮上报上级，及时处理避免损失 （3）种类表单保存妥当，填写规范，便于日常使用 （4）区域卫生整洁干净，符合酒饮存放的环境要求 （5）冰柜、冷库等设备完好并正常运行 （6）各项准备需在宾客到达前30分钟完成	使酒水主管掌握每日工作重点，有条不紊地开展工作
每日业务工作	（1）参加部门例会，总结汇报酒水销售工作，并接受上级工作指令 （2）抽查酒水员出品的饮品、鸡尾酒的标准及质量；检查本酒水销售网点的酒水服务质量 （3）检查员工仪容仪表，出勤状况 （4）检查酒水销售点每日酒水售出数量与现有酒水的存货 （5）检查宴会酒水的各项准备工作是否完成 （6）检查酒水销售点的酒水服务质量 （7）检查大堂吧及相关责任区域的清洁卫生、设施设备的管理及运行状况 （8）检查酒水库房的存酒量是否足够；检查酒水库房的滞销饮品并给予及时处理 （9）检查酒水销售网点冰柜的内外温度并作记录 （10）做好区域酒饮、香烟、茶叶等的防损管控 （11）做好交接班工作，将具体任务落实到个人	

任务五　餐厅督导管理综合实训

实训目的

通过调研考察及岗位体验，了解不同餐厅督导层管理职责。

实训内容

（1）了解中餐厅督导管理。

（2）了解西餐厅督导管理。

（3）了解宴会厅督导管理。

（4）了解酒店督导管理。

实训步骤及方法

（1）以固定学习小组为单位，各组组长负责协调、分工，通过访谈、调研，分组分批对中餐厅、西餐厅、宴会厅、酒水部等督导岗位管理人员进行访谈、调研，了解餐饮部基层督导管理岗位职责。

（2）各组汇总整理不同餐饮督导岗位调研情况，并形成一份调研报告。

实训成果

餐饮督导岗位调研报告一份。

拓展与提高

结合轮岗实习，思考开元名都大酒店餐饮部各部门岗位管理中存在哪些问题？试着从提高服务效率、提升个性化服务品质、满足顾客特殊需求等方面提出建设性的建议。

课后习题

1.（单选题）餐厅督导在例会上需告知员工的内容有（　　）。

A. 当天的售缺菜肴　　　　　　　　B. 时令菜肴及建议

C. 推荐的酒饮和菜品　　　　　　　D. 以上都是

2.（单选题）从餐厅督导管理的工作内容来看，在餐厅现场关注宾客和督促服务员各项工作的同时，还需及时跟进各服务环节的（　　）工作。

A. 补位　　　　B. 管理　　　　C. 培训　　　　D. 总结

3.（判断题）西餐服务中为宾客提供面包服务，是站在宾客的左边并按逆时针方向，遵循一定的服务礼节开展。　　　　　　　　　　　　　　　　（　　　）

4.（简答题）西餐早餐厅督导要做好的秩序管理工作内容主要包含哪些?

在餐厅用餐的客人形形色色，如何针对客人的具体情况，满足客人的合理要求，是餐饮服务人员需要认真思考的，也是避免发生突发事件的基础。

1. 接到客人电话预订时怎么办？

礼貌地向客人问好，详细了解客人的基本情况和要求，接受预订后要重复客人电话的主要内容，并向客人表示欢迎和感谢；同时按规范和标准认真做好电话记录，在安排好后通知客人予以确认。

2. 客人前来预订宴会时怎么办？

面对前来预订的客人要注意自己的形象和谈吐；详细了解客人的基本情况和特殊要求，并给予明确答复及做出相应的安排；可带领客人参观宴会场所，尽量满足客人的要求；认真做好记录，并重复一遍给客人听，以保证预订的准确。

3. 客人要求取消已预订的宴会怎么办？

需视情况按饭店的有关规定办理退席手续或转换预订。在某些宴会预订时，应要求客人交纳相当于宴会标准 50％的预订金以确保双方的利益。

4. 按客人的预订标准开好菜单，但客人却对其中的某些菜式不满意怎么办？

询问客人不满意的原因，了解客人的菜式要求；根据客人的口味提出建议，在预订标准的范围内，当好客人的参谋；重新开好菜单，再次征求客人的意见，直至客人满意。

5. 两位客人订了同一宴会厅怎么办？

根据先来后到的原则，按预订宴会时间，先订先安排；按宴会订单的联络电话迅速与对方联系，向对方讲明原因，诚恳地向客人道歉，以得到客人的谅解，并向客人介绍另一布局相似的宴会厅，征得客人的同意并确定下来。

6. 预订标准低的客人要求在包房用餐时怎么办？

在接受客人用餐预订时，要介绍餐厅或宴会厅的基本条件，如包房就餐设有最低消费额；如客人在了解的基础上，提出以较低的用餐标准在包房就餐时，预订员要整体考虑，婉转解释，赢得客人的谅解，为客人安排在餐厅比较幽静且相对干扰小的位置；如客人要求强烈并且餐厅包房座位不太紧张时，预订员可尽量满足客人的要求。

7. 客人来到餐厅门口时，迎宾员应该怎么办？

向客人问好，确认是否有预订。若有预订，应认真、仔细询问客人的公司名称、房号和姓名，查看带位本，找出相关的资料，确认客人的人数是否有增减。若有变动，应尽快做出安排，礼貌地把客人带到已安排好的位置上。若无预订，则应询问客人的人数，根据客人的人数，为客人安排相应的位置，然后在带位本上做记录。

8. 接到带有个别西菜的中餐宴会单时怎么办？

应先到中西厨房了解出菜的顺序及烹调方法，做到心中有数；餐前备好所需的各式中西餐具；宴会期间，应与传菜员及中西厨房的负责人密切联系，掌握好起菜的时间。

9. 负责主台的服务员在主宾、主人离席讲话时怎么办？

在主宾、主人讲话前，注意先把每位客人的酒杯斟满；在主宾、主人离席讲话时，服务员要立刻斟上两杯酒，放在托盘上，站立在一侧；主宾、主人讲话结束时迅速送上，以便其举杯敬酒。

10. 遇到衣冠不整、欠缺礼貌的客人到餐厅就餐时怎么办？

作为一位服务员，在服务中绝不能以貌取人，要对所有的客人提供良好的服务并要注重文明礼貌。如遇到衣冠不整，欠缺礼貌的客人，服务员应以友好的态度对待，如是住店客人，应婉转提出请客人回房更衣；如是店外客人可征得客人意见，为客人准备员工制服；尽量使客人能遵守餐厅的规则，切忌与客人争论，绝不能以生硬的态度对待客人、指责客人。

11. 遇到形象异常，如肤色、外貌特别的客人来餐厅就餐时怎么办？

像接待其他客人一样，礼貌地向客人问好并带其入座；不能轻视或笑话客人，更不能评头论足或盯着客人的特别部位看。

12. 客人喜欢靠窗的餐位，而那个餐位（包房）已被预订怎么办？

向客人道歉，礼貌地告诉客人此位已被预订；给客人安排其他比较明亮的餐位；提醒客人靠窗的餐位一般比较畅销，请客人下次提前预订。

13. 遇到带小孩的客人来餐厅时怎么办？

遇到带小孩的客人来餐厅用餐，要马上给小孩安排一把干净的儿童高座椅，将餐具撤下，换上儿童用餐具。如有可能为孩子准备小玩具，使他（她）能快乐进餐，但要注意所提供的玩具一定要干净、安全。在为其服务食品时要提供适合儿童特点、口味的菜肴和饮料并要及时送上吸管。要随时撤下儿童面前的脏盘，及时撤下不用的多余餐具。要多称赞儿童，及时表扬其表现好的地方。为儿童服务时需切记：不要随便给儿童喂食，不要带儿童外出游玩，上热菜时不要碰到小孩。

14. 在服务中自己的心情欠佳怎么办？

在服务工作中，服务员有时会因家庭事务、领导批评、身体不适等一些不愉快的事情心情不好。但作为服务员要时刻牢记微笑服务、礼貌服务，时刻牢记自己的角色，要学会"忘记"不快，将精力投入到工作中去，时刻在服务中提醒自己，要为客人提供良好的优质服务。

15. 客人来就餐但餐厅已经客满怎么办？

礼貌地告诉客人餐厅已客满，并征询客人是否可以先到候餐处等待；迎宾员要做好候餐客人的登记，请客人看菜单，并提供茶水服务；在了解餐厅用餐情况后，要告诉客人大约等待的时间，并时常给客人以问候；一旦有空位，应按先来后到的原则带客人入座；如果客人不愿等候，要建议客人在本饭店的其他餐厅用餐或向客人表示歉意并希望客人再次光临。

16. 参加宴会的客人还没到齐怎么办？

问明客人的详细情况及何时开始上菜后，可安排先到的客人在沙发上休息，为客人斟茶及服务烟灰缸；协助客人在衣帽间存放衣物，将取衣牌交给客人；打开电视机或播放录像以供客人消遣；告知客人服务员随时待命等候服务。

17. 餐厅已满，只有留给旅游团的座位空着，客人硬要坐下，怎么办？

服务员应礼貌地告诉客人此台是留给旅游团的，如客人想用餐请先稍等一会儿，同时尽力为客人找座位，看看有没有翻台，可为客人加桌或先请客人到休息厅中休息等候，为其服务茶水、点菜以减少等待时间，一有空位马上服务。

18. 点菜之前服务员应该怎么办？

了解当天供应的菜式以及制作方法、价格等菜肴信息，注意沽清的食品（即一时断货的食品）；了解当天的特别介绍，以便向客人推销；跟迎宾员交接客人情况。

19. 客人需要点菜时服务员怎么办？

客人需要点菜时，服务员应站在客人左侧 0.5～1 m 处；礼貌地询问："请问先生/小姐，现在可以点菜了吗？"记录客人所点菜肴及特殊要求并在点菜结束后重复一遍；从客人手中收回菜单并致谢。

20. 客人点的菜已沽清或已过季怎么办？

服务员要礼貌地向客人道歉并说明情况；及时主动地向客人介绍其他同味或类似制作方法的菜肴。

21. 客人由于对菜式品种不熟悉，点了同味或类似制作方法的菜式怎么办？

及时诚恳地告诉客人他点的菜式口味相似；主动介绍并征求客人意见是否更换菜式。

22. 客人点菜单上没有的菜式怎么办？

向厨师长了解该菜能否立即制作；如果厨房暂时无原料或制作时间较长，要向客人解释清楚，请客人谅解并向客人介绍相似菜式或本饭店的特色菜肴。

23. 客人问的菜式服务员不懂怎么办？

服务员切忌不懂装懂，但也不可马上回答不知道，应诚恳地向客人道歉，请客人稍等，请教同事或厨师，及时地为客人做解答。

24. 客人要求服务员介绍菜式时怎么办？

察言观色了解客人需求，主动、热情、耐心且有针对性地向客人推荐餐厅的特色菜肴、主力菜肴、招牌菜肴，要注意对菜肴的口味、色泽、原料等做适当的描述；同时为客人提供菜式搭配、酒水搭配的建议；注意在介绍菜肴时音量大小要适中，不要打扰其他客人，菜肴描述要真实、准确，并说明价格。

25. 在客人点菜过程中服务员应该怎么办?

细心聆听客人所点的菜式,准确地记录,特别是客人的特殊要求记录要准确完整;主动介绍菜式,做好客人的参谋;客人点完菜后,要重复一遍客人所点的菜式;菜的分量要与客人确认,最后请客人稍等并向客人表示感谢。

26. 客人点菜时犹豫不决怎么办?

客人点菜时犹豫不决可能是因为不熟悉菜式或众口难调不知吃什么好,服务员应运用推销技巧,针对客人的心理需求,重点向客人介绍菜式的风味特色,激发客人食欲,帮助客人点菜。

27. 客人急于赶时间怎么办?

将客人安排在靠近餐厅门口的位置,以方便客人用餐后离开;介绍一些制作简单的菜式,并在订单上注明情况,要求厨房、传菜配合,请厨师先做;在各项服务上都应快捷,尽量满足客人的要求,及时为客人添加饮料、撤换盘碟;预先备好账单,缩短客人结账时间;如有客人未用完菜肴,征得客人同意主动为其打包带走。

28. 为老人和小孩点菜时怎么办?

因老年人和小孩对食物的消化能力较弱,因此应介绍一些清淡、易消化、容易食用的菜式,不要介绍那些刺激性强、味道重的、带刺多的食物给老人或小孩;上菜要快速及时,特别对小孩服务时,要将菜肴放在大人一侧并加以提醒以防碰翻。

29. 为情侣点菜时怎么办?

为情侣点菜应介绍比较浪漫的菜式,以增加用餐气氛,交代厨师在菜肴的装饰上多花些工夫;介绍有利于女士美容的食品,不要推荐容易发胖的油腻食品。

30. 接待信奉宗教的客人怎么办?

了解客人信奉的是哪种宗教,都有什么忌讳;在点菜单上要特别注明,交代厨师用料时不可冒犯客人的忌讳,并注意烹饪用具与厨具的清洁;上菜前还要认真检查一下,以免搞错。

31. 传菜员将菜传到餐台边时服务员怎么办?

传菜员把菜传到台边时,服务员应了解菜的款式及服务方式(如分鱼分汤);在台上寻找或整理出空位置；上菜时要用双手端菜盘，放到位后报菜名并请客人慢用；上菜时不可从客人的头上越过，应向客人示意后再从客人旁边的空隙处上菜。

32. 上菜时台面已摆满菜肴怎么办？

在客人同意的前提下，将那些已经快吃完的菜肴换成小盘；建议客人先用掉热菜，并把菜分到客人的碟中，撤下空盘；把要上的菜按客人人数平均分到餐盘里，然后送到客人的餐位上；通知厨房该台的菜要出得慢一些。

33. 上带壳菜肴时怎么办？

上带壳的菜肴时要跟上洗手盅及小毛巾供客人净手，上洗手盅时要说明用途；勤为客人更换骨碟。

34. 上蛇羹时怎么办？

应先准备配料：菊花瓣、炸薄脆、胡椒粉；在分羹时，先取适量菊花瓣放在汤碗里，然后把羹均匀地分到汤碗里，以八分满为宜，然后把炸薄脆撒在上面；为客人上蛇羹，并跟上胡椒粉盅。

35. 为客人上汤时怎么办？

上汤时，一般都应为客人分汤；分汤要根据客人的人数，选择适用的汤碗，然后把汤均匀地分到汤碗里，并端到客人的餐位上；上汤时应示意客人，避免把汤溅到客人身上。

36. 在宴会服务中如何为客人提供衣帽服务？

服务员应提醒客人把随身携带的物品寄存在衣帽间；衣帽间的服务员应整理并保存好客人的寄存物品，并提醒客人贵重物品要随身携带；宴会结束后，应根据客人持有的号码牌，为客人服务好寄存的物品，并提醒客人检查物品是否齐全。

37. 西方客人参加中餐宴会使用筷子不熟练怎么办？

应事先准备好西餐餐具；根据客人的情况，询问客人是否需要使用餐刀、餐叉，并及时给客人提供方便；也可根据客人的要求用公筷教客人使用筷子。

38. 在宴会开始前才得知客人是宗教信徒时怎么办？

立即检查菜单有无客人忌讳菜式，征求宴会主办单位负责人的意见，是否另外准备一些特别的菜式，避免冒犯客人的禁忌；征得客人同意后，尽快为客人做好安排。

39. 在宴会开始前才得知是生日宴会时怎么办？

如客人过生日，可根据饭店惯例提供祝贺菜肴、鲜花或蛋糕，可播放生日祝福音乐，可为客人提供生日蛋糕服务。

40. 客人订了宴会，但过了用餐时间还未到时怎么办？

立即与宴会预订部门联系，查明客人是否取消宴会或推迟宴会；若宴会延迟，立即通知厨房；若宴会取消，应按规定向主办方索赔。

41. 因宴会（用餐）人数减少，客人临时提出减菜怎么办？

如果宴会标准不高，减少的人数不多，应尽量说服客人不要减菜；如果宴会标准较高，减少的人数又较多时，服务员应立即与宴会营业部门联系，由宴会销售代表与厨房联系，提出减菜方案后将新的菜单交给客人确认。

42. 客人在宴会期间发表讲话时怎么办？

在客人讲话时，服务员要停止一切服务操作，站立两旁（姿势要端正），保持宴会厅的安静；与厨房保持联系，暂缓出菜、传菜。

43. 开宴时客人要求更换菜式怎么办？

如果是更换一般的菜式，可按客人的要求给予更换，如果是更换制作特殊的或制作时间长、制作复杂的菜式，要先与厨房联系；若厨师认为可以制作就尽快答复客人；如厨师认为来不及制作或无原料，则要向客人解释，并介绍一些制作时间短、口味类似的菜式；如果客人订的菜式已经准备好，又难以出售时，应尽量说服客人，以免造成餐厅的损失。

44. 若客人点的是需要冰冻的酒水（白葡萄酒、香槟酒）怎么办？

应立即准备一套冰桶，加冰块至冰桶的 1/3，再放入 1/2 冰桶的水后，把所点的酒水斜放在冰桶里，商标朝上；如客人有预订，要事先冰镇好酒水待用。

45. 遇到客人需要在酒中加冰块时怎么办？

用小冰桶盛装冰块，走到客人的右手边，用小冰夹夹着冰块从杯口沿杯壁让冰块滑入；不能将夹着冰块的冰夹伸入酒杯，或从杯子中央丢入冰块，这样要么不卫生，要么会溅起酒水，留给客人不好的感觉。

46. 两台客人同时需要你服务时怎么办？/其他包房的客人要求你服务时怎么办？

要做到既热情周到，又忙而不乱；服务员要给那些等待的客人以热情、愉快的微笑，在经过他们的餐台或包房门口时应跟他们打招呼："我马上就来为您服务"或"对不起，请您稍等一会儿"，这样会使客人觉得他们并没有被冷落和怠慢；值得注意的是，不要让客人等待的时间太长。

47. 客人因等菜时间太长，要求取消菜肴时怎么办？

先检查点菜单，查看是否有漏写，如有漏写应马上口头通知厨房然后补单；如果不是点菜单的问题，应到厨房了解此菜肴是否正在烹调，若正在烹调，可回复客人稍候，并告知客人出菜的准确时间；若未制作则应通知厨房停止操作，回复客人并通知餐厅经理取消该菜；另外，向客人介绍菜式时，应告知制作时间，以免客人等待时间过长而投诉。

48. 客人提出食物变质并要求取消时怎么办？

应该耐心聆听客人的意见，并向客人致歉；把食物立即撤回房，由厨师长或餐厅经理检验食物是否变质；若食物确已变质，应立即为客人赠送类似的菜肴；若食物并没变质，应由餐厅经理出面向客人解释该菜肴的原料、配料、制作过程和口味特点等。

49. 客人在用餐过程中，要求改菜时怎么办？

对客人的要求要尽量满足；了解该菜是否烹调，若已烹调应婉言回绝客人；若未烹调应马上按客人的要求重新填写点菜单交至厨房，并通知餐厅经理取消原菜式。

50. 客人认为所点的菜与实际的不同怎么办？

细心听取客人的看法，明确客人所要的是什么样的菜，若是因服务员在为客人点菜时理解错误或未听清而造成的，应马上为客人重新做一道他满意的菜式，并向客人道歉；若是因客人没讲清楚或对菜理解错误而造成的，服务员应该耐心地向客人解释该菜的制作方法及菜名的来源，取得客人的理解；由餐厅经理出面，以给客人一定折扣的形式，弥补客人的不快。

51. 客人投诉食物未熟、过熟或味道不好时怎么办？

若食物未熟，应马上收回重新煮熟；若食物烹饪过熟或味道不好，应请厨师再煮另一份同样的食物，不再收费；如果再煮的食物客人仍不满意，就要建议客人另选其他食物，并向客人表示歉意。

52. 服务员未听清客人所点的菜而上错菜，客人不要怎么办？

应向客人表示歉意，用打折的方法向客人推销这道菜，若客人坚持不要，不可勉强客人；通知厨师优先做出客人想要的菜；客人点完菜后，服务员应向客人复述一遍，以避免此类情况再次发生。

53. 客人投诉食物里有虫子时怎么办？

马上向客人道歉，立即将食物退下，送回厨房并通知餐厅经理来处理此事，以征得客人谅解；取消该菜，赠送一份同样的食物。

54. 客人点了菜，又因有急事不要怎么办？

立即检查该菜单是否已送到厨房，如该菜尚未开始做，马上取消；若已做好，迅速用食品盒打包给客人；或者征求客人的意见将食品保留，待办完事再吃，但要注意先请客人把账结掉。

55. 客人在用餐的过程中遇到邻桌的朋友，想挪到一起交谈时怎么办？

遇到这种情况，应尽量方便客人，及时询问客人是否想把座位移到一起；客人同意后，要及时转告传菜部客人更换餐台的情况以免传错菜；重新给客人摆台。

56. 客人喝醉酒时怎么办？

客人有喝醉酒的迹象时，服务员应礼貌地拒绝给客人再添加酒水；给客人递上热毛巾，并介绍一些不含酒精的饮料，如咖啡、热茶、矿泉水等；如客人发生呕吐，应及时清理污物，并提醒客人的朋友给予关照；如有客人在餐厅酗酒闹事，应报告大堂副理和保安部，以便及时处理。

57. 客人在用餐时突然感到不舒服怎么办？

照顾好客人并让其在沙发上休息。若客人已休克，不要轻易搬动客人；及时打电话通知医疗室的医生来诊断；待医生赶到，协助医生送客人离开餐厅到外就诊，以免影响其他客人；对客人所用过的菜给予保留，以便现场检验。

58. 客人正在谈话，有事要问客人怎么办？

客人正在谈话，有事要请问客人时，绝不能随意打断客人的谈话，应礼貌地站在一旁等候客人谈话的间隙，表示歉意后再叙述，述后要表示谢意。

59. 若客人在用餐时将吃剩的骨头、鱼刺吐到台布（地面）上怎么办？

客人把吃剩的食物吐到台布上，会影响餐厅的档次及形象，应及时给予清理；提醒客人应该吐到骨碟里，注意语言技巧，以免伤害客人的自尊心。

60. 服务中不小心把菜汁或饮品溅到客人身上怎么办？

在上菜和上饮品的时候，要礼貌地提醒客人，以免不小心把菜汁和饮品溅到客人身上；若不小心溅到客人身上，服务员要诚恳地向客人道歉，并立即设法替客人清理，必要时免费为客人清洗衣服。

61. 在用餐过程中，客人不小心碰翻水杯、酒杯时怎么办？

马上给予清理，安慰客人；用餐巾吸干台面的水渍或酒渍，然后将相同颜色的清洁餐巾平铺在吸干的位置上；重新为客人换杯子并斟满饮品。

62. 客人损坏餐厅的用具时怎么办？

客人损坏餐厅的用具一般都是无意的，服务员应礼貌、客气地安慰客人，而不能责备客人；先帮客人清理破损的用具，并适时向客人说明赔偿价格，酌情向客人索赔；若客人不肯赔偿或有意损坏餐具，应报大堂副经理处理。

63. 开餐时有电话找在餐厅用餐的客人怎么办？

应问清要找客人的详细情况，如公司或房号、姓名、大约年龄及相貌；请打电话的客人稍等；将被找客人的名字写在挂有铃铛的寻人牌上，根据所提供的资料寻找客人。

64. 开餐时小孩在餐厅乱跑怎么办？

开餐时，厨房送出来的菜或汤都有较高的温度，易烫伤人，为了安全，遇到小孩到处乱跑，应马上制止；带小孩回到大人的身边，提醒大人要照顾好小孩；若有可能，给小孩准备点小玩具，稳定其情绪。

65. 客人在餐厅用餐时猜拳或打牌怎么办？

客人在餐厅打牌或猜拳，会破坏餐厅高雅宁静的气氛；服务员应礼貌地上前劝止，取得客人的理解与合作，以免影响其他客人；若客人不听劝阻，必须向大堂副理汇报，并由大堂副理出面处理。

66. 客人把洗手茶当茶水喝了怎么办？

服务员在上洗手茶时应向客人说明，以免误会；若客人在不知道的情况下喝了，服务员不要马上上前告诉客人，以免使客人难堪，及时撤下洗手盅；为防止此类事情发生，在服务洗手盅时最好为客人先上一杯茶，而后再给客人上一份洗手茶。

67. 若与客人同时走一个通道怎么办？

迎宾员带客入座时，应示意服务员让道，让客人先走；若服务员遇到与客人同时走一个通道的情况时，也应礼貌地让客人先走。

68. 餐厅即将收档，但还有客人在用餐怎么办？

这时要更加注意对客人的服务，在整理餐具时要轻拿轻放，不可发出响声；到了临收档时，应询问客人是否还需要点菜；不可用关灯、吸尘、收拾餐具等形式来催促客人，应留下专人为客人服务。

69. 大型自助餐结束后，客人提出打包时怎么办？

应礼貌地向客人解释说明自助餐的用餐方式及服务形式不适宜打包，尽量使客人理解；若个别重要客人特别嗜好其中一二种食品，可请厨师为其另外制作，但最好不要直接从自助餐台上取出打包；若客人坚持，应向上级汇报，与主办单位联系解决。

70. 客人自带食品要求加工时怎么办？

若客人自带食品到餐厅要求加工，一般应婉言谢绝；若客人一再坚持，应汇报餐厅经理酌情处理；如同意加工，必须适当收取加工费。

71. 客人用餐后，剩余的食物需要打包怎么办？

客人用餐后，服务员应礼貌地询问客人剩余的食物是否需要打包；若客人要求打包，应尽快为客人服务，把剩余的菜肴分类用盒子装好，放在打包袋里让客人带走。

72. 客人把吃剩的食品留下并要求服务员代为保管怎么办？

服务员应礼貌地向客人说明食品容易变质，最好能尽快消费掉；建议并协助打包，让客人带走。如客人的确不方便带走，可以问清最后保留的时间，将超时的处理方式告知客人，同时做好登记并请客人签字确认。

73. 客人要求代为保管喝剩的酒水怎么办？

对于不易变质的酒品，应热情地提供方便，并询问客人的公司或房号、姓名等，做成牌子挂在酒瓶上，放回存酒处妥善保管；了解客人下次光临的时间，并做好登记。

74. 客人用餐期间又来了几个客人要求加位时怎么办？

应热情招呼客人入座，并提供餐具；若餐位不够，应建议客人换一张大台；提醒客人是否需要加菜。

75. 发现客人将物品遗留在餐厅时怎么办？

对于客人遗留的物品，服务员应该妥善地给予保管，并报告当班的领班或餐厅经理，等待客人回来寻找；若当天餐厅打烊时，客人还没有回来寻找，应报告并上交物品到大堂副理处。

76. 用餐时客人发生争吵或打架怎么办？

如果服务员事先发现苗头，要尽量隔离客人，分别为客人提供服务，分散客人注意力；如客人已经发生争吵要立即上前制止，隔离客人；把桌上的餐具、酒具移开，以防争吵双方用其伤人；报告上司、保安部和大堂副理。

77. 客人用餐时突然停电怎么办？

一般情况下，饭店在停电几秒钟后就有应急电源供电，因此服务员应沉着，不应惊慌或惊叫；应设法稳定客人情绪，在应急电源还没供电前，打开应急照明灯；恢复供电后，应巡视餐厅，向客人致歉。

78. 遇到客人在餐厅跌倒时怎么办？

若客人在餐厅跌倒，服务员应马上上前扶起客人；视情况询问客人是否需要叫医生。同时服务员要注意餐厅地面的卫生情况，看看是否有杂物或有水，若有应及时清理，若不能马上清理，要有防滑指示牌提醒客人。

79. 遇到客人回餐厅寻找遗失物品时怎么办？

问清客人坐过的餐台号、遗失物品的特征，尽量帮客人寻找；与大堂经理联系，看是否已交到失物招领处；若一时找不到，应请客人留下姓名、房号或联系电话，以便以后如有发现再与客人联系。

80. 客人用餐快结束时怎么办？

首先应该确认该餐台的菜都已上齐，特别注意是否应服务甜点、水果等；检查点菜单是否齐全完整，若有失误马上处理；必要时可先把账单打出来，以便客人示意结账时马上服务。

81. 客人仍在用餐，而服务员又需要为下次接待做准备时怎么办？

由于任务紧迫，客人还在用餐就要布置下一次接待任务时，可先准备好接待服务需用的餐具，在准备工作中，要注意动作要轻，不要影响到客人用餐，不要让客人产生误会，以为服务员在暗示客人用餐时间结束了。最好在客人用餐结束后再布置。

82. 结账时客人所带的现金不够怎么办？

服务员应积极为客人着想并提出一些建议，如建议客人用信用卡或其他结账方法结账或请其中一位客人回去取钱；若只有一位客人时，应通知保安部，由保安部安排一名保安人员与客人一起去取钱。

83. 服务过程中，客人要求与服务员合影应怎么办？

在服务过程中，常遇到客人乘服务员斟酒、斟茶、分菜的机会摄影，在这种情况下，服务员应继续工作，但要保持镇定，精神集中，以免影响服务质量。也有些客人在进餐完毕后，为感谢服务员的热情接待，提出要与其一起合影，遇到此种情况，服务员可以在不影响服务的情况下，大方接受并可多请一个服务员陪照。

84. 服务过程中，客人请服务员跳舞应怎么办？

在服务过程中，特别是在宴会厅或包房里，客人一边用餐一边唱歌跳舞，有时可能会邀请服务员跳舞，这时服务员应有礼貌地谢绝客人，声明职责在身，不能奉陪，如客人仍纠缠不休，应请领导解决，将该服务员调开。

85. 客人无欢迎卡（贵宾卡）仍要求签单时怎么办？

不能以生硬的态度拒绝客人，应让客人稍候，然后立刻打电话与总台联系；如查明客人确实属于酒店接待的住店客人，可同意其签单；如查明客人没有入住饭店或已退房等，应有礼貌地向客人解释，请客人用其他方式结账。

86. 客人未付账离开时怎么办?

故意不付账的客人是很少的,如果发现客人未付账离开了所在的餐厅,服务员应马上追上前去有礼貌地、小声地说明情况,请客人补付餐费,如客人与朋友在一起,应将客人请到一边,再说明情况,这样可照顺客人的面子使客人不致难堪。

87. 当供应品种加价,客人有意见不愿付增加款项时怎么办?

餐厅的熟客由于经常光顾,对各供应品种的价钱往往了如指掌。当他们吃完供应品种发现加价后,一定会向服务员提出疑问。因此服务员接待这类客人时应事先告知该食品加价,把告知工作做在前面。如果客人在吃完后才发现食品加价,可能会很有意见,此时服务员要诚恳地向其道歉,并承认忘记告知客人该食品已加价,然后请示主管或经理,是否这次可以先按未加价的价钱收款或只加收所增加金额的一半,下一顿再按现价付。这样做,可使熟客感觉到餐厅对其的关心照顾,从而以后更喜欢到该餐厅用膳。

88. 当伤残人士来餐厅用餐时怎么办?

服务员向伤残人士提供服务时,要尽量为他们提供方便,使他们得到所需要的服务。千万不要投以奇异的眼光,如果客人希望自己做,可灵活适当地进行帮助,使客人感到服务员的帮助是服务而不是同情。如盲人进入餐厅用餐,要将危险的物品,过热菜肴放在远一点的地方,并告诉客人大体位置,防止其受伤。

89. 当熟人来餐厅用餐时怎么办?

服务员在服务中如遇到朋友成熟人来用餐,应当同对待其他客人一样,热情有礼地接待,主动周到地服务,但服务员不能入席同饮同吃,更不能特殊关照或优惠,否则会使其他客人不满,造成不良影响。一般在点菜和结账时,应请别的服务员代劳。

90. 当生病客人来餐厅用餐时怎么办?

如果客人告知服务员他生病了或服务员观察到客人病了,服务员要主动询问客人哪里不舒服,尽量为客人提供可口满意的食品;根据客人需要,为客人准备白开水以备其吃药,切记不可给客人提供药品。如是突发病人则要立即通知医务室或经理,及时送医院治疗,客人所用的菜肴食品要取样保留,以备化验。

91. 当左手用餐的客人来餐厅用餐时怎么办?

在发现客人用左手进餐时,要重新摆放餐具,以左手方便为原则摆放;在条件允许的情况下,尽量安排客人在左侧空间大的地方或左侧没有人的位置上用餐。

92. 当特别挑剔的客人来餐厅用餐时怎么办？

同客人谈话时要有礼貌，认真听清楚客人所挑的事情，当客人抱怨不止时要有耐心，不得打断客人的谈话，回答问题时不得同客人争论，千万不要将自己的意愿或饭店的规则强加于客人；在饭店不受损失的前提下尽量满足客人的要求；在服务挑剔客人时，要积累经验，尽量避免相同或类似的事情发生，必须保证服务态度、服务水准都为高标准并具有一致性。

93. 服务独自就餐的客人时怎么办？

安排独自就餐的客人坐在边角的位置，尽可能多与客人进行接触。延长为其服务停留的时间。对那种经常独自一人光顾餐厅就餐的客人，要记住其饮食服务习惯，并有意安排在一个固定的座位上。

94. 客人在进餐时不满意菜肴的质量怎么办？

根据餐厅的规定，如果菜肴没有烹制得恰到好处，则一定要收回重新烹制。如果重做的菜肴又未能使客人满意，那么就应给客人退菜或换菜。关于菜肴质量方面的问题，服务员很难控制，但要根据实际情况灵活处理。如果客人把菜肴吃完后才提出不满，服务员要经过了解，确认系质量问题后应在收费时给客人一定的优惠或折扣，以维护餐厅的社会声誉，从而使客人满意。

95. 宴会临时加人时怎么办？

宴会临时加人，服务员应视增加人数的多少，摆上相应的餐具，然后征求宴会主办人的意见，是否需要加菜，如需加菜则应立即与厨房联系，尽量满足客人的需要。如需多加餐桌，则还要确定是否有适当的位置，如没有则要将客人分散到各桌就餐。

96. 客人擅自拿取餐厅的器皿、餐具，经指出又不承认时怎么办？

在一些高档的餐厅，餐具、用具的新颖别致、实用美观成为吸引客人前来就餐的因素之一。如展示银盘、各式银器、水晶酒杯、仿古酒具等，这些餐具的价位一般很高，有一定的欣赏保存价值，往往有一些客人出于喜欢或好奇而擅自拿取。当发现此种情况时，服务员应马上向餐厅主管或领班报告，由领班或主管有礼貌地耐心解释，向客人说明该物品是餐厅用品，保管好餐厅物品是服务员的职责，设法使客人自觉交还，或介绍他们到商店购买。但要注意绝不能以挖苦讽刺的语言对待客人，如果有些客人经解释后还不承认，应请示有关领导解决或按规定价格酌情收费。

97. 客人想购买餐厅的用具时怎么办?

有些外宾非常喜欢中国的瓷器或具有中华民族特色的仿古餐具,在餐厅用餐时遇到自己喜欢的用具后很想留作纪念。如饭店商场有这项服务,可以向客人出售,或介绍客人到附近工艺品商店去购买。如饭店没有此项业务,客人又非常喜欢,则应请示经理,按规定价格将库房中备用的餐具出售给客人。

98. 客人询问餐厅业务范围以外的事情时怎么办?

作为一个合格的服务员,除了有熟练的技能外,还应有丰富的业务知识及社会知识。如果客人询问餐厅业务范围以外的事情时,应尽量解答。遇到自己不清楚的事情或没有把握回答时,要想尽办法寻找答案,尽可能地满足客人的要求,尽量避免使用"可能""我想"或"不知道"。

99. 客人用餐完毕后离开餐厅时怎么办?

客人用餐完毕后准备离开餐厅时,服务员首先要提醒客人带好随身物品并检查有无客人遗留物品;其次要热情欢送客人到餐厅门口,礼貌征询客人用餐意见,并向客人的光临表示感谢;同时向客人表示祝福,欢迎客人再次光临。

参考文献

［1］张水芳.餐饮服务与管理[M].北京:旅游教育出版社,2016.

［2］姜文宏,王焕宇.餐厅服务[M].北京:高等教育出版社,2015.

［3］张树坤.酒店餐饮服务与管理[M].重庆:重庆大学出版社,2008.

［4］马开良.餐饮服务与经营管理[M].北京:旅游教育出版社,2014.

图书在版编目(CIP)数据

餐饮运作实务/穆亚君,裴优凤编著.--上海:复旦大学出版社,2025.7
(开元酒店管理现代学徒制系列/张建庆总主编)
ISBN 978-7-309-16554-8

Ⅰ.①餐… Ⅱ.①穆… ②裴… Ⅲ.①饭店-经营管理 Ⅳ.①F719.2

中国版本图书馆 CIP 数据核字(2022)第 201020 号

餐饮运作实务
CANYIN YUNZUO SHIWU
穆亚君 裴优凤 编著
责任编辑/谢同君

复旦大学出版社有限公司出版发行
上海市国权路 579 号 邮编:200433
网址:fupnet@ fudanpress.com http://www.fudanpress.com
门市零售:86-21-65102580 团体订购:86-21-65104505
出版部电话:86-21-65642845
杭州日报报业集团盛元印务有限公司

开本 787 毫米×1092 毫米 1/16 印张 15.25 字数 298 千字
2025 年 7 月第 1 版第 1 次印刷

ISBN 978-7-309-16554-8/F · 2943
定价:48.00 元